LEONARDO

LE MAGNIFIQUE

DOUGLAS WIGHT

LEONARDO
LE MAGNIFIQUE

Traduit de l'anglais (GB)
par Ève Vila

EDITIONS PRISMA

Titre de l'édition originale :
THE BIOGRAPHY LEONARDO DICAPRIO

Coordination éditoriale : Sylvie Roussel
Édition : Charlotte Davreu
Correction : À avec accent !
Maquette couverture : Nord Compo Multimédia
Photographie de couverture : Rex Features
Mise en pages : Nord Compo Multimédia
Photographies des cahiers hors-texte : Rex Features
Studio de fabrication : Flora Bellanger

ISBN : 978-2-8104-0346-2
Dépôt légal : janvier 2013 – N° d'impression : 1211.0389
Achevé d'imprimer par : CPI Aubin Imprimeur (France)

Pour Lorna.

Sommaire

Prologue

Leonardo DiCaprio se souvient de l'instant précis où le film *Titanic* a bouleversé sa vie.

C'était à Paris, à l'aéroport Charles-de-Gaulle. L'épopée tragique de James Cameron était en passe de devenir le plus grand film de l'histoire du cinéma. DiCaprio, à peine âgé de vingt-trois ans à l'époque, se retrouva avec une adolescente littéralement suspendue à ses basques. Son admiratrice en plein délire était paralysée par l'émotion. Elle qui avait seulement rêvé d'apercevoir son idole, était finalement parvenue à le prendre à bras-le-corps. Elle effectua un placage en règle et se cramponna à lui comme si sa vie en dépendait.

Au milieu du chaos et de la foule, Leonardo eut un éclair de lucidité et fut soudain frappé par l'absurdité de la situation.

« Je l'ai regardée dans les yeux, se souviendrait-il plus tard, et je lui ai dit : "Quelle que soit l'image idyllique que tu aies de moi, elle est fausse. Je vais m'asseoir et on va parler. Tu n'as pas besoin de te cramponner comme ça ni d'enfoncer tes ongles dans ma chair. Cela ne doit pas se passer comme ça ! »

Mais la fille, qui n'avait pas plus de quatorze ans, avait d'autres idées en tête. C'était comme si elle croyait qu'en continuant à s'accrocher à lui, il ne le remarquerait pas – et elle n'était pas prête à y renoncer sans se battre.

DiCaprio raconta : « Elle pressait sa tête contre ma jambe. Je lui ai demandé : "Que fais-tu, mon ange ?" Et elle continuait de s'agripper. Elle avait une sorte d'obsession dans le regard. Elle ne me regardait pas moi, seulement ma jambe. Je l'ai observée, puis je lui ai saisi le visage un peu fermement et lui ai dit : "Hé ! Ho ! C'est bon, tu peux… tu peux me lâcher la jambe. Tout va bien se passer." Elle n'arrêtait pas de dire : "Non, non, non, non !" et j'ai dû décoller doucement ses mains de mon corps. »

Si Leonardo avait eu encore quelques doutes sur le fait que la « Leo-mania » soit devenue un phénomène planétaire – provoquant chez les fans une hystérie que l'on n'avait pas vue depuis les Beatles –, ils furent immédiatement balayés. Jusqu'à ce que *Titanic* devienne le plus grand succès au box-office, l'acteur avait réussi à vivre heureux, dans un relatif anonymat. Discrètement, il s'était taillé une jolie réputation, fondée sur des choix de rôles risqués et ambitieux, et il avait déjà à son actif une nomination aux Oscars pour sa performance dans *Gilbert Grape*. Mais rien de tout cela n'avait encore précipité des filles hurlantes à ses pieds. Durant les quelques mois qui suivirent la sortie du film sur grand écran, sa vie changea à jamais.

Il se classa en tête du palmarès des cinquante *people* les plus beaux du monde – consécration ultime qui lui arracha ce commentaire : « Vous voulez être reconnu pour votre travail, et non pour avoir été le beau gosse du mois. »

Bientôt il devint clair pour lui qu'il ne pourrait plus se rendre nulle part sans être reconnu. Au mois de décembre 2003, il effectuait une expédition sur l'environnement, au cœur de la forêt tropicale amazonienne, avec sa petite amie de l'époque, le top-modèle Gisele Bündchen. Alors qu'il était parti à la rencontre d'une tribu d'Indiens du Brésil dans l'Alto Xingu, il fut complètement abasourdi lorsque l'un de ses membres le reconnut immédiatement et se lança dans une tirade enthousiaste sur l'« homme de *Titanic* ».

« C'est sûr, ça me poursuit, admit Leo après cette rencontre. Je n'exagère pas. J'ai été en Amazonie et des gens entièrement nus connaissaient le film. » Quelques années plus tard, il était repéré dans un petit village poussiéreux du Mozambique, en train de tourner *Blood Diamond.*

Leonardo fit le bonheur de la presse à scandale. Après *Titanic*, il était de notoriété publique qu'il avait quelque peu déraillé. En juin 1998, le *New York Magazine* fit des révélations extrêmement préjudiciables sur Leo au beau milieu d'une fête : elles ne le montraient pas sous son meilleur jour. Pour la première fois, il apparaissait comme un coureur de jupons et un gros buveur. Dans le milieu de l'industrie cinématographique, il se disait qu'il faisait des choix de film étranges, quand il aurait dû rapporter des millions et remplir les multiplexes en parfait jeune premier. Au lieu de cela, des films tels que *L'Homme au masque de fer* et *La Plage* dépassèrent à peine les cent cinquante millions de dollars – scores honorables pour n'importe quel autre acteur mais véritable flop au regard du 1,8 milliard de dollars récolté par l'épopée de James Cameron.

Alors que son cachet par film passait de deux millions à vingt millions de dollars, on lui reprochait de sortir avec quelques-unes des plus séduisantes femmes du monde. Même celles avec qui il n'entretenait pas de liaison faisaient les gros titres. Au fil des années, il fréquenta les actrices les plus demandées d'Hollywood : Demi Moore, Alicia Silverstone, Claire Danes, Liv Tyler, Sara Gilbert, Natasha Henstridge et Juliette Lewis, sans oublier les mannequins Bridget Hall, Kristen Zang, Bijou Phillips, Naomi Campbell, Amber Valletta, Helena Christensen, Kate Moss et Eva Herzigova.

Oui, après le succès de *Titanic*, la vie était devenue bien rude pour Leonardo DiCaprio ! On comparait ses exploits à ceux d'une légende anglaise du football, George Best, qui faisait l'objet d'une anecdote désormais célèbre. Un groom qui était entré dans la chambre d'hôtel du sportif coureur de jupons, l'avait trouvé étendu sur le lit à côté de la Miss Monde du moment et de ses gains du casino ; choqué, il avait alors déclaré : « George, comment en es-tu arrivé là ? »

Plus sérieusement, le harcèlement médiatique dont Leonardo fit l'objet après 1997 incita l'acteur à se demander s'il avait fait le bon choix en renonçant au rôle principal de *Boogie Nights* – rôle qui échut finalement à Mark Wahlberg – au profit de celui de *Titanic*.

Après le succès de *Titanic*, DiCaprio sombra dans la vie nocturne. « Tout est arrivé si vite, je me suis senti comme englouti par tout ça », confia-t-il. Et il lui fallut en effet près d'une décennie pour se remettre et se retrouver. Comme il le faisait remarquer : « J'avais vingt-deux ou vingt-trois ans, et c'était complètement surréaliste. C'était dément. Personne n'aurait pu prédire un tel succès ni un tel retentissement dans le monde entier. Je frémis quand je m'entends me plaindre. Tant de gens ont de vrais problèmes, bien plus graves. Il n'empêche que c'était un scénario bizarre, vraiment bizarre. Après *Titanic,* je devais me consacrer à des choses qui n'avaient rien à voir avec mon art. Tout le *business* avec les agents, les publicitaires et les manageurs. Cela peut être extrêmement frustrant et, en fin de compte, c'est juste une perte de temps. Vous n'avez pas de véritable contrôle sur la manière dont les médias ou le public vous perçoivent. Je sais qui je suis, mes amis aussi. Mais je ne me plains pas ! Je fais un métier que j'adore et c'est un cadeau très précieux. »

Après des épisodes comme sa rencontre avec la jeune fan à Paris, Leonardo finit par accepter son statut de superstar, acquis en un seul film. Mais il n'en fut pas toujours ainsi. Au départ, il avait décliné le rôle qui ferait de lui une idole. Il redoutait la grosse machine marketing qui sous-tend ces productions colossales. Il refusa même d'assister à la cérémonie des Oscars durant laquelle le réalisateur et toute l'équipe avaient raflé la mise. Mais depuis, il avait appris à aimer cela.

« J'ai toujours appréhendé les films de studio à gros budgets, dit Leo. Le battage médiatique me fait peur. Mais dans l'ensemble, j'étais heureux de faire partie de l'aventure *Titanic*. En tant qu'acteur, je considère un film comme une œuvre artistique à part entière, tout comme une peinture ou une sculpture. Dans cent ans, des gens regarderont encore ce long-métrage. »

DiCaprio avait bien fait de changer d'attitude. En 2012, à l'ère du numérique, le film est ressorti au format 3D – juste à temps pour célébrer le centenaire de la terrible catastrophe. Une fois de plus, un Jack Dawson au teint frais illumine les écrans du monde entier, rallumant la flamme de la « Leo-mania » et faisant découvrir l'idole à des milliers de nouveaux fans.

Si Leonardo DiCaprio est sans conteste aujourd'hui l'une des stars les plus puissantes d'Hollywood, il aurait pu en être tout autrement. En fait, sans l'obstination d'une mère, il y a presque soixante-dix ans, dans une petite commune d'Allemagne, il n'aurait jamais vu le jour…

1

Crasseville

La vie pour Leo débuta non dans les rues misérables de Los Angeles où, comme chacun le sait, il passa son enfance, mais durant la Seconde Guerre mondiale dans l'Allemagne semi-rurale. C'est là qu'allait se jouer le destin du futur Leonardo DiCaprio.

Helene Indenbirken était alors une jeune maman. Sa fille, Irmelin, avait tout juste deux ans lorsqu'elle se cassa la jambe et dut être conduite à l'hôpital le plus proche. À Oer-Erkenschwick, petite ville de Rhénanie-du-Nord-Westphalie, l'hôpital était en sous-effectif et le personnel totalement débordé. Alors que la petite Irmelin avait été allongée sur un lit et était censée se reposer, personne ne prit le temps de constater que son état était en train de se détériorer, dans la plus grande discrétion.

À mesure que les flots de réfugiés et de blessés de guerre envahissaient les services, les infirmières de garde avaient moins de temps à consacrer aux cas jugés peu graves. Seule Helene – Yelena Smirnova de son vrai nom –, jeune immigrée russe récemment arrivée en Allemagne, comprit la gravité de l'état de sa fille.

Face à la saturation des infirmières et consciente du danger qui menaçait son enfant, Helene décida d'administrer elle-même à Irmelin les soins dont elle avait cruellement besoin.

Ce qui aurait dû être une banale convalescence se mua en un horrible cauchemar pour Helene et sa fille. Irmelin développa infection sur infection et passa plus de deux ans et demi à l'hôpital, entre la vie et la mort. L'enfant était décharnée, son ventre ballonné. À plusieurs reprises, Helene eut peur qu'elle ne survive pas. Mais, grâce au dévouement et à la détermination de sa mère, Irmelin se remit progressivement et finit par quitter l'hôpital, tandis qu'autour d'elle, la guerre continuait de faire rage.

Helene était alors loin d'imaginer que le dénouement de ces quelques mois passés à l'hôpital influencerait autant le destin de sa famille et que Leonardo lui en serait pour toujours reconnaissant.

Plusieurs années plus tard, évoquant le combat pour la vie de celle qui allait devenir sa mère, il racontera : « Elle a fini par contracter cinq ou six maladies graves et elle est restée pendant deux ans et demi, trois ans [à l'hôpital]. En fait, ma grand-mère venait chaque jour et la soignait pour qu'elle recouvre la santé parce que les infirmières n'avaient pas le temps. En réalité, elles la tenaient pour morte. Si vous regardez une photo de ma mère, vous verrez à quel point c'est déchirant. J'en ai les larmes aux yeux, en pensant à ce qu'elle a traversé dans sa vie. J'ai une photo d'elle – sa première photo –, elle porte une toute petite jupe. Elle est décharnée, avec un ventre comme ça, d'un geste il montre la taille d'un ballon. Elle avait le ventre plein de vers. »

Et, aussi incroyable que cela puisse paraître étant donné son jeune âge, cet épisode n'était pas la première rencontre d'Irmelin avec la mort. Née dans un abri antiaérien, elle aurait pu ne pas survivre au-delà de ses premiers souffles si, au dernier moment, des pilotes de chasse de l'aviation alliée n'avaient choisi de changer de cible. Peut-être cet instinct de survie a-t-il nourri en elle le désir de cultiver la chance laissée en héritage par sa mère. À l'âge de onze ans, Irmelin et sa famille quittèrent Oer-Erkenschwick pour s'installer aux États-Unis et commencer une nouvelle vie à New York. Elle s'inscrivit au City College[1] où, en 1963, elle rencontra George DiCaprio – un jeune beatnik au caractère énigmatique – dont elle tomba amoureuse. Né en 1943, George était américain. Ce hippie, dont les ancêtres venaient de Naples et de Bavière, avait de longs cheveux en bataille et une allure bohème.

Quelques années plus tôt, le grand-père de George avait entrepris le périlleux voyage depuis l'Italie vers l'Amérique à bord d'un bateau en bois, et le jeune DiCaprio devait hériter de cet esprit libre, de ce tempérament de pionnier. George était un membre très actif de la scène littéraire alternative et il comptait parmi ses amis Allen Ginsberg, poète de la *beat generation*, le romancier William S. Burroughs, ou encore le dessinateur de bandes dessinées Robert Crumb et l'écrivain Hubert Selby Jr. Dans les premiers temps, il partageait une chambre avec Sterling Morrison, le guitariste du Velvet Underground, et était déjà l'auteur d'une bande dessinée – *Baloney Moccasins* – conçue avec Laurie Anderson, une ancienne petite amie, par ailleurs artiste de performances.

---

1. Établissement d'enseignement supérieur, gratuit, dépendant de l'université de la ville de New York.

Malgré leurs différences de personnalité – George était ouvert et sociable, tandis qu'Irmelin était plutôt réservée, bien qu'obstinée –, les deux jeunes gens formèrent d'emblée un couple uni. Ils partageaient le goût de l'aventure allié au désir commun d'arpenter le monde. Deux ans après leur rencontre, ils se marièrent et passèrent la fin des *sixties* baignés dans la contre-culture *underground.*

Lorsque Irmelin tomba enceinte, au début de l'année 1974, cela semblait suivre le cours des choses, mais des fêlures commençaient à fragiliser leur relation. Attirés par l'Ouest, ils déménagèrent à Los Angeles. Ils étaient alors « remplis d'espoirs dans les grands idéaux de l'Ouest qui promettaient une vie meilleure », comme Leo le confiera à *Vanity Fair* en 2004. À peine débarqués à Hollywood, ils furent contraints d'habiter l'un des quartiers les plus pauvres de la ville et durent vivoter, avec tout juste de quoi payer les factures. Le couple avait choisi Hollywood pensant que c'était le lieu le plus prometteur de Los Angeles. Au lieu de cela, ils se retrouvèrent près du Sex Shoppe et de l'hôtel Waterbed, comme le rappellera leur fils dans une interview pour le *Los Angeles Times.* George gagnait le peu d'argent du ménage en installant de l'amiante – isolant thermique encore très répandu dans les années 1960 et 1970 – et en posant des toitures et des planchers ignifugés. Durant son temps libre, il distribuait des *comics* et des livres beatniks aux librairies locales et il organisait des lectures pour le compte d'auteurs comme Burroughs et Ginsberg. Irmelin, quant à elle, avait trouvé un travail de secrétaire juridique.

Durant cette période, peut-être pour se convaincre que leur esprit vagabond résisterait aux couches et aux horaires réglés des repas, George et Irmelin partirent en vacances en Italie. Ce fut comme une seconde lune de miel. À Florence, ils s'arrêtèrent à la galerie des Offices, où ils purent apprécier l'art de la Renaissance. Alors qu'Irmelin prenait le temps d'admirer une peinture de Léonard de Vinci, elle sentit un grand coup de pied dans son ventre. Son bébé exprimait-il là sa première opinion artistique ? Irmelin en fut convaincue. Elle décida sur-le-champ que, si l'enfant était un garçon, elle l'appellerait comme le génie italien. George était enchanté – le deuxième prénom de son père était Leon – et il adorait la connotation artistique du prénom.

Malheureusement, les vacances ne parvinrent pas à sauver le mariage. Alors qu'Irmelin donnait naissance au petit Leonardo, George et elle s'éloignaient peu à peu l'un de l'autre. On a rapporté que les parents de Leo s'étaient officiellement séparés à la veille de son premier anniversaire, mais en réalité il semble que la séparation ait eu lieu avant, sur le plan affectif tout au moins.

Leonardo déclarera plus tard : « Mes parents avaient divorcé avant même que je vienne au monde, mais cela ne m'a jamais fait souffrir. Mes parents étaient les rebelles de la famille. Ce sont des gens qui ont tout fait et qui n'ont rien à prouver. »

Le petit Leo est donc né le 11 novembre 1974. C'était le « plus mignon des bébés », d'après sa grand-mère Helene qui l'adorait. À ce moment-là, elle résidait à New York, dans un quartier prisé par les immigrants allemands. Trois semaines après sa naissance, elle avait pris un avion pour la Californie afin d'admirer le nouveau venu de ses propres yeux. Et de se souvenir : « Irmelin le tenait dans ses bras à l'aéroport. Il avait un petit visage tout rond. »

Les parents de Leo vivaient encore sous le même toit à cette époque, mais cela ne devait pas durer. George se sentait étouffé par la vie de famille et il avait conçu des projets de départ. Soucieux de trouver la meilleure solution pour leur fils et alors qu'ils déménageaient dans des maisons séparées, le petit Leo fut expédié vers la Russie sur un bateau de croisière avec les parents d'Irmelin.

À son retour, George avait quitté les lieux. Mais l'option choisie par les deux parents était aussi peu conventionnelle que le mode de vie qu'ils avaient suivi jusqu'alors. Afin d'élever leur fils ensemble, George et Irmelin avaient choisi d'emménager dans des cottages rustiques, des maisons jumelles avec jardin commun, à Echo Park, banlieue morose de Los Angeles. Toutefois, George ne tarda pas à rencontrer une nouvelle petite amie, Peggy Farrar. Il s'installa chez elle et son fils, Adam, qui avait trois ans de plus que Leo.

Peggy était fraîchement divorcée de son mari – Michael Farrar, le père d'Adam – qui dirigeait une exploitation laitière dans le Nord de la Californie. Elle avait rencontré George à San Francisco, alors qu'il était en voyage d'affaires et qu'elle se produisait avec une compagnie théâtrale. Même si Peggy était vouée à assumer les mêmes obligations familiales qu'Irmelin (quoique de six ans sa cadette), George avait certainement pressenti un avenir plus radieux avec cette femme. Cependant, soucieux de ne pas priver Leonardo d'une figure paternelle au quotidien, George continua de vivre à proximité. D'une certaine manière, les deux familles réussirent à cohabiter dans une relative harmonie.

Un désaccord ne tarda pourtant pas à se faire jour concernant le montant de la pension alimentaire dont

George devait s'acquitter pour les besoins de son fils. George et Irmelin bataillaient l'un et l'autre pour joindre les deux bouts et, pour la mère de Leo, son ex-mari devait assumer ses responsabilités. Après une première proposition jugée inacceptable, Irmelin traîna George en justice : il fut contraint de payer à peine vingt dollars par semaine pour les frais du petit Leo – c'est tout ce qu'il pouvait verser.

La vie était rude pour cette mère célibataire. Des choses qui peuvent paraître simples aujourd'hui – obtenir une place dans une crèche tout en jonglant avec son emploi de secrétaire juridique – constituaient un véritable parcours du combattant au quotidien. D'autant que le jeune Leo était épuisant. Il se montrait capricieux et colérique, et sa mère rencontrait les plus grandes difficultés à trouver une crèche qui veuille bien l'accepter. Un jour, elle se rendit dans un quartier éloigné de Los Angeles pour visiter sa nouvelle école maternelle. Leonardo se souvient d'avoir commencé à pleurer et tempêter : « Est-ce que je vais rester ici tout seul toute la journée ? Je veux rester à la maison ! » Finalement, Irmelin n'eut d'autre solution que de devenir nourrice et d'accueillir des gosses du voisinage !

Très vite, Leonardo s'habitua à faire à son idée. Un épisode précoce lui donna même un avant-goût du métier de saltimbanque : « Quand j'avais deux ans, on m'avait emmené à un festival de théâtre. J'avais ma combinaison rouge et ma chemise la plus kitsch. Mon père m'a suggéré : "Allez, monte sur scène." Je me souviens de m'être retrouvé face à une nuée de visages remplis d'attente. Après un instant, j'ai commencé à danser, tap tap tap… La foule a adoré. Et je me suis dit : "C'est moi qu'on regarde, *moi* !" Impossible de m'arrêter. Mon père a été obligé d'aller me chercher sur scène. »

Ses débuts à la télévision furent moins glorieux. Ils eurent lieu deux ans plus tard sur le plateau de l'émission éducative préférée du moment, « Romper Room ». Le show – une sorte de crèche télévisée – montrait quelques charmants bambins qui sautaient partout accompagnés d'une animatrice ringarde et d'un gars déguisé en bourdon. Mais Leonardo se révéla trop turbulent et ses rêves tournèrent court.

« C'était mon émission préférée à l'époque, avouera-t-il plus tard. Je chantais les chansons à la maison. Quand je suis allé à "Romper Room", j'étais totalement surexcité. Ils avaient fait un petit cercle, ils chantaient et ils dansaient tous, des trucs de ce genre. J'étais trop déchaîné pour qu'on me filme. Je grimpais sur les caméras et je donnais des tapes, j'essayais de tirer ma maman sur le plateau. Alors ils m'ont renvoyé. »

Une telle expérience aurait calmé les velléités d'un enfant moins confiant, mais pour Leonardo il en fut tout autrement : « J'ai eu l'occasion de me voir à la télé. Je suis devenu complètement obsédé. C'était magnifique. »

Même si George n'était jamais loin, Irmelin dut *de facto* élever son fils seule. Hollywood Boulevard, où ils habitaient désormais, n'était pas surnommé « Seringue Alley » pour rien. Alors que les premiers souvenirs de la plupart des enfants tournent autour d'aires de jeu ou de parcs, pour le jeune Leonardo ces images sont à jamais ternies, comme il le raconte : « Nous étions à l'hospice. Je marchais vers l'aire de jeu et j'ai vu un gars ouvrir son imperméable sur un millier de seringues. Ça m'a fait un choc. Je vivais dans les ghettos d'Hollywood, juste à côté des anciennes salles de billard. C'était l'endroit le plus répugnant au monde.

« Ma mère, qui pensait qu'Hollywood était le lieu où la magie opérait, faisait très attention à moi, mais j'ai pu voir toutes sortes de choses à un très jeune âge. C'était vraiment terrifiant. Par exemple, j'ai vu des gens avoir des relations sexuelles dans des ruelles. »

Avec les prostituées et les drogués pour voisins, difficile, voire impossible, pour Irmelin de préserver son fils de la violence environnante. À tout juste cinq ans, il fut témoin de relations sexuelles entre deux hommes sur le balcon d'un ami. Cette image allait le marquer profondément, surtout quand, des années plus tard, il aborderait des rôles d'homosexuel.

Tandis que sa mère s'évertuait à éloigner Leonardo des expériences des adultes pour le protéger, George faisait strictement l'inverse. Il continuait à traîner avec Charles Bukowski, Robert Crumb et les membres du Velvet Underground. Il fit aussi connaissance du gourou de la drogue, Timothy Leary, tout juste libéré de prison après avoir été inculpé pour trafic de drogue. Défenseur de la première heure du LSD, Leary fut un temps considéré comme « l'homme le plus dangereux d'Amérique » par le président Richard Nixon. Condamné à un total de quatre-vingt-quinze ans de prison, il fut toutefois libéré. Malgré sa mauvaise réputation, il était célébré par les hippies et la communauté artistique, inspirant même à John Lennon l'écriture de *Come Together*. Aussi était-il prévisible que George amène bientôt le petit Leo à le rencontrer. Des années plus tard, on a même dit que Leary officiait à la cérémonie de mariage de George et Peggy, mais sans doute s'agissait-il d'une simple bénédiction spirituelle, les parents de Leo n'ayant *a priori* jamais légalement divorcé.

Fidèle à ses penchants hippies, George emmena Leo à des parades *new age*, où ils défilaient en sous-vêtements, recouverts de boue.

Bien qu'habitué à un mode de vie « alternatif » depuis son plus jeune âge, Leonardo fut confronté à l'expérience de trop à l'âge de six ans : « Nous étions assis dans une voiture, se souvint-il, quand soudain papa m'a annoncé : "Pour ma première relation sexuelle, j'avais ton âge. Tu devrais essayer." Mais je n'étais pas intéressé. Je lui ai dit : "Tais-toi, papa, je n'ai pas envie d'essayer. Je vais plutôt faire tous mes devoirs." »

Plus tard, George tenta de se justifier : « Leonardo n'était jamais exclu des conversations sur le sexe ou les drogues. Il cherche encore à découvrir combien de choses il peut faire dans sa vie mais il ne les fait pas d'emblée. »

Difficile dans ce contexte de discerner tous les ingrédients qui concourent à une vie réussie ! Pourtant, en matière d'éducation, les parents de Leo cherchèrent toujours à trouver l'alchimie entre la scène contestataire et le courant traditionnel. Le jeune Leo fréquenta d'abord l'école primaire de Corinne A. Seeds, un établissement à la pédagogie novatrice sur le campus de l'UCLA[1] , car Irmelin s'était engagée à donner à son fils la meilleure éducation. Deux ans plus tard, elle l'inscrivit dans une école spécialisée très demandée, le Centre for Enriched Studies. L'école attirait des gosses de tout Los Angeles et elle s'enorgueillissait d'obtenir parmi les meilleurs résultats de Californie. « Chaque jour, ma mère faisait quarante-cinq minutes de route jusque là-bas et autant pour revenir, se souvient Leo. Ainsi, elle passait quoti-

1. L'université de Californie à Los Angeles.

diennement trois heures dans sa voiture pour être certaine que je n'irais pas dans une école normale. »

Le jeune homme était sûr de lui et arrogant – des traits de caractère qui ne facilitaient pas les choses dans le milieu violent au sein duquel il grandissait. Il avait beau fréquenter l'une des meilleures écoles du coin, il était toujours la victime de raclées administrées par des voyous du lotissement. « J'étais petit et je faisais le malin : la combinaison mortelle », déclarera Leonardo, qui adoptait déjà un look bien trempé. Au milieu des années 1980, il arborait une coupe punk, assortie de gants en cuir et de pantalons argentés. Il avait donc tout pour devenir un mignon petit garçon…

Son demi-frère Adam partageait le mépris de Leo pour le voisinage et ses habitants. « L'Est d'Hollywood était l'endroit le plus crade où l'on puisse vivre, dit-il. On l'appelait "Crasseville". »

Adam et Leonardo partagèrent quelques mauvaises expériences, notamment lors de cet épisode marquant pour le jeune DiCaprio. « Je me souviens très bien que j'avais en tête de tuer un pigeon, pour une raison que j'ignore. Le pigeon boitait et mon copain avait un pistolet, alors nous avons décidé de l'achever pour mettre un terme à ses souffrances. Mais il ne mourait pas. On a dû tirer au moins dix ou quinze fois de plus. C'était horrible, la torture de ce foutu pigeon. J'étais assis, et je pleurais en regardant le pigeon qui n'arrêtait pas de recevoir des balles dans la tête et dans le dos, et qui continuait de vaciller. Finalement, mon demi-frère a juste attrapé une planche et crac, il l'a tué sur le coup. »

Dans cet environnement difficile, Leonardo finit par apprécier toutes les opportunités de fuir Los Angeles. Il passa systématiquement ses vacances avec ses grands-parents maternels en Allemagne : Grandpa Wilhelm – le deuxième prénom de Leo – et sa femme Helene, ou « Oma », comme il l'appelait affectueusement. Lassés du mode de vie américain, ces derniers étaient retournés vivre en Allemagne au début des années 1980.

En Allemagne, le culte que son grand-père vouait au travail – contrastant ainsi quelque peu avec les manières hippies de son père – assurait à Leonardo des vacances confortables que la situation économique de ses parents n'aurait pu lui assurer. Pour Helene, les visites de son petit-fils à Düsseldorf étaient des moments heureux. « À partir de l'âge de huit ans environ, Leonardo a passé toutes ses vacances ici en Allemagne avec nous, dit-elle. Il a même été en mer pour la première fois quand son grand-père et moi l'avons emmené en croisière. Nous avons été partout : jusqu'aux Bahamas et au Canada. Nous l'avons aussi emmené skier en Autriche. C'était un enfant joyeux, toujours prêt à s'amuser – et à manger ! Il adorait la cuisine allemande. Un de ses plats préférés, c'étaient les pieds de cochon avec de la choucroute. Mais il adorait par-dessus tout les pancakes aux pommes de terre faits maison, la charcuterie allemande et les petits pains. » Malgré ses nombreuses visites, Leonardo n'est pourtant jamais vraiment parvenu à apprivoiser la langue allemande. « Au mieux, il pouvait arriver à faire quelques phrases », raconte Helene.

C'est alors qu'un événement surgit inopinément dans la vie de Leonardo, qui allait tout changer à jamais.

Un jour, son demi-frère Adam fut envoyé à une audition, une publicité pour des céréales : ses parents espéraient ainsi lui faire gagner un peu d'argent de poche. Ce qui ne devait être qu'une seule pub se transforma en une série de vingt spots et, à douze ans, Adam se retrouva bientôt riche de cinquante mille dollars.

Comment pouvait-on gagner autant d'argent avec une activité aussi dérisoire ? Leo était stupéfait.

C'est à cet instant qu'il prit sa décision : le moment était venu d'échapper à son milieu minable... Il allait devenir acteur, comme son grand frère.

2

La carrière éclair de Lenny Williams

La première tentative de Leonardo pour entrer à la télévision s'était soldée, comme nous l'avons vu, par un désastre, puisqu'il avait été renvoyé de « Romper Room ». Pendant un temps, ces débuts calamiteux constituèrent l'apogée de la carrière télévisuelle du jeune ambitieux. Après avoir déclaré avec audace qu'il voulait devenir acteur, Leo, alors âgé de onze ans, se lança à la recherche d'un agent susceptible de le représenter. Mais cela se révéla bien plus difficile qu'il ne l'avait imaginé.

Sa première rencontre avec un agent fut particulièrement pénible : « Je me souviens qu'ils nous ont alignés comme du bétail. Nous étions huit garçons. Une femme est arrivée et elle a dit : “Non, non, oui, oui, non, non, non, oui. Merci.” » Pour le jeune Leonardo, ce fut un « non » catégorique, suivi d'un effondrement. « Je croyais que c'était ma seule chance d'entrer dans ce monde et que la communauté entière du cinéma était contre moi. »

Pendant les trois années qui suivirent, il poursuivit sa quête. Sans résultat. Leonardo ne comprenait pas. Aux yeux de ses copains de classe, il avait la réputation d'être un peu artiste. Son imitation du tueur en série Charles

Manson en particulier – le hippie dément dont le gang avait massacré l'actrice Sharon Tate et d'autres innocents – remportait un franc succès, même si le swastika qu'il s'était peint sur le front dans l'une de ses parodies lui avait apporté un tas d'ennuis.

À l'école primaire, il avait gagné le respect des autres gamins avec son imitation de Michael Jackson. « Tout à coup je suis devenu le gosse le plus populaire de l'école, se souvient-il. Le gars le plus *cool* s'est approché de moi et m'a donné une cassette des Street Beats en me disant : "C'est pour toi." »

Mais cette popularité fut de courte durée. Avant la fin du trimestre, après une dispute au sujet de la plus belle fille de l'école, ces mêmes gamins avaient jeté Leo dans une poubelle. Alors, il avait essayé de jouer les durs à son tour : il s'était mis à voler du chewing-gum à l'épicerie du coin. Mais il avait cessé cette activité assez rapidement parce qu'il « croyait au karma ».

L'un des rares professeurs à déceler son talent d'acteur fut Helen Stringos-Arias, qui fut si impressionnée par la précocité du jeune garçon de treize ans qu'elle proposa sa candidature pour une bourse en art dramatique. « Leo a toujours voulu être acteur, dit-elle. Durant les voyages scolaires, il se mettait debout à l'avant du bus et il imitait ses camarades ou les professeurs. Mais ce n'était pas un sex-symbol. Il venait à l'école tout décoiffé, en jeans et sweat-shirt. »

À cette époque, il faillit remporter un concours de *break dance* en Allemagne. Pourtant il était déjà clair que rien ne détrônerait jamais son rêve de devenir acteur. Cette danse lui valut le surnom de « la Nouille » à cause des mouvements qu'il arrivait à faire. Le surnom lui colla à la peau à l'époque.

Même s'il nous est difficile de l'imaginer aujourd'hui, à quatorze ans Leo était petit et maigrichon. Bien qu'il jouât les caïds, il était souvent harcelé par les gamins plus grands que lui. C'est ainsi qu'il évoquera plus tard le moment le plus humiliant de sa scolarité. Il avait reçu une pluie de coups pour avoir refusé d'envoyer un ballon de basket à un jeune voyou. « J'ai repris conscience environ dix minutes plus tard. Il y avait près de trente gamins autour de moi, qui me lançaient des boulettes de papier et qui me donnaient des coups de pied. J'ai essayé de m'enfuir mais ils avaient noué mes lacets, alors j'ai fait un pas et je me suis cassé la figure. J'ai dû m'enfuir en sautillant pendant qu'ils continuaient à me balancer des coups de pied. »

Durant cette période, le jeune Leo n'avait pas plus de chance avec les filles. Son premier coup de cœur, en 4e, se porta sur une fille du nom de Cecilia Garcia, ou « Cessi », comme il l'appelait alors. Il reviendra plus tard avec émotion sur cet amour non partagé. « Je suis sorti avec cette fille, Cessi, une jolie Espagnole. Comme elle était partie pendant tout l'été, on se téléphonait. On était très proches, on se disait tout. Ensuite, elle est revenue chez elle et, pour notre première sortie, on est allés au cinéma. Je voulais que ce soit parfait. Alors j'ai mis mon col roulé bleu clair, que je trouvais *cool* à l'époque (c'était un col roulé que j'avais acheté chez Kmart ou un truc comme ça). Quand j'ai vu Cessi, j'étais tétanisé, je n'ai même pas pu la regarder dans les yeux ou lui parler. On a vu *Quand Harry rencontre Sally*. Je ne pouvais pas bouger, je ne pouvais pas la regarder, rien. Mais je me suis laissé emporter par le film. Pendant deux heures, j'étais tranquille, parce qu'elle regardait le film. Je n'avais pas besoin d'assurer. Ensuite, je me souviens qu'on a mangé des sandwichs *French dip*[1]. Elle était très timide. Finalement, elle a dit : “Est-ce que ça te pose un problème que je mange ce sandwich ?” J’ai répondu : “Non, non, pas du tout.” Mais je me comportais d’une manière vraiment bizarre. Ça a été notre dernier rendez-vous. Je suis resté amoureux d’elle pendant un an après ça, mais je ne pouvais pas l’approcher parce que j’étais trop mort de honte. »

Quand enfin il échangea son premier baiser avec une fille, l’expérience se révéla tout aussi négative. Il la décrivit comme « la chose la plus dégoûtante de ma vie ». Il raconta : « La fille a déversé à peu près un litre de salive dans ma bouche, j’ai dû me sauver tout de suite pour tout recracher. »

Quand on observe la photo de classe, on comprend mieux pourquoi les filles le rejetaient. Bien avant de devenir cet être aux yeux bleu azur et à la chevelure blonde qui devait séduire les femmes du monde entier, Leo était un adolescent à l’air étrange, qui paraissait plus jeune que son âge. Ses camarades de classe l’avaient même élu « élève le plus bizarre ».

L’un d’eux se souvient : « Ce n’était pas le genre à faire perdre la tête à une fille. C’était un gamin maigre, assez sauvage et drôle. Cecilia était très mûre pour son âge. Alors que Leo jouait au basket et passait son temps à faire des blagues, elle s’intéressait à la politique. Personne n’aurait pu prévoir que Leonardo deviendrait l’un des hommes les plus convoités au monde. »

Toutefois, pendant sa deuxième année de lycée, Leo se montra à la hauteur de son image de comique. Alors

1. De gros sandwichs au bœuf que l’on trempe, tant bien que mal, dans une sauce au soja.

âgé de quinze ans, il apparaît sur la photo de classe avec une perruque ; la légende indique : « Elvis est vivant ! »

Mais ses talents de comique ne suffirent pas à mettre un terme à ses déconvenues avec le sexe opposé. Selon des sources, il tomba amoureux de la fille d'un voisin, une brune nommée Heidi Fleiss, qui allait devenir la tristement célèbre « Madame Hollywood ». Bien connue à Hollywood, la jeune femme tomba pour proxénétisme après avoir « présenté » des filles à des stars. Un ancien ami, Mark La Femina, raconte ainsi au *News of the World* : « Leo la voyait souvent dans la rue quand ils étaient gamins. Elle avait au moins cinq ans de plus que lui mais il ne pouvait pas se la sortir de la tête. »

Dans le même temps, à l'école, chaque fois qu'on l'interrogeait sur ses projets, le jeune Leo trouvait ridicule de mentionner ses velléités car sa carrière d'acteur n'avait pas encore démarré. « Quand on me demandait ce que je voulais faire, je choisissais soit agent de voyages, soit biologiste, dit-il. Je savais que je ne voulais pas faire un métier comme on nous y encourageait à l'école : docteur, avocat... »

Il était profondément convaincu qu'il serait une meilleure recrue que beaucoup d'autres gosses qui encombraient son écran de télévision, y compris son grand frère Adam. « Je jouais toujours la comédie à la maison et à l'école. Je regardais les pubs à la télé tout le temps et je croyais sincèrement que j'étais meilleur que n'importe lequel de ces gamins, y compris mon frère. »

En définitive, ce fut Adam qui lui proposa son aide en le mettant en contact avec un agent. Au départ, l'idée paraissait prometteuse. Leo décrocha un rôle dans une pub Matchbox[1]. Puis d'autres participations suivirent dans une campagne pour des céréales et une pour du chewing-gum – ironie du sort, étant donné ses antécédents de « criminel ».

Ce rôle ne lui valut aucune récompense, mais au niveau local il en retira une certaine gloire. « Quand j'ai commencé à tourner dans des publicités, tout le monde me disait : "Hé, c'est toi le gamin de *keeps it popping*[2] !" Les gens vous reconnaissent à partir de trucs comme ça. C'est probablement ma pub la plus connue. »

Cependant, les spots publicitaires ne furent qu'un faux départ. Après ce maigre succès, les refus habituels firent leur grand retour, certains sous des prétextes fallacieux. Un producteur le refusa parce qu'il n'avait pas la « bonne coupe de cheveux ». Son agent eut soudain une idée lumineuse. Selon lui, ce qui freinait l'envol de Leo vers la célébrité, c'était son nom : il le trouvait trop exotique. À la place, il l'incita à prendre le pseudonyme plus consensuel de « Lenny Williams ».

Pour Leonardo, c'était affreux. Abstraction faite des moqueries habituelles de cour d'école, il aimait son nom et il en était fier. Des années plus tard, il évoque cet épisode : « Ils pensaient que mon nom était un petit peu trop exotique. Ils l'ont disséqué et ils ont dit : "Leonardo donc Lenny". Ils ont transformé Wilhelm en Williams. Mais je ne voulais pas jouer sous ce nom-là. »

En fait, le seul nom qu'il changea fut celui de son agent : il le mit à la porte et repartit en quête de quelqu'un sur la même longueur d'onde que lui. Néanmoins, ce passage déprimant, en plus du nombre

---

1. Il s'agit d'un fabricant de jouets. La publicité portait sur des voitures miniatures.
2. Slogan de la publicité pour du chewing-gum.

grandissant de refus, entama le moral de l'adolescent. « Pendant un an et demi, je n'ai eu aucun boulot, raconte-t-il. Ça représente plus d'une centaine d'auditions. À force, j'étais vraiment désabusé. Un jour, j'ai décidé que je détestais tout le monde. Je détestais tous ces directeurs de casting, je les détestais tous. J'étais prêt à tout arrêter. »

Il se souvient être rentré chez lui démoralisé après un énième refus et s'être plaint à son père : « Papa, je veux vraiment devenir acteur, mais si c'est ça, je laisse tomber. » George a alors répondu : « Un jour, Leonardo, ce sera ton tour. Souviens-toi de ces paroles. Maintenant détends-toi. »

Aussi simples soient-elles, ces sages paroles eurent l'effet escompté : Leonardo s'apaisa, se concentra de nouveau et poursuivit ses efforts avec une énergie renouvelée. Et son quotidien lui rappelait sans cesse les raisons qui le poussaient à rechercher une vie meilleure pour sa mère et pour lui. « Je pensais toujours à l'argent, admit-il. Si j'étais honnête, je dirais que c'est ce qui m'a le plus motivé à devenir acteur. J'étais conscient du fait qu'un tas de gens à Los Angeles gagnaient beaucoup d'argent. Je me demandais tout le temps d'où ils le tenaient, et comment nous allions nous offrir ci et ça : jouer me paraissait un raccourci pour nous sortir du pétrin. »

Quant à Adam, il livra aussi sa vision de leur vie familiale peu conventionnelle : « Nous avons grandi comme des frères dans les mêmes maisons, on formait une famille très unie. Nos parents vivaient de façon proche et ils avaient des relations amicales. Quand on s'est connus, j'avais quatre ans et Leo un an. Nous sommes aussi proches que deux frères peuvent l'être. Leo voulait entrer dans le milieu du spectacle parce qu'il m'avait vu dans une pub à la télé et qu'il avait su combien j'étais payé pour ça. Il a décidé que c'était ce qu'il voulait faire. »

Un jour, la chance lui sourit enfin. Un ami d'Irmelin connaissait un agent réputé et il proposa de lui glisser un mot en faveur de Leo. Quelques semaines plus tard, Leonardo avait signé un contrat. Dans les mois qui suivirent, il décrocha des rôles dans une vingtaine de pubs. De fil en aiguille, il en vint à tenir le rôle principal dans des films éducatifs. L'un d'eux, pour une série produite par Disney, le *Mickey's Safety Club*, concernait la sécurité routière. Un autre, sur les dangers de la drogue, intitulé « Comment se comporter avec des parents qui se droguent », montrait Leonardo, alors âgé de quinze ans, avec une ampoule de crack transformée en fusil de chasse. Là aussi, l'expérience avait quelque chose d'ironique étant donné les substances qui circulaient dans le cercle d'amis de George. Après tout, c'était le même Leo qui, une fois, avait dit à ses amis que fumer du cannabis lui paraissait aussi « normal que de boire de la bière ». En 1998, Leo fut même cité dans le *Times* : « Avec des parents comme les miens, je n'ai pas eu à me rebeller contre quoi que ce soit. » Et sa mère Irmelin confirma ses dires dans le *Mail on Sunday* : « Nous avions déjà fait les folies à sa place. »

Subitement, l'attitude de Leonardo à l'égard du métier d'acteur changea. La déception avait laissé place au pragmatisme : « Je suis payé pour faire quelque chose que j'aime, et en plus, ça me fait manquer deux jours d'école. »

Peu à peu, il commençait à se faire remarquer. Les films éducatifs étaient une chose, mais Leonardo avait soif d'une expérience plus concrète. Et cette dernière prit la forme de *Lassie*. Heureusement pour Leo, les exploits du chien intelligent firent leur retour sur les écrans pour le plus grand bonheur du public des années 1980. Le tournage de *The New Lassie* débuta en 1989. Ce fut un véritable tremplin pour son entrée à la télévision. Leo apparut à de rares occasions mais elles se révélèrent décisives pour lui. Il interprétait le copain du propriétaire du chien, joué par Will Estes. Sa présence dans l'histoire concernait un épisode. « Lassie devait avoir des chiots avant une grande course de vélo. Je jouais un gamin du genre effronté qui ne pensait qu'à gagner », se souvient-il.

Bien que positive, l'expérience ouvrit les yeux du jeune idéaliste sur les trucages de la télé, comme il le souligna plus tard à l'animateur David Letterman : « Lassie était censée être une femelle, mais en fait, ils avaient cinq mâles différents qui exécutaient les tours. Peut-être que les mâles sont plus futés ou quelque chose comme ça. Il y avait une scène importante où elle attendait des chiots. Pour la première fois, j'ai pris conscience à quel point ce métier était truqué, parce que, du coup, ils devaient entourer les "petites affaires" de Lassie avec une fourrure spéciale. J'étais un peu choqué et déçu aussi. Je pensais qu'on trafiquait la réalité. »

Au même moment, il auditionna pour un rôle dans *The Outsiders*, une version télévisée du film éponyme de 1983 qui avait été réalisé par Francis Ford Coppola. Ce film avait rendu célèbres Rob Lowe, Emilio Estevez, Matt Dillon, Tom Cruise, Patrick Swayze, Ralph Macchio et C. Thomas Howell. Dans le sillage du film – à l'origine du concept de la « bande de jeunes » –, une série fut imaginée, avec Coppola en producteur délégué. Cependant, l'expérience fut de courte durée et le rôle de Leonardo se révéla encore plus bref (il n'apparut qu'un court instant en tant que « jeune garçon » dans un seul épisode).

Il poursuivit avec un emploi plus substantiel dans la série quotidienne *Santa Barbara* : il y endossait le rôle difficile d'un adolescent alcoolique, Mason Capwell, et ce, durant cinq épisodes. L'irruption dans un *soap* à succès, à la réalisation bien rodée, confronta le jeune acteur à la réalité du métier. À tout juste quinze ans, Leonardo ne pouvait tourner que des demi-journées, mais il devait répondre à des exigences nouvelles pour lui. En effet, il lui fallait apprendre le script entier des épisodes dans lesquels il intervenait. Son épi blond – qui allait devenir sa future marque de fabrique – était déjà présent et son regard suggérait que ce jeune acteur sûr de lui allait encore faire parler de lui. De toutes ses apparitions, ce fut celle qui se révéla la plus bénéfique pour son avenir. Son rôle était difficile sur le plan émotionnel et éprouvant pour un acteur qui n'avait jamais pris de cours de théâtre. Leonardo s'en tira haut la main et il attendit les nouvelles opportunités avec appétit.

Il n'eut pas longtemps à patienter. Une seule apparition dans la série *Roseanne,* alors à son apogée, lui permit de faire la jonction jusqu'à ce qu'il soit pris dans une autre série télévisée tirée d'un film à succès, *Portrait craché d'une famille modèle*. Le film de 1989, réalisé par Ron Howard, avec Steve Martin et Dianne Wiest, entre autres, avait connu un succès inattendu et NBC espérait le réitérer avec une série fondée sur les mêmes personnages. Cette fois, Ed Begley Jr. tenait le rôle principal de Gil Buckman, mais l'ensemble de la distribution méritait certainement mieux que l'accueil qu'elle reçut. Leonardo apparut dans les douze épisodes d'une heure dans le rôle de Garry Buckman : encore une fois un adolescent tourmenté (rôle interprété par Joaquin Phoenix dans le film d'origine). On a dit alors qu'il avait analysé l'interprétation de Phoenix comme s'il étudiait Laurence Olivier jouant *Richard III*. En tous les cas, son implication porta ses fruits et il décrocha le rôle. Cependant, en décembre 1990, la série quitta l'antenne. Au moment précis où il décrochait un emploi à temps plein, Leonardo dut une fois de plus se mettre en quête d'une activité régulière.

Il ne resta pas désœuvré bien longtemps et une nouvelle chance se présenta bientôt sous la forme d'une autre série télé. *Quoi de neuf, docteur ?* était alors une *sitcom* sans intérêt présente à l'écran depuis 1985. Elle racontait l'histoire d'une famille prospère de Long Island, dans la banlieue de New York. La star de la série, Kirk Cameron, jouait le fils adolescent, l'agitateur de la famille : Mike Seaver. En 1992, les producteurs estimèrent que Kirk devenait trop âgé pour attirer encore les plus jeunes spectatrices et ils se lancèrent à la recherche d'une nouvelle coqueluche.

Le personnage de Mike était devenu éducateur dans un centre médico-social. Il prit sous son aile un adolescent sans abri qui finit par emménager au sein de la famille. Les producteurs espéraient que le scénario mettrait l'accent sur la détresse des sans-abri aux États-Unis, tout en redynamisant un produit moribond. « C'est alors que l'on m'a envoyé en première ligne pour rallumer le désir des filles », déclara Leonardo.

Son personnage de Luke Brower apparut la première fois pour une simple participation avant de devenir membre permanent de la famille Seaver tout au long de la septième saison. Sam Anderson, qui jouait le proviseur Willis Dewitt, déclarait à propos du nouveau venu : « Quel gamin précoce et quel bourreau des cœurs ! Il est différent des autres membres du groupe et en cela, son arrivée est un plus très intéressant. »

Certes, l'apparition de Leonardo ne réussit pas à raviver l'intérêt pour la série comme les producteurs l'espéraient. Néanmoins, elle contribua à le faire remarquer auprès des plus jeunes fans. Pour la première fois, il commença à attirer l'attention des adolescentes qui le reconnaissaient tout de suite grâce à la série. « Des préados me suivaient partout et faisaient : "Hé ! Hé ! Hé ! Comment tu t'appelles ? Tu es dans *Quoi de neuf, docteur ?* non ?" J'aimais ça. C'était assez drôle d'être reconnu par les gens », se souvient Leonardo.

Irmelin, qui s'occupait de la promotion de son fils, décela un potentiel et organisa des interviews pour Leo avec quelques-uns des magazines les plus populaires auprès des ados. Et elle obtint des résultats : tandis que la série sombrait, la cote de Leo ne cessait de grimper.

Quand la série s'acheva, Leonardo s'exprima avec une honnêteté rare chez les jeunes acteurs. « Le nouveau style d'écriture était atroce, observa-t-il avec franchise. Soit c'est ça, soit je ne suis pas sexy du tout. Les deux, vous allez me dire. » Et de poursuivre : « Mes répliques étaient boiteuses. Je ne pouvais pas le supporter en fait. Tous les autres étaient intelligents et vifs. »

Leo aurait pu être frustré par le manque d'opportunités sérieuses et craindre d'être cantonné aux rôles secondaires dans des séries télé ringardes. Toutefois, il commençait à se tailler une certaine réputation : celle d'être doué pour les personnages plus réalistes. *Portrait craché d'une famille modèle* et *Quoi de neuf, docteur ?* n'étaient certes pas des fictions au style acéré mais, dans ce cadre sirupeux, il ressortait au sein de la distribution.

Entre-temps, il avait attrapé le virus de la comédie : « J'ai eu la chance de décrocher quelques auditions et des publicités quand j'avais quatorze et quinze ans, puis un rôle dans un show télévisé à seize ans m'a ouvert des portes. Là, je suis devenu accro. Non pas à la perspective de gagner de l'argent, même si c'était génial, mais au simple fait de jouer. Quelque chose s'est passé. J'ai découvert que je pouvais me projeter dans des rôles et ça m'a fait vibrer. »

À ce stade, son demi-frère Adam, qui avait joui d'un petit succès, le confirma grâce à des pubs télé et deux ou trois films : *Looker* et *The Incredible Shrinking Woman* avec Lily Tomlin. Cependant, contrairement à Leonardo et malgré l'argent, Adam ne se sentait plus attiré par le métier d'acteur. « J'avais passé un accord avec ma mère. Je pourrais arrêter dès que je le voudrais. En fin de compte, j'ai décidé que je voulais être un gamin comme les autres et jouer avec mes copains. Ma mère était *cool* là-dessus. Elle ne m'a jamais poussé dans quoi que ce soit. Je voulais juste être un gosse normal. »

Être un « gosse normal » c'était la dernière chose que Leo souhaitait, lui. Il voulait s'amuser aussi, mais son terrain de jeu favori, c'étaient les films. Tout en s'insinuant dans la brèche de *Quoi de neuf, docteur ?*, il décrocha le rôle qui allait marquer ses débuts cinémtographiques. Même si ses rêves de grand écran allaient devoir attendre encore un peu. En effet, *Critters 3*, son premier long-métrage, contourna les salles de cinéma et arriva directement en vidéo.

Quand les gens apprennent que le tout premier film de Leonardo DiCaprio a été *Critters 3*, la plupart s'étonnent d'abord qu'il y ait eu un *Critters 2*. Le premier volet était une tentative éhontée de surfer sur le succès de *Gremlins* (1984), film de bien meilleure facture. Si bien que la suite fut déjà perçue comme le film de trop. Quand le troisième volet sortit, l'intrigue avait radicalement changé. Dans les deux premiers, une petite ville s'efforçait de repousser une invasion extraterrestre. Dans le troisième, c'était une grande ville qui devait chasser l'ennemi. Les admirateurs de Leonardo seront peut-être surpris d'apprendre que leur acteur favori a tourné dans ce film, car ce dernier préfère ne pas le mentionner sur son CV. Et on peut le comprendre !

Ce film de science-fiction à très petit budget fut tourné dans un entrepôt. Leo y jouait le beau-fils d'un méchant fermier. Il décrit son rôle comme celui du « gosse blond, normal, sans aucune profondeur ». C'était lui en gentil garçon. Il est revenu plus tard sur cette expérience comme sur *Quoi de neuf, docteur ?* : « C'était peut-être l'un des pires films de tous les temps. Je suppose que c'est un bon exemple à analyser pour faire en sorte qu'il ne se reproduise plus jamais. »

Son appréciation pourrait sembler sévère, mais il est intéressant de noter que le rôle de Josh, si magistralement incarné par Leonardo, avait à l'origine été refusé par l'acteur britannique Cary Elwes. Il lui avait préféré un petit rôle dans *Hot Shots !* Elwes avait tenu des rôles principaux dans *Princess Bride* et *Sacré Robin des Bois*, mais plus tard, des rôles importants allaient lui échapper. Cela ne veut pas dire que Elwes aurait joui du même succès que DiCaprio, mais leur différence d'attitude montre bien que, à cette époque, Leonardo ne voulait laisser passer aucune opportunité.

Ce fut avec la même philosophie qu'il obtint son rôle suivant. Il fit une brève apparition dans le thriller *Fleur de poison* (1992). Ce dernier devait marquer le retour à l'écran de l'adolescente Drew Barrymore, star de *ET*, et signer ses débuts d'actrice sérieuse. Leo ne faisait qu'apparaître dans la scène d'ouverture au moment où le personnage d'enfant sauvage, interprété par Barrymore, achève un chien blessé sans aucune pitié.

Ces expériences insufflèrent à Leonardo le goût du cinéma, goût dont il ne se déferait jamais. Et bien qu'il s'amusât de son statut d'idole pour ados, il ne comptait pas en rester là. « Très tôt, dès le moment où j'ai terminé *Quoi de neuf, docteur ?*, je me suis dit que j'allais faire ce qui me plaisait et que je ne serais pas le beau mec du mois », dit-il. Il attendait avec impatience un nouveau projet. Et il espérait que ce serait, cette fois, *la* chance d'exercer réellement son métier d'acteur.

3

Les premiers déboires

Leonardo et son père étaient assis dans une salle de cinéma. Ils étaient venus voir un film policier un peu loufoque. Quand le personnage principal apparut à l'écran, George se tourna vers son fils et lui murmura : « Tu vois ce gars ? Voilà un gars *cool* ! Il s'appelle Robert De Niro. Souviens-toi de son nom. Il est vraiment génial. »

Le film, c'était *Midnight Run*, une comédie avec De Niro, qui allait connaître un succès inattendu. Son personnage de Jack Walsh – chasseur de primes – avait pour mission de ramener au poste un criminel en fuite, joué par Charles Grodin. C'était en 1988, et le jeune Leonardo ignorait alors qu'il se retrouverait bientôt, mort de trouille, nez à nez avec ce même Robert De Niro, s'efforçant tant bien que mal de l'impressionner.

En effet, à peine trois ans plus tard, Leonardo auditionnait pour le rôle du jeune Toby, un gamin maltraité par le petit ami plutôt instable de sa mère. Il avait la ferme intention de décrocher ce rôle dans *Blessures secrètes*, adapté des mémoires de l'auteur Tobias Wolff. Le réalisateur écossais Michael Caton-Jones était aux commandes. Sa cote ne cessait de grimper depuis le succès de son premier film, *Scandal* (sur l'affaire Profumo), et ses modestes triomphes avec *Memphis Belle* et *Doc Hollywood*. L'homme que Leonardo devait éblouir, c'était De Niro. Avant que son tour n'arrive, il put observer la nervosité des autres candidats. Parmi eux, Tobey Maguire, encore inconnu à l'époque. Alors que la tension montait, DiCaprio comprit qu'il devait faire quelque chose d'exceptionnel. « Je me suis levé et j'ai crié : "Nooooon !" J'étais pile en face de son visage, les veines gonflées », se souvient-il. De Niro marqua une pause et, au cours de ce bref instant, Leonardo sentit qu'il jouait son va-tout. Il poursuit : « Je n'oublierai jamais son visage : il a éclaté d'un énorme fou rire. »

Bien entendu, ce n'était pas la réaction à laquelle il s'attendait, voire qu'il espérait. « J'ai pensé que c'était un échec total. » Toutefois, De Niro, qui jusque-là lui avait préféré un autre garçon, fut impressionné par le courage et le caractère passionné du nouveau venu.

Leonardo réussit ainsi le premier test. Il dut ensuite se soumettre à une série plus poussée d'entretiens et d'auditions exténuantes, parce que Caton-Jones voulait s'assurer que sa sélection du candidat idéal fût la plus rigoureuse possible. Au final, DiCaprio évinça près de quatre cents aspirants. En apprenant qu'il avait été retenu, il fut transporté de joie. Il marchait à présent vers la gloire.

« C'était une évidence, expliqua Caton-Jones. Je savais que c'était lui. Mais, quand quelqu'un fait une aussi bonne lecture dès le début, vous ne le croyez pas tout à fait. Donc nous avons essayé des tas de jeunes acteurs, mais nous sommes revenus bien vite vers Leonardo. »

À ses côtés, De Niro (dans le rôle de Dwight Hansen, le beau-père violent de Tobias Wolff) se consumait d'amour pour la sirène Ellen Barkin, qui incarnait Caroline, la mère de Leonardo. Caton-Jones savait que le destin de son film reposait sur les épaules du jeune acteur : « J'ai trois excellents acteurs dans ce long-métrage, mais Leonardo, c'est le socle sur lequel repose le film. Si les gens ne sont pas touchés par le personnage de Toby, l'histoire devient du voyeurisme. Grâce à Leonardo, on s'identifie instantanément au combat de ce gamin. »

Soumis au poids d'une telle attente, on aurait pu pardonner à Leonardo de se replier dans sa coquille pour puiser l'énergie nécessaire à un rôle si exigeant. Mais sa confiance en lui était telle qu'il prit tout cela sereinement, profitant même de cette pression.

Dans le même temps, Leonardo devait aussi s'adapter à son nouveau lycée. Il avait depuis peu déménagé dans un quartier plus prospère de Los Angeles. Grâce à l'argent généré par ses rôles publicitaires et à la télévision, lui et sa mère purent quitter leur « cabanon » d'Echo Park. En un sens, il avait atteint son objectif : gagner assez d'argent pour éloigner sa mère de « Crasseville ». Pourtant, la pauvreté ne faisait pas encore tout à fait partie du passé, mais il put dire à son père d'interrompre le versement des vingt dollars de pension alimentaire. Leo et Irmelin s'installèrent dans le quartier vallonné de Los Feliz, au nord de l'East Hollywood. Bien qu'éloignés des zones pauvres, ils demeuraient dans un quartier modeste et les résidences situées sur les collines environnantes leur rappelaient chaque jour le chemin à parcourir pour prétendre à la prospérité.

À dix-sept ans, Leonardo s'inscrivit à John Marshall High School. Cette école semblait tout à fait appropriée puisqu'elle avait figuré dans à peu près autant de films que son nouvel élève. Elle avait ainsi servi de décor pour *Grease* et *Les Griffes de la nuit.* Au sein de ce nouvel établissement, Leonardo devint la proie de bandes hispaniques, car il faisait partie de la minorité des élèves blancs. Quand il fut présenté pour la première fois à sa classe, il fut immédiatement surnommé « Leonardo Retardo ». Bien qu'il ait été tourmenté et harcelé, il semble que ce traitement restait supportable.

John Marshall High School aspirait à bien plus que de servir de toile de fond à des fictions juvéniles. Elle proposait des classes d'art dramatique prisées, auxquelles, tout naturellement, Leonardo s'inscrivit. Il acquit aussitôt une grande popularité et décrocha même le premier rôle dans la pièce de l'école. En parallèle, il continuait de figurer au générique de séries télé. « Leo avait déjà l'étoffe d'une star, une qualité qu'on ne rencontre qu'une fois dans sa vie », se souvient Gerald Winesburg, son professeur d'art dramatique, réellement impressionné.

Leonardo avait rejoint l'école depuis peu quand il décrocha le rôle dans *Blessures secrètes.* Il avait déjà fait sensation auprès de ses nouveaux camarades de classe. « Leo était pratiquement le seul Blanc de la classe, raconte son copain Pot Ontoun. Avec sa tignasse blonde, il faisait tache. Nous l'appelions "le Racho" : il était si maigrichon ! Un jour, le professeur a demandé à Leo de lire à haute voix un passage romantique de *Roméo et Juliette.* Tout le monde s'est arrêté pour l'écouter. À la fin, toutes les filles le dévoraient du regard, tandis que les garçons s'agaçaient de le voir ainsi focaliser l'attention. »

Mais ses auditions et son travail à la télé empiétèrent bientôt tellement sur les répétitions que M. Winesburg dut l'exclure. L'effet ne s'est pas fait attendre : « Le lendemain matin, sa mère a débarqué pour en discuter avec moi. C'était quelqu'un de très dynamique, bien déterminée à ce que son fils unique réussisse, raconte l'intéressé. Leo adorait être adulé, mais ça le rendait odieux. Il ne s'attirait jamais d'ennuis pourtant. Avec son sourire ravageur et son caractère attachant, il pouvait charmer n'importe quel professeur. »

Et Winesburg de poursuivre : « Chaque jour, le journal de l'école disait : "Regardez notre Leo DiCaprio national dans Machin !" Je savais bien qu'il insérait lui-même ces annonces. » Mais avant tout, d'après M. Winesburg, Leo était résolu à sortir sa mère et lui-même du ghetto : « Il avait cette soif de réussite, et je l'admirais pour ça. »

Malgré sa condition de jeune acteur en lutte contre la pauvreté, Leo choisit rapidement la fille qu'il souhaitait voir à ses côtés dans le rôle principal : la reine de la fête du lycée, Jennifer Faus.

Il remua ciel et terre pour séduire Jennifer mais, aussi incroyable que cela puisse paraître aujourd'hui, elle repoussa toutes ses tentatives de drague. Quand elle finit par se laisser embrasser, Leo crut qu'il avait gagné et que sa période de malchance avec les filles était révolue. Mais, presque aussitôt, Jennifer lui brisa le cœur en lui refusant un rendez-vous parce qu'elle le jugeait « trop crâneur ».

« Leo et moi avions eu le coup de foudre l'un pour l'autre », se souvient Jennifer, aujourd'hui mariée et employée dans un magasin de Los Angeles. « Les gens disent que j'ai eu beaucoup de chance d'embrasser l'homme le plus beau du monde, et aujourd'hui, je pourrais me gifler d'avoir refusé un rendez-vous avec lui ! »

Elle avait rencontré Leonardo à son arrivée au lycée. « Il était adorable, dit-elle. Il vous donnait envie de le serrer dans vos bras parce qu'il était si petit. Il était si mince, si maigre que je le taquinais. Je lui maintenais les mains derrière le dos. Il conduisait une grosse vieille Mustang. Il était si petit que l'on ne distinguait que ses petites mains sur le volant. »

Apparemment, le petit Leonardo n'avait aucune chance de conquérir la plus jolie fille de l'établissement. Mais une poussée de croissance et son rôle aux côtés de Robert De Niro suscitèrent soudain un regain d'intérêt chez Jennifer. « Une fois que nous avons quitté le lycée, j'ai commencé à voir combien il était mignon, expliqua-t-elle. Au début, sans doute pour cacher nos sentiments, on se bagarrait : on se frappait tout le temps. Je suppose que c'était un simple prétexte pour s'effleurer. On traînait ensemble et on discutait beaucoup, mais il y avait une véritable attirance sexuelle. Je sais que Leo cachait ses véritables sentiments. Une de mes meilleures amies était sortie avec lui, alors je lui ai demandé si ça ne l'embêtait pas qu'il se passe quelque chose entre Leo et moi. Quand elle m'a dit que non, j'étais aux anges. »

Un soir, alors qu'ils revenaient de chez un copain, Leonardo fit le premier pas. « Il blaguait sur le fait que je devais sortir avec lui parce qu'un jour il serait célèbre, raconte Jennifer. Il était si doué que je savais qu'il disait vrai, mais je riais. Cette nuit-là, on marchait tous les deux en silence. Il s'est retourné, m'a regardée et m'a embrassée. Je dois dire qu'il embrassait très bien, même s'il n'était sorti qu'avec une seule fille avant moi. »

Au grand désarroi de Leo, Jennifer refusa d'entamer une relation sérieuse. « Il venait de décrocher un rôle pour la première fois au cinéma face à Robert De Niro, poursuit-elle. Leo avait toujours été un gosse prétentieux et sa crânerie m'a définitivement dissuadée de continuer à le voir. Il m'a proposé de me reconduire en voiture et m'a demandé d'être sa petite amie. J'avais peur qu'il devienne un peu trop "hollywoodien", alors je lui ai dit : "Je pense qu'on devrait attendre un peu." Son expression montrait qu'il ne s'attendait pas à un refus. Il m'a décoché un regard qui signifiait en substance : "Hé ! Je vais devenir célèbre. Est-ce que tu as bien conscience de ce que tu rates ?" Maintenant, Leo a tellement de filles qui lui courent après ! Je pense que ça ne lui a pas fait de mal d'avoir vécu un petit refus ! »

Aux yeux des autres élèves, Leo était une tornade. Son copain d'école, Sky Bushy, déclara au *Daily Mirror* : « Il bougeait tout le temps, parlait sans cesse et faisait l'imbécile. Mais il avait vraiment craqué pour Jennifer. »

Quand le tournage de *Blessures secrètes* débuta, Leo mit de côté ses amours contrariées et se prépara à endosser une interprétation dont il pourrait être fier. Mais jouer aux côtés d'une légende du grand écran allait se révéler un véritable baptême du feu – une expérience différente de tout ce qu'il avait vécu jusque-là. « Ce rôle était différent de tout ce que j'avais joué, dit-il. C'était quelque chose de vrai, qui était réellement arrivé à ce gars. Quand tu vis une histoire puissante comme celle-là, tu es forcément fragilisé sur le plan émotionnel. » Il poursuivit : « Quand De Niro faisait irruption sur le plateau, c'était comme si le pape en personne apparaissait. Tout le monde était sur le qui-vive : "Chut ! Chut ! Silence !" »

Non seulement Leonardo était intimidé par le respect que lui inspirait ce partenaire expérimenté, mais il était surtout déstabilisé quand De Niro, déjà réputé pour ses improvisations, prenait des libertés avec le scénario. « Merde ! Je ne comprends pas ce qui se passe ! S'il dit quelque chose qui ne figure pas sur la page, est-ce que je dois dire : “Hé, c’est pas ça ! Oh ! Bob ! T’as pas dit la bonne réplique.” Non, j’étais censé revenir au scénario et dire quelque chose. Je n’avais aucune idée de la façon dont ça marchait », se souvient l’acteur.

Malgré le rythme intensif auquel il était soumis, Leonardo restait lui-même et il continuait de faire des blagues sur le plateau avec le reste de l’équipe. C’était un petit malin. Loin de contrarier ses plus illustres partenaires, cette attitude favorisait le rapprochement. « C’était bon pour le rôle », se souvient De Niro, qui l’observait avec amusement. Une fois pourtant, la star dut remettre à sa place le jeune morveux. Leonardo se demanda si l’acteur plaisantait ou non. « Je tournais une scène avec lui au cours de laquelle il tentait d’impressionner ma mère – jouée par Ellen Barkin – avec un Zippo. Ellen se tordait de rire ; tout le plateau riait aux larmes. Au bout de la vingt-cinquième prise, j’ai commencé à m’agiter parce que d’habitude, c’était moi qui suscitais les rires. Alors je me suis levé et j’ai dit : “Eh ! Les gars ! Est-ce qu’on pourrait être un petit peu plus professionnel ? Vous n’arrêtez pas de rire, j’ai des choses à faire, moi !” Je me croyais malin. Bob m’a pris à part et il m’a dit : “Tu sais, il y a une limite à la plaisanterie. Tu devrais éviter de la franchir, parce qu’un jour tu ne pourras peut-être pas faire machine arrière.” »

Mais il y avait peu de risque que Leonardo ne franchisse cette limite un jour. Dès qu’il vit le légendaire Robert De Niro à l’œuvre, il fut sidéré par son professionnalisme et son expérience : « Plus jeune, à quatorze ans déjà, j’aspirais à être considéré comme un adulte. Quand j’ai tourné *Blessures secrètes*, je voulais être aussi vieux que Robert De Niro et aussi expérimenté que lui, qu’on me témoigne le même respect. Je commence tout juste à gratter le vernis et à trouver ce qui me rend vraiment heureux. »

Le tournage eut lieu en extérieur à Vancouver, puis à Moab ou à Salt Lake City dans l'Utah, mais surtout à Concrete, dans l'État de Washington. Pour les besoins du film, la petite ville où Wolff avait grandi avait retrouvé son apparence des années 1950. Jusque-là, rien dans le maigre bagage cinématographique de Leonardo ne laissait présager sa capacité à assumer un rôle aussi éprouvant. C'était la première fois qu'il s'attaquait à un personnage réel. En outre, la complexité du lien unissant Toby Wolff au personnage de De Niro ne ressemblait à rien de ce qu'il avait pu explorer auparavant dans ses petits rôles.

Sous la direction attentive de Caton-Jones et l'influence de De Niro, Leo livra une interprétation qui démontrait un réel potentiel. De Niro, impressionné, invita le réalisateur Martin Scorsese à le suivre de près. Leo, quant à lui, remercia Caton-Jones pour l'avoir guidé et lui avoir donné « cette confiance absolue envers les réalisateurs » : « C'est ainsi que Michael Caton-Jones m'a fait pénétrer dans ce monde du cinéma. Il m'a littéralement pris sous son aile. Il avait tout de la figure paternelle pour moi quand j'ai fait *Blessures secrètes*. Je ne savais pas comment me comporter sur un plateau, je ne connaissais pas les règles, je ne savais pas de quelle manière on s'engage dans un film. »

En avril 1993, le film, bien qu'ayant une sortie limitée en salles, réussit à se classer dans le top dix du box-office, générant un bénéfice brut de cinq millions de dollars. La critique lui réserva un très bon accueil et les articles célébrant le jeu de cet adolescent, jusque-là inconnu, se multiplièrent.

Bob Strauss, critique de cinéma au *Los Angeles Daily News*, déclara que c'était « l'honnêteté profonde avec laquelle Robert De Niro et le jeune Leonardo DiCaprio incarnaient leur rôle qui faisait avaler toute cette histoire vibrante d'émotions ». Sur Leo, le petit nouveau, il ajouta : « DiCaprio propose un répertoire convaincant et un sens de la mesure encore plus impressionnant. Tour à tour sensible, impertinent, naïf, triste, coléreux, prétentieux et plus encore, il est tout cela sans jamais écraser l'intelligence fondamentale du personnage. C'est un portrait de l'adolescence rebelle, aussi entier et convaincant que les films peuvent nous les dépeindre. »

Une fois le film achevé, Leo fit ce constat : « Tout ce que j'ai fait avant *Blessures secrètes* est, je ne voudrais pas dire inférieur, mais... faire *Blessures secrètes* m'a fait gravir un échelon dans ma carrière. Ce film a marqué un tel tournant ! Il s'agissait de jouer vraiment, il ne suffisait plus d'être mignon ou je ne sais quoi. »

Cet exploit fut récompensé par un premier prix : le New Generation Award, récompense décernée aux révélations par la Los Angeles Film Critics Association. Après dix-huit années passées à Hollywood, Leonardo célébra son entrée dans le métier en s'offrant une Jeep Cherokee à trente-cinq mille dollars : « C'est solide, puissant et sauvage. » D'un côté, il déplorait que son statut de star ne lui ait pas encore permis de trouver l'âme sœur, mais d'un autre, il se méfiait des filles attirées avant tout par son nouveau statut. « C'est une chose à laquelle je dois faire attention, déclarait-il avec un peu de cynisme... Les filles qui ne me regardent pas pour ma personnalité mais pour mon portefeuille. »

Sur le point de quitter définitivement le lycée, il fit le bilan des années passées. Il s'interrogea notamment sur son histoire avec la reine du lycée : « Je n'étais pas vraiment un tombeur. J'essayais de faire rire les filles. Elles trouvaient que j'étais mignon, mais rien de sérieux. Pas le gars viril en blouson de cuir. »

À la sortie de *Blessures secrètes*, une scène-clé suscita la polémique autour de DiCaprio. Il s'agissait d'un baiser – très délicat – entre Toby et son copain Arthur, incarné par Jonah Blechman. Dans l'histoire, ce dernier refoulait ses instincts homosexuels. Caton-Jones loua le courage de Leonardo dans sa façon d'appréhender cette scène qui pouvait s'avérer sensible. Cet épisode et le manque d'intérêt apparent de Leonardo pour les filles alimentèrent les spéculations sur sa vie privée, et ce, pour de nombreuses années.

De temps en temps, Leonardo démentait ces rumeurs infondées : « Je ne vois pas pourquoi je ne peux pas avoir d'amis des deux sexes sans que des rumeurs délirantes courent sur moi. C'est dingue ! Si je vais à une fête avec quelques amis, ça ne signifie pas que je suis gay. »

À d'autres moments, il rejetait ces ragots d'un revers de main. Quand on lui demandait les pires choses qu'il avait entendues sur son compte, il répondait : « Que je suis homo. J'ai entendu que je sortais avec Ellen Barkin [d'environ vingt ans son aînée] ; que je suis un extraterrestre. Rien de bien farfelu, je suppose. »

En tout état de cause, à cet âge-là, la pire chose qui pouvait arriver à un acteur prometteur, c'était que l'on ne parle pas de lui. Or, Leo, fort de son interprétation pleine d'assurance, faisait beaucoup jaser. Il fut bientôt question d'une nomination aux Oscars. Mais l'année 1993 consacra nombre de rôles brillamment interprétés par des acteurs adolescents. Qu'on songe par exemple à la performance à couper le souffle d'Anna Paquin dans

La Leçon de piano ou à celle de Christina Ricci dans *La Famille Addams*.

Leonardo DiCaprio n'était donc pas seul sur les rangs, même s'il n'avait pas fini de faire parler de lui cette année-là.

4

Une interprétation remarquée

Après le tournage de *Blessures secrètes*, Leonardo auditionna pour un nouveau rôle, un nouveau challenge pour lui.

Tout comme le film de Caton-Jones qu'il venait d'achever, le projet *Gilbert Grape* comptait déjà une star parmi la distribution en la personne de Johnny Depp. Ce dernier avait été engagé pour jouer le personnage principal avant même l'écriture du scénario. Depp avait déjà envoûté le tout-Hollywood grâce à ses talents d'acteur dans *Edward aux mains d'argent*. L'idée d'adapter le roman de Peter Hedges, paru en 1991, en un *Attrape-cœurs* moderne l'avait immédiatement emballé.

Comme pour *Blessures secrètes*, Leonardo se retrouva en compétition. Ses talents furent mis à rude épreuve alors qu'il auditionnait pour le rôle du frère retardé de Gilbert Grape, Arnie. Au départ, le réalisateur suédois, Lasse Hallström, voulait un acteur « pas beau » pour ce rôle. Mais, impressionné par la prestation de Leonardo, il se montra prêt à changer d'avis.

Comme de nombreux aspirants au rôle demeuraient en lice, Hallström décida d'organiser une ultime épreuve afin de choisir l'élu. Il transmit à chaque acteur la même vidéo qui montrait un garçon retardé. Les candidats devaient imiter ses gestes. « J'ai regardé la façon dont ce gosse bougeait les yeux et le corps, et j'ai essayé d'entrer dans sa tête, se souvient Leonardo. C'était intéressant à faire parce qu'il était totalement imprévisible. J'ai donc choisi d'improviser chaque fois que j'ai senti que ça fonctionnait dans la scène. J'ai copié beaucoup de ses manières et je me les suis appropriées. »

Son interprétation remporta l'adhésion. Hallström fut conquis par ce qu'il vit : « De tous les acteurs qui ont auditionné pour le rôle d'Arnie, Leonardo était le plus observateur », dit-il.

Tandis que Hedges, devenu scénariste, apportait la touche finale au scénario, le choix de Leo pour le rôle d'Arnie fut confirmé et le reste de l'impressionnante distribution réuni. Un peu plus tôt, Juliette Lewis avait crevé l'écran face à Robert De Niro dans le remake du thriller *Les Nerfs à vif* et, cette année-là, elle avait aussi remplacé la vedette britannique Emily Lloyd dans *Maris et femmes.* Dans ce nouveau film, elle interprétait l'amoureuse de Gilbert, Becky. Mary Steenburgen, quant à elle, se retrouvait dans la peau d'une femme au foyer qui convoitait Gilbert. Quant au membre le plus surprenant du casting, c'était une stricte inconnue, Darlene Cates, qui incarnait la mère des garçons.

Hedges, auteur du roman et du scénario de *Gilbert Grape*, l'avait aperçue pour la première fois dans un *talk show* américain, « The Sally Jessy Raphael Show ». Sur le plateau, elle racontait son histoire et comment son poids – qui avait atteint les deux cent cinquante kilos – l'avait contrainte à rester cloîtrée chez elle. Il la rencontra et lui proposa le rôle. Il avait le sentiment qu'une personne condamnée à mener cette vie-là serait plus convaincante à l'écran qu'une actrice à qui il aurait demandé de prendre du poids pour le rôle. Cette initiative audacieuse contribua à donner à son long-métrage l'esprit d'un film indépendant. L'interprétation de Darlene Cates était capitale pour le récit, car ce drame subtil et émouvant relatait l'histoire d'une famille accablée par le corps immobilisée de la jeune femme.

Pour se préparer au rôle d'Arnie, Leonardo mena des recherches approfondies. Il donna à cette occasion un avant-goût du sérieux avec lequel il allait toujours aborder ses rôles. Il se rendit dans des établissements spécialisés, où il étudia le comportement d'enfants déficients afin de comprendre leur état d'esprit. Il fut fasciné par ce qu'il découvrit : loin d'être fous, ces gamins se montraient spontanés et imprévisibles. « Je devais faire des recherches et essayer d'entrer dans l'esprit de quelqu'un qui souffrait d'un handicap. Alors, j'ai passé quelques jours dans un établissement pour adolescents retardés. Nous avons parlé et j'ai observé leur façon de faire. Les gens croient que les enfants retardés sont fous, mais c'est faux. C'est une bouffée d'air frais de les côtoyer, parce que tout est toujours nouveau pour eux. »

Plus Leonardo approfondissait librement son rôle, plus Hallström lui laissait les coudées franches. Il fut ainsi plutôt livré à lui-même. Alors qu'il avait dressé une liste contenant « quelques centaines de petits détails caractéristiques » pour la soumettre au choix du réalisateur, le Suédois lui fit signe de se débrouiller. « Lasse ne m'a rien dit de ce qu'il jugeait bon que je fasse. Il disait simplement : "Fais à ton idée." Je n'avais jamais ressenti une telle liberté auparavant dans tout ce que j'ai fait. »

Pour Hallström, l'essentiel se jouait dans le regard de Leo : « Ses deux yeux sont différents, expliqua-t-il. Son œil gauche est très doux et doué d'empathie, alors que son œil droit est plus froid. Le premier rayonne de chaleur, tandis que l'autre apparaît plus pénétrant. Le premier est celui de la psyché, le second celui de l'intellect. »

Quant à Leonardo, il dit du personnage d'Arnie : « C'est quelqu'un qui agit selon ce qu'il ressent à un moment donné. Il peut grimper sur le réservoir d'eau, ou crier ou roter, peu importe. C'est un personnage instinctif. Je me suis amusé en le jouant pour cette raison-là, parce que, avec lui, j'étais libre de faire à peu près tout ce que je voulais. C'était vraiment marrant. De ma vie, je n'ai jamais interprété un personnage avec une telle liberté. » Et d'ajouter : « Johnny et Juliette étaient *cool* parce qu'ils m'ont laissé exploser et faire ce qui me plaisait. Ils m'ont calmé aussi, parce que j'étais surexcité. »

La liberté accordée à tous les acteurs principaux contribua à créer une atmosphère décontractée sur le plateau ; Johnny et Leonardo en particulier développèrent une relation fraternelle. Depp taquinait Leo en lui faisant renifler de la nourriture qui sentait mauvais, comme des œufs au vinaigre, puis il se moquait de sa réaction. Bientôt, en échange de ses mimiques répétées, Leonardo réclama à son aîné la somme de cinq cents dollars à chaque fois. Leonardo sollicita également son copain plus âgé pour s'approvisionner en cigarettes.

Johnny Depp fut impressionné par l'aplomb avec lequel DiCaprio incarnait son personnage. Durant le tournage, il vit en lui un acteur prometteur. « On s'est bien amusés, observa-t-il, alors qu'on lui demandait ses impressions sur sa collaboration avec Leonardo. C'était vraiment un gamin, un peu casse-pieds quoi. Il disait toujours : “Johnny, donne-moi une cigarette. Ma mère regarde pas, vas-y, donne-moi une cigarette !” Mais c’était un chic gamin. »

Les deux acteurs ne tarirent pas d’éloges sur Darlene Cates, qui s’épanouit pleinement dans son rôle : « Faire un film pour la première fois et faire le boulot qu’elle a fait, se montrer aussi tendre et à l’aise avec tout le monde sur le tournage, y compris Johnny et moi, [c’est quelque chose]. Pour jouer Arnie, je suis rentré en lui et j’ai été capable d’incarner le personnage. À la fin des trois mois, j’en avais fini avec lui. Elle, elle doit vivre cette vie-là. Elle a fait un boulot formidable. » Et Johnny Depp d’ajouter : « Pour moi, Darlene, c’est le choc du film. C’est l’une des personnes les plus incroyables que j’aie jamais rencontrées. Elle a été assez courageuse pour dévoiler ses émotions, elle est fantastique. Pour ça, elle mérite des applaudissements. »

En décembre 1993, lors du week-end de sa sortie, le film rapporta plus de deux millions de dollars et il poursuivit sur sa lancée pour atteindre le score honorable de dix millions de dollars. De son côté, Leo reçut des louanges unanimes pour son interprétation. La critique cinématographique du *New York Times*, Janet Maslin, s’extasia : « L’éblouissante performance dans ce film nous vient de M. DiCaprio qui rend les nombreux tics d’Arnie si saisissants et si vifs qu’au début il en devient même pénible à regarder. Son interprétation dégage une intensité forte, désespérée, du début jusqu’à la fin. » De son côté, *Film Review* loua une « interprétation d’une innocence et d’une spontanéité étonnantes » qui apportaient « une crédibilité touchante à un rôle très difficile ».

En voyant le film, nombreux furent les gens du métier, parmi lesquels Martin Scorsese, à avoir du mal à croire que Leo ne souffrait pas d'un handicap mental. Sa performance dépassait largement l'imitation, aussi bonne fût-elle, d'un garçon retardé. Pour tout spectateur qui a pu observer la prise de conscience déchirante qui s'opère en Arnie quand il comprend que sa mère ne se réveillera pas, il parut évident que cet acteur possédait un répertoire émotionnel et une vulnérabilité hors du commun. Sans oublier ce visage dont la beauté n'avait rien à envier à celle de Johnny Depp.

Une telle performance ne manqua pas non plus de stupéfier l'une des critiques les plus bienveillantes de Leo : sa grand-mère Helene. Cette dernière se dit en effet ravie de le voir interpréter un rôle aussi difficile et avec autant de brio. « Il était si convaincant, dit-elle avec fierté. Il a si bien joué que beaucoup de gens pensaient qu'il était réellement handicapé. J'ai été stupéfaite de ce qu'il a réussi à faire, et sans avoir pris de cours. Il a vraiment du talent. »

Les nominations ne tardèrent pas à se profiler pour Leonardo. Il gagna l'Award du National Board of Review[1] puis, une nouvelle fois, le New Generation Award. Des rumeurs commencèrent à circuler à propos d'une possible nomination aux Oscars. Sa nomination aux Golden Globes, pour le meilleur second rôle masculin, vint conforter ces rumeurs. Leonardo, de son côté, s'efforçait de rester en marge de cette agitation mais, quand sa nomination fut officialisée, il fut ravi. En public, il préféra faire profil bas, déclarant même qu'il était retourné dormir après le coup de fil de son agent.

---

1. Un organisme, fondé à New York, qui récompense chaque année les meilleurs films.

Pour un garçon de dix-neuf ans, assister à sa première cérémonie des Oscars en tant que nominé représentait déjà un incroyable exploit. Ce soir-là, il était accompagné d'Irmelin, George et Peggy. L'expérience fut éprouvante pour les nerfs. D'autant que la compétition était rude : face au jeune Leo, Tommy Lee Jones pour son rôle de *marshal (Le Fugitif)*, John Malkovich en ennemi juré de Clint Eastwood (*Dans la ligne de mire*), Pete Postlethwaite pour son portrait captivant de Giuseppe Conlon *(Au nom du père)* et Ralph Fiennes en nazi (*La Liste de Schindler*). Leonardo s'est confié sur la façon dont il avait vécu la soirée : « J'avais peur de gagner. Je n'ai même pas préparé de discours. J'appréhendais de glisser ou de faire quelque chose de nul. Je tremblais dans mon fauteuil tout en affichant un sourire figé. Au fond de moi, j'étais tétanisé. »

En définitive, le discours aurait été inutile. L'Oscar revint à Tommy Lee Jones qui avait déjà reçu le Golden Globe un mois plus tôt.

Leonardo avait certes manqué la gloire de tout acteur oscarisé mais, aux yeux des médias, cela ne faisait aucune différence. Son visage fit bientôt la une de tous les magazines. Il était surnommé « le nouveau Brando ». Et fatalement, il se mit à y croire : « Quand des personnes, assez nombreuses, te font des compliments, assez nombreux aussi, et que tu possèdes plus de pouvoir que tu n'en as jamais eu dans ta vie, tu ne deviens pas un petit con arrogant pour autant ou un type grossier avec les gens, mais tu te fais une fausse idée de ta propre importance et de ce que tu as accompli. En fait, tu penses que tu as changé le cours de l'histoire. »

Si, après *Blessures secrètes,* il avait paru quelque peu surpris de l'impact de ses films sur ses admiratrices, ce n'était rien en comparaison de ce qui l'attendait après *Gilbert Grape* : « Après *Gilbert Grape*, les adolescentes sont devenues hystériques. Leur comportement m'a choqué : certaines ont grimpé par-dessus des murs et des trucs comme ça. Remarque, je me suis bien plus amusé en étant célèbre que je ne l'aurais fait sinon. »

Ce film entraîna un autre changement majeur dans sa vie professionnelle. Désormais, il n'avait plus besoin de passer d'interminables auditions pour décrocher des rôles, car il était devenu une denrée prisée des réalisateurs. Surfant sur la vague du succès, Leonardo aurait pu saisir la première superproduction venue, n'importe quel film susceptible de remplir les salles et de lui permettre d'asseoir sa réputation de star *bankable*. D'ailleurs, nombreuses furent les propositions de rôles phares de ce type, comme celui de Robin dans *Batman Forever* avec Val Kilmer dans le rôle du super-héros. « Je ne souhaite pas encore être au top du box-office, déclara-t-il à l'époque, faisant preuve d'une grande maturité pour son âge. Quand on est jeune, plus on reste discret et plus on se garde une marge de manœuvre pour l'avenir. Tant que je peux faire les films que je veux, je préfère ne pas me surcharger de travail. Il me semble que beaucoup de gens qui ont essayé de faire l'inverse ont fini par disparaître. »

« Avant de commencer, j'avais l'idée de ne faire qu'un film par an et que ce film devrait être fabuleux, poursuivit-il. Je pense toujours me fixer des limites pour ne pas travailler tout le temps, parce que ce n'est bon ni pour moi ni pour ma carrière. J'essaie surtout d'être sélectif et de couper court au matraquage merdique à propos des scénarios, ou aux conseils que tous les autres me donnent. C'est très difficile à apprendre, et je n'y arrive pas encore tout à fait, mais je veux continuer à faire des choses que personne n'a faites avant moi. »

Après *Gilbert Grape*, plutôt que de sauter sur une occasion qu'il regretterait plus tard – comme Chris O'Donnell en fit l'expérience à ses dépens en endossant le rôle de Robin dans la série des *Batman* –, Leonardo patienta près d'un an avant d'accepter un nouveau film. Une telle attente aurait pu se retourner contre lui, mais il faisait confiance à son talent et pariait sur l'échec des cinéastes à dénicher un petit nouveau.

Une autre raison pouvait également expliquer la volonté de Leonardo de ralentir le rythme. En octobre 1993, cinq mois avant la cérémonie des Oscars, il avait assisté à une fête où il s'était retrouvé nez à nez avec un acteur qui avait connu la gloire : « J'ai été à une fête pour Halloween, il y a deux ans, dans la maison de ces acteurs, les jumeaux. Je me souviens qu'il faisait très sombre et que tout le monde était soûl. Il y avait tellement de monde qu'il aurait fallu une autoroute pour circuler. J'ai jeté un œil à un gars qui portait un masque, tout de suite, j'ai su que c'était River Phoenix.

« J'ai voulu tendre le bras et le saluer, car pour moi, ce type était une énigme, et puis on ne s'était jamais rencontrés. J'étais presque sûr qu'il ne me snoberait pas, parce que j'avais fait des films qui valaient peut-être le coup. Brusquement, j'ai été emporté dans un flot de gens et je suis passé devant lui. Peu après, j'ai appris que River était mort cette nuit-là. »

River avait succombé à une crise cardiaque, à la suite d'une overdose. Il s'était effondré sur un trottoir, devant une boîte de West Hollywood – *The Viper Room* – dont Johnny Depp était propriétaire. La mort du jeune acteur, le 31 octobre 1993, consterna le tout-Hollywood et mit en lumière les pressions qui pesaient sur les stars en herbe, poussées à vivre à cent à l'heure.

Leonardo DiCaprio savait qu'il entrait à présent dans une phase décisive de sa courte carrière. Sa manière de gérer le coup suivant serait déterminante pour l'évolution à long terme de cette dernière.

5

Un massacre

Il n'est pas donné à tous les garçons de dix-neuf ans de compter Sharon Stone parmi leurs plus fidèles admiratrices. C'était bien *la* Sharon Stone, celle qui, deux ans auparavant, avait laissé béats tous les spectateurs de la planète avec la célèbre scène de *Basic Instinct* (1992), dans laquelle elle croisait et décroisait les jambes. Cette admiratrice ne se contenta pas d'acclamer le jeune homme depuis les coulisses. Bien décidée à jouer aux côtés du jeune acteur, elle alla jusqu'à proposer de payer la moitié de son salaire et elle menaça de le porter sur son propre dos jusque sur le plateau s'il le fallait !

C'est pourtant ce qui arriva à Leonardo, lorsque Sharon Stone en personne se mit en tête de le courtiser pour qu'il accepte de jouer à ses côtés dans *Mort ou vif*, un western à l'histoire peu vraisemblable. À trois reprises, Leo refusa la proposition : « Je pensais que c'était un film commercial, avec Sharon Stone et tout ce qui s'ensuit. [...] Les films commerciaux ont tendance à ne prendre aucun risque, ils n'ont rien d'original. »

Une année avait presque passé depuis la fin du tournage de *Gilbert Grape*, une année durant laquelle Leo n'avait pas travaillé : à la fois parce qu'il refusait catégoriquement de jouer dans une production douteuse et parce qu'il avait manqué de chance dans certains *castings*. Entre-temps, il avait fini le lycée et réfléchissait à son avenir : « Je ne suis pas encore prêt à aller à la fac, expliquait-il alors. Si je dois entreprendre quelque chose, ce sera des cours d'art dramatique. Je n'ai jamais pris de cours de théâtre de ma vie et ça pourrait m'aider dans mon jeu. »

Il réaffirma son souhait de se concentrer sur des rôles qui en valaient la peine : « Tout le monde peut devenir une star, il suffit d'un peu de maquillage et d'un clip vidéo, continua-t-il. Je veux faire du bon travail, dans des films intéressants, avec des personnes compétentes. Si je suis exigeant envers moi-même, les gens continueront à s'intéresser à mon travail. »

En outre, il restait convaincu qu'il valait mieux pour lui ne pas convoiter des rôles d'adultes. Il voulait encore explorer des rôles d'adolescents complexes et stimulants : « Je suis jeune, en plus j'ai l'air jeune et je suis jeune dans ma tête. Il vaut mieux que je tire avantage de tout ça. »

Fidèle à cette philosophie, il se contenta, durant cette période, d'un rôle dans *The Foot Shooting Party* (1994). Dans cet obscur court-métrage, Leo interprétait un chanteur de rock appelé à se battre durant la guerre du Vietnam. Dans le scénario, le rockeur tentait à tout prix d'échapper à son incorporation. En dernier recours, les membres de son groupe se réunissaient pour lui tirer une balle dans le pied, et réalisaient alors qu'appuyer sur la gâchette était plus difficile qu'il n'y paraissait.

Durant toute une période, la sélection cinématographique appliquée par Leonardo revint à se tirer *lui-même* une balle dans le pied. Ainsi, il refusa un rôle dans *Hocus Pocus : les trois sorcières*, le film avec Bette Midler. Il fut aussi évincé par Christian Slater quand il tenta de remplacer River Phoenix dans le film intitulé *Entretien avec un vampire*. Ce ne serait pas la dernière fois que son destin allait être lié à celui de l'acteur mort tragiquement.

Alors qu'il ne lui restait plus qu'un jour pour prendre une décision, il accepta finalement, contre son jugement initial, de s'engager auprès de Sharon Stone. *Mort ou vif* racontait une vengeance à la fin du XIXe siècle. L'intrigue se déroulait à Redemption, une ville tombée dans l'anarchie durant un tournoi à l'arme à feu. DiCaprio devait y jouer « le Kid », « un gamin mal assuré qui multiplie les bravades pour convaincre les gens de son assurance ».

Leonardo admit qu'il avait accepté le rôle parce qu'« il n'avait pas travaillé pendant un an », et puis son rôle « n'était pas celui de Billy le Kid, mais d'un personnage vraiment différent ». « Je suis rapide et je suis *cool*. Je suis à l'aise avec mes pistolets », déclarait-il alors.

Sharon Stone interprétait le rôle principal, celui d'Ellen, une femme fraîchement débarquée dans la ville, à cheval, pour régler ses comptes. Tireuse hors pair, elle participait au tournoi, comme tous les bandits armés qui jouaient leur vie pour décrocher fortune et gloire. Le tournoi était organisé par le gros bonnet de la ville, Herod (Gene Hackman).

Un fait illustrait alors à sa juste mesure le pouvoir d'attraction exercé par Sharon Stone. TriStar[1], qui l'avait nommée coproductrice sur le projet, lui permit d'imposer ses choix en matière de réalisateur et de par-

1. La société de production et de distribution du film.

tenaires. « Ils m'ont envoyé une liste de réalisateurs, déclara Sharon Stone. Je leur ai renvoyé la mienne. Elle ne comportait qu'un seul nom : Sam Raimi. À l'époque, il était surtout connu pour *Evil Dead.* »

Raimi fut stupéfait d'apprendre que Sharon Stone avait cherché à le joindre : « Je ne pouvais pas y croire. D'ailleurs je n'y croyais pas. J'avais envie de la rappeler et de lui demander si elle était sûre d'avoir appelé la bonne personne. Mais je ne l'ai pas fait. J'ai joué le jeu, j'ai fait comme si elle avait *effectivement* appelé la bonne personne. »

Raimi fut ensuite « convoqué » par Sharon Stone dans un hôtel de Vancouver, en Colombie britannique ; il était terrifié à l'idée de rencontrer la bombe sexuelle. « Je me sentais comme Dorothy qui va rencontrer le Magicien. Je ne savais pas comment m'habiller ou si je devais mettre de l'eau de toilette, je savais juste que je voulais la jouer classe. »

De son côté, Sharon Stone tomba immédiatement sous le charme. « Il est entré avec un costume inspiré des Beatles et il avait l'air d'avoir quatorze ans, se souvient-elle. Son immaturité est un don. À son contact, on se comporte comme si on avait quatorze ans. »

Sharon Stone résume ainsi le rythme frénétique qui régnait sur le tournage : « C'est une comédie, c'est un thriller d'action, c'est un film culte. Je l'appelle : "*Twilight Zone : le Western*". »

Un acteur néo-zélandais encore inconnu du grand-public rejoignit également la distribution : il se nommait Russell Crowe. Il auditionna d'abord pour un petit rôle, mais Sharon Stone lui fit faire des essais pour le rôle principal : « Quand j'ai vu *Romper Stomper* [un film australien à petit budget], j'ai pensé que Russell n'était pas seulement charismatique, séduisant et talentueux, mais aussi qu'il était courageux. Je trouve que l'intrépidité est très attirante. J'étais certaine que je ne lui ferais pas peur. »

Raimi jugeait aussi Crowe « audacieux et provocateur » : « Il me fait penser au cow-boy américain tel qu'on se l'imagine. » De son côté, Russell Crowe considérait Raimi « comme le quatrième Stooge[1] ».

Concernant Leo, en revanche, Russell Crowe demeura plutôt silencieux. Ce n'est que des années plus tard, quand il eut une nouvelle fois l'occasion d'apparaître à ses côtés dans *Mensonges d'État* (2008), que l'acteur revint sur sa collaboration avec Leo adolescent. Russell Crowe – qui avait conforté sa réputation de *bad boy* à Hollywood – fit un peu d'humour : « La dernière fois que j'ai travaillé avec lui, c'était dans un western intitulé *Mort ou vif*. Je dis aux gens qu'il avait douze ans, mais en réalité, je pense qu'il en avait dix-huit. Mlle Sharon Stone était la grande star du film, alors les gens n'arrêtaient pas de se demander qui on était, nous. »

En 1994, Sharon Stone était sans conteste *la* star, et son empreinte était omniprésente dans le film. Elle se dépeignait comme une productrice soupe au lait : « En temps normal, je suis patiente, mais parfois, quand le temps manque, je deviens agressive, admit-elle. Je suis passée à l'offensive pour m'assurer que nous faisions tout pour avoir Gene Hackman. Ils m'avaient moi et ils devaient me payer, et ils n'étaient pas partants pour payer quelqu'un d'autre. »

Il en fut de même quand il fallut s'assurer les services de Leonardo. Sharon Stone voulait obstinément le jeune

1. Les Trois Stooges (*the Three Stooges*) était un trio comique américain qui a joué dans de nombreux courts-métrages au milieu du XXe siècle.

talent d'Hollywood, mais les patrons du film étaient peu disposés à financer son choix. En désespoir de cause, elle offrit de payer elle-même la moitié de son salaire : « Je le voulais vraiment et on avait explosé le budget », expliqua-t-elle avant d'ajouter : « Il était si bon acteur. J'aurais porté ce garçon sur mon dos jusque sur le plateau s'il avait fallu ! Je savais qu'il deviendrait l'un des meilleurs acteurs de ces dernières décennies. Son talent, son don sont hors du commun. »

Sous ses airs de star qui se fait désirer, Leo aussi semblait tendu à l'idée de tourner avec la blonde sulfureuse. Il rejoignit le casting et l'équipe à Mescal, en Arizona, où le tournage avait déjà commencé. Ce dernier avait lieu sur le plateau construit pour le film *Monte Walsh*, tourné en 1970, avec Lee Marvin, plateau qui servit par la suite de décor à une cinquantaine de films.

Les amis de Leo racontent que l'adolescent nerveux se trompa à maintes reprises dans ses répliques quand Sharon Stone vint pour la première fois sur le plateau. L'un d'entre eux confie même : « Leo avait été très attiré par elle. Il trouvait qu'elle jouait avec lui, qu'elle flirtait chaque fois qu'ils tournaient une scène commune. » Leonardo avoua même à ses amis : « Je ne pouvais pas m'empêcher de penser à elle. C'était bizarre parce qu'elle aurait pu être ma mère. Je l'ai trouvée vraiment *cool*. Elle m'a laissé croire qu'on pouvait être bons amis. Elle était géniale. »

En public cependant, sa version était un peu différente : « Je m'attendais à rencontrer cette prêtresse du sexe qui séduisait tout le monde. Mais en fait elle était adorable. »

Embrasser sa partenaire fut en revanche une tout autre histoire : « Pour être honnête, ce n'était pas aussi génial que ça. Elle m'a attrapé par la nuque et elle a appuyé ses lèvres sur les miennes. Ensuite, elle a repoussé ma tête. Cela n'avait rien d'un vrai baiser. »

Leo s'était surtout pris de passion pour les armes qu'il maniait durant le tournage car les producteurs lui avaient procuré ce qu'il pensait être des colts d'époque : « Si j'en laisse tomber un, ça sera très grave, constatait-il alors, vraiment grave. »

Aucun des acteurs n'avait droit à des pistolets d'époque. Thell Reed, engagé comme maître d'armes auprès des stars, les entraîna pendant trois mois. Il dut par exemple vieillir le colt de Russell Crowe, un revolver Navy de 1851, ainsi que les autres armes pour les faire paraître authentiques. Pour cela, il eut recours à une astuce assez basique : « J'ai emporté les armes chez moi et je les ai trempées dans l'eau chlorée de ma piscine pour les faire rouiller, expliqua-t-il. Elles avaient l'air anciennes et rouillées, mais c'étaient des armes toutes neuves. » Des détails, comme le placage en nickel et les crosses en ivoire du colt Peacemaker d'Ellen, étaient fidèles à l'époque.

Quand Sharon Stone put enfin observer le jeune Leonardo à l'œuvre, elle fut impressionnée. Il lui apparut alors comme « le jeune acteur le plus doué qu'elle ait jamais vu » ; selon elle, « sa façon d'accéder aux émotions et de les transmettre passait par une éloquence intense et profonde ». Sam Raimi loua également le don de Leo : « C'est le meilleur acteur de sa génération. »

Une scène, en particulier, permit à Leo de déployer tous ses talents d'acteur : ce fut sa première expérience de la mort à l'écran. Cette séquence émouvante survenait dans le scénario quand Gene Hackman, dans le rôle d'Herod – le seul homme au monde dont il voulait gagner l'approbation –, le tuait de ses propres mains. Mourir à l'écran était un concept nouveau pour DiCaprio, même s'il allait devenir assez célèbre dans ce registre par la suite.

À mesure que le tournage se poursuivait, Sharon Stone avait son lot de désagréments à gérer. À plusieurs reprises, la production avait dû être interrompue à cause du mauvais temps. Puis, après une première projection des rushes quotidiens – montrant le film à l'état brut, pas encore monté –, quelques producteurs exécutifs de TriStar exprimèrent leur réserve face à une Sharon Stone dans un rôle d'homme. Ils auraient préféré la voir habillée dans un style plus traditionnel, plus convenable pour une femme de l'époque. « Quelques personnes, qui ont gardé l'anonymat, voulaient me voir porter une robe pour monter à cheval dans la ville, se souvient-elle. J'ai pensé : “Oh oui ! La flingueuse va entrer dans la ville en amazone !” » Même si, plus tard, elle en plaisanta, sur le moment, cette suggestion la rendit « folle de rage » : « Quelques personnes, qui ont elles aussi gardé l'anonymat, étaient ennuyées par la rareté des moments où j'apparaîtrais nue dans le film. Il existe pourtant bien d'autres manières d'être sexy que celle qui consiste à se trémousser en tenue d'Ève. Ce personnage n'essaie pas de courir toute nue à droite et à gauche dans l'unique but de contrôler les autres. »

Comme si cela ne suffisait pas, à peine le tournage terminé, une autre nouvelle vint la contrarier : TriStar avait décidé de repousser la sortie du film, initialement prévue pour l'été ou l'automne 1994, à l'année suivante. Le studio redoutait une potentielle saturation des westerns sur les écrans, ainsi que la surexposition médiatique de Sharon Stone et de son partenaire, Gene Hackman. Les années précédentes avaient en effet vu surgir nombre de westerns, dont *Tombstone, Belles de l'Ouest, Maverick* et *Wyatt Earp*.

Le président de TriStar, Marc Platt, déclara qu'une sortie à la fin du mois de septembre ou au début d'octobre avait été prévue à titre provisoire en début d'année, alors que lui-même aurait préféré une sortie en mars : « C'étaient les producteurs qui tenaient à ce que le film sorte durant l'été », expliqua-t-il. Les producteurs, cependant, n'avaient d'autre choix que de se plier à la volonté du studio. « Par le passé, certains de mes films ne sont pas sortis au bon moment, et j'en connais le prix aujourd'hui, déclara le producteur associé de Raimi, Rob Tapert. Je suis certain que TriStar sait ce qui est le mieux. »

C'est surtout *Tombstone*, l'épopée sur la fusillade d'O. K. Corral, qui inquiétait les studios : ils craignaient que ce long-métrage de trois heures n'occasionne une chute des entrées et ne dégoûte les spectateurs des westerns pour les mois à venir.

Par ailleurs, un autre problème se posait : Gene Hackman était à l'affiche de nombreux films du même genre. La star de *French Connection* jouait ainsi le père de Wyatt Earp dans le film produit par Kevin Costner et il était aussi un des acteurs principaux d'*Impitoyable*.

En tant qu'actrice, Sharon Stone traversa, de son côté, une crise de confiance au moment où la sortie initiale du film était prévue. Une source qui travaillait sur le projet déclarait à l'époque : « Ses deux derniers films [*Sliver* et *Intersection*] n'ont pas bien marché. Le bruit qui court c'est que TriStar veut attendre de voir comment *L'Expert* [un film d'action réunissant Sharon Stone et Sylvester Stallone] va marcher. Si les résultats sont bons,

TriStar espère que le succès rejaillira sur Sharon dans ce film-ci. »

Peu de temps avant la sortie du film, Sharon Stone n'était toujours pas satisfaite. Avant la phase de distribution, elle demanda à ce qu'une scène d'amour soit coupée parce qu'elle la jugeait non conforme au ton général. Un second baiser avec Leo fut aussi supprimé au montage.

Le film arriva enfin sur les écrans en février 1995. Bien qu'il ait récolté plus de six millions et demi de dollars lors du premier week-end et plus de dix-huit millions en tout – plus que tous les précédents films de Leonardo –, il fut considéré comme un flop. Raimi se blâma pour cette piètre performance : « J'étais vraiment désorienté après avoir fait ce film. Pendant plusieurs années, j'ai pensé : “Je suis un dinosaure. Je suis incapable de m'adapter au contenu.” »

Les avis, dans l'ensemble, étaient mitigés et certains critiques ne furent pas tendres. L'Associated Press décrivit *Mort ou vif* comme « un film incroyablement mauvais, si mauvais que même le talent de Gene Hackman ne pouvait le sauver ». À propos de Leonardo, ils déclarèrent : « DiCaprio, un nouveau venu au talent prometteur, semble perdu dans le rôle du Kid et joue comme s'il avait trop regardé les rediffusions de *Bonanza*. »

Jay Boyar, le critique cinématographique du *Orlando Sentinel*, attaqua lui aussi le film avec une grande violence, arguant que c'était « le premier film renversant de nullité de l'année 1995 ». Soucieux de n'épargner aucun des acteurs, il ajouta : « Personne dans *Mort ou vif* ne fait vraiment son métier d'acteur. En essayant de singer Eastwood, Sharon Stone se change en *Femme dépourvue de personnalité*. Gene Hackman ressuscite son petit rire de Lex Luthor, signe qu'il considère peut-être le projet dans son intégralité comme digne de mépris. » Néanmoins, il conserva un peu de compassion pour Leo : « Je crois que c'est pour Leonardo DiCaprio que je me sens le plus navré, car il poursuit le travail brillant entrepris dans *Gilbert Grape* avec le rôle du Kid au milieu de cet horrible désastre. »

Parmi les critiques plus clémentes, le *Boston Globe*, qui décrivit le film comme « une parodie hollywoodienne rusée et maligne des westerns de Sergio Leone [les westerns spaghetti] ».

Leonardo ne tarda pas à subir les pièges inhérents aux films commerciaux. Dans le prolongement de la promotion, il sentit que l'on s'emparait peu à peu de sa vie privée. Déjà, il déplorait les limites que sa soudaine notoriété fixait à sa vie. Dans leurs quêtes de potins, les journalistes ne se bornèrent bientôt plus à interviewer l'acteur lui-même, mais ils commencèrent à interroger sa famille et ses amis, ainsi que ses anciens camarades d'école et ses voisins. Comme cela allait devenir une habitude avec toutes ses partenaires à l'écran, on lui prêta également une liaison avec Sharon Stone.

Si ces rumeurs semblaient peu vraisemblables, des bruits plus crédibles couraient en revanche sur son intérêt pour un jeune mannequin à la mode, Bridget Hall. En avril 1995, la Texane de 1,78 mètre était le mannequin le plus prisé de la *fashion week* de New York et elle avait manifestement attiré l'attention de Leo. « On passe du temps ensemble, c'est tout », bafouilla-t-elle avec coquetterie tout en rougissant, alors qu'on l'interrogeait sur leur relation. Même si sa photo faisait la une de tous les magazines sur papier glacé, Leo ne l'avait pas reconnue quand ils s'étaient rencontrés la première fois, selon la jeune fille, parce qu'elle « ne ressemblait pas à ses photos pour Guess ».

L'intérêt soudain de la presse pour les fréquentations de Leo témoignait d'une notoriété grandissante. Des rumeurs suggéraient aussi qu'il avait un faible pour Alicia Silverstone. D'aucuns déclaraient même qu'ils s'étaient fiancés. À l'époque, la jeune actrice était celle dont on parlait le plus à Hollywood. Deux ans plus tôt, elle avait crevé l'écran avec son interprétation tout en justesse dans *Clueless* (1995). Contrairement à Leonardo cependant, elle avait accepté un rôle dans un film de super-héros : elle apparaissait en Batgirl dans *Batman et Robin*. Si leur amitié était avérée, il n'en était rien de leur histoire d'amour : « Alicia et moi, nous avons tourné nos premiers films à peu près au même moment. Nous nous connaissons depuis des années. Je suis sûr qu'on lui a posé cette question [à propos de leurs fiançailles] et qu'elle l'a trouvée ridicule », déclara Léo.

Outre les spéculations qui allaient bon train sur sa vie amoureuse, Leo devint la proie des fans qui le harcelaient sans cesse. En public, il ne se plaignait jamais de cette attention, mais cet intérêt constant lui pesait : « Je voudrais pouvoir faire l'idiot comme mes amis, m'amuser sans me soucier des conséquences, mais maintenant ça ne m'est plus possible. »

Leonardo avait donc vu juste semble-t-il quand il avait pressenti que ce dernier film ne serait pas le meilleur choix de sa carrière. Alors qu'il se répandait en louanges sur sa récente filmographie, il fut prompt à prendre ses distances avec ce navet. « Ce n'est pas mon film préféré, admit-il. Je pense qu'il n'était pas si bon que ça. C'était pas mal. Je me suis bien amusé à jouer ce personnage. »

Heureusement pour Leo, un projet sorti peu après *Mort ou vif* allait rétablir durablement sa crédibilité d'acteur.

6

Dans les pas de River

Quand MTV interrogea River Phoenix sur ses projets après sa nomination aux Oscars pour *À bout de course* (1988), ce dernier extirpa de sa poche une édition de poche très abîmée de *The Basketball Diaries* et déclara : « Je veux jouer Jim Carroll. »

Il n'était pas le seul dans ce cas. Durant les quinze années qui avaient suivi la publication, en 1978, de ces mémoires controversées, plusieurs grands noms avaient déjà convoité ce rôle. Matt Dillon, la star d'*Une créature de rêve*, Anthony Michael Hall, Eric Stoltz, Ethan Hawke et Stephen Dorff, tous aspiraient à porter l'histoire de Carroll à l'écran. Carroll était un adolescent new-yorkais, un prodige du basket-ball devenu héroïnomane. C'était le rôle parfait pour toute jeune célébrité ambitieuse et assez douée pour incarner un personnage en proie à ses contradictions, un personnage séduisant mais condamné. Depuis sa parution, l'ouvrage avait fait l'objet de nombreuses options d'acquisition qui ne s'étaient jamais concrétisées. Soit le projet, soit le moment ne convenait pas, à moins que ce ne fût le thème, peu en phase avec le climat ambiant car, jusqu'au milieu des années 1990, l'héroïne était considérée comme une drogue branchée. Mais Leonardo se trouva au bon endroit, au bon moment.

C'est le réalisateur Scott Kalvert qui finalement fit démarrer le projet. Il caressa l'idée de replacer l'histoire dans son époque, au moment des difficultés traversées par Carroll, mais cela aurait coûté trop cher de faire un film en costume. Il décida donc de transposer l'histoire dans le présent. Il pensait également que la descente aux enfers vécue par Carroll était une histoire universelle qui transcendait les époques.

Contrairement à ce que laisse entendre le titre, *The Basketball Diaries* n'aborde le basket que de façon furtive. L'histoire couvre trois années de la vie de Carroll – de ses treize à ses seize ans. Cet athlète de 1,85 mètre était alors capable de marquer quarante points durant un match. Ce qui le distinguait de la plupart des autres athlètes de l'époque, c'était qu'il y parvenait malgré sa dépendance à presque toutes les drogues. Au fil de l'écriture, son journal évoque moins son goût pour le panier que sa dépendance à la seringue. À la fin du livre, tout ce qu'il reste de Carroll, c'est un talent indiscutable pour narrer son propre déclin.

Les mémoires tourmentées, mais néanmoins poétiques, de Carroll débutaient dans les années 1960. De courts extraits parurent dans *The Paris Review* et dans des magazines littéraires du centre-ville new-yorkais, alors qu'il n'était encore qu'un adolescent. Quand il ne passait pas le temps à se droguer ou à jouer au ballon, il errait parmi la scène poétique autour de Greenwich Village et de Saint Mark's Place. Il se fit connaître d'Allen Ginsberg et de Gregory Corso, mais il préférait Randall Jarrell à la *beat generation*. En 1980, il se lança dans le rock. Il enregistra *Catholic Boy*, un album un peu fou qui incluait le titre *People Who Died*, avec des paroles qui respiraient l'ambiance de la rue. Carroll était davantage un punk qu'un hippie, et pendant un moment, il collabora aussi avec Lou Reed. Pour toutes ces raisons, son travail comptait depuis toujours des adeptes.

Kalvert compara l'ouvrage de Carroll à *L'Attrape-cœurs* mais, pour lui, cette version du célèbre roman de J. D. Salinger était mâtinée du style de William S. Burroughs. Quoi qu'il en soit, le projet était ambitieux pour un premier long-métrage. Jusque-là, Kalvert s'était fait connaître en réalisant des clips pour Will Smith, Cyndi Lauper et Marky Mark and the Funky Bunch. C'était aussi le premier scénario de l'écrivain Bryan Goluboff. Mais les deux hommes avaient autre chose en commun : ils étaient tous deux des fans inconditionnels de Carroll : « Je suivais Jim dans Greenwich Village quand j'avais quatorze ans », déclara Goluboff. Kalvert, lui, avait découvert son livre quand il avait dix-huit ans et l'avait prêté à tous ses proches. Bien que Kalvert ne partageât pas l'amour et le talent de Carroll pour le basket-ball, il avoua avoir flirté avec les drogues, ce qui avait pu lui apporter des clés pour saisir la pensée de l'écrivain. Une fois qu'il obtint le budget pour réaliser le film – quatre millions de dollars –, il se mit à la recherche de l'acteur capable d'incarner Carroll.

Leonardo DiCaprio aurait pu n'être qu'un médiocre joueur de basket-ball, doté d'une vague ressemblance avec Carroll, mais, à bien des égards, il était parfait pour le rôle. Le temps que le financement soit réuni, il avait atteint l'âge requis pour interpréter le junkie et le parcours qu'il avait à son actif témoignait de sa capacité à appréhender cette âme tourmentée.

Leo s'était toujours tenu à l'écart des drogues. L'idée même des stupéfiants le dégoûtait. Quand on lui soumit le rôle, c'est la personnalité de Carroll qui l'attira : « Le livre était si dur, et j'ai adoré les détails, la façon dont ce gars a inventé son propre monde. C'est le genre de truc que j'ai fait souvent. J'aime les types jeunes qui ont laissé une trace dans l'histoire, qui ont accompli des choses différentes. Essayer de jouer ce mec qui a tout vécu à la fois, c'était si *cool.* » Pendant le tournage de *Basketball Diaries,* il se livra sur ses propres expériences dans un entretien avec l'écrivain Rick Marin : « En comparaison de ce gars [Carroll], je suis si *clean,* c'en est presque ridicule. Je ne touche à aucune de ces drogues, juré. Pour moi, c'est un rôle de composition. Les gens disent : "Pourquoi est-ce que tu n'essaies pas pour le film ?" mais c'est si foireux. Tu prends de la drogue comme ça et ça te donne un prétexte pour en reprendre. »

La confirmation de DiCaprio dans le rôle principal laissa Carroll dubitatif : « Quand on m'a dit que ce serait Leo, je ne savais pas qui c'était. S'ils m'avaient dit "le gamin de *Quoi de neuf, docteur ?*", je l'aurais reconnu parce que la toute première fois que j'ai vu ce gosse, j'ai dit : "Ce gosse a beaucoup de présence. Ce gosse est très mignon, il réussira." » Il est surprenant que quelqu'un comme Carroll ait été un fidèle téléspectateur de *Quoi de neuf, docteur ?* Quoi qu'il en soit, l'auteur mit de côté ses premiers doutes et se réjouit de ce choix. Il conseilla même DiCaprio sur la manière de l'interpréter au mieux sur le tournage.

Carroll, qui était *clean* depuis 1975, raconta à Leo comment lui et ses amis junkies utilisaient des compte-gouttes pour les yeux au lieu de seringues pour s'injecter de l'héroïne. Il lui raconta aussi qu'il n'avait jamais la nausée mais qu'il pouvait éternuer parfois pendant neuf heures d'affilée. Il ajouta que, quand il était sobre, il était dans un « tel état second » qu'on l'appelait « Dazey[1] ».

De fait, la dépendance à la drogue n'était pas l'aspect le plus choquant du journal de Carroll. Pendant une période de sa vie, ce dernier alla jusqu'à se prostituer pour financer son addiction. À la même époque, un entraîneur pervers avait pour habitude de choisir ses proies au sein de l'équipe et tentait de les agresser sexuellement. L'entraîneur (dont le nom fut changé dans le film pour éviter un procès) était interprété par Bruno Kirby, star de *Spinal Tap* et de *La Vie, l'amour... les vaches.* L'écrivain indépendant Rick Marin, dépêché par le *Los Angeles Times,* fut autorisé à assister au tournage à New York et, à cette occasion, il put approcher Kirby. Alors qu'il l'interrogeait sur ce que cela provoquait chez lui de jouer un pédophile, Kirby répondit : « Je ne joue pas des rôles de méchants, j'interprète des gens qui ont des problèmes. » Et force était de constater que « Swifty » – le nom du personnage dans le film – avait effectivement un sérieux problème.

Interrogé par Marin sur d'éventuels scrupules à interpréter un héroïnomane, Leo répondit : « Je vais faire les films que j'ai à faire. On ne peut pas toujours se soucier de la réception du public, parce que si on se retrouve pris dans des considérations comme : "Oh ! C'est un acteur déprimant, il ne fait que des films sombres", on est coincé dans une seule catégorie. On devrait tout essayer, tous les styles différents. »

Quand on lui demanda si ses recherches sur l'expérience de Jim Carroll l'avaient poussé à expérimenter

---

1. Ce surnom vient de *dazed,* qui signifie « hébété », « ahuri ».

lui-même des drogues (une rumeur tenace courait sur ce point depuis le début du tournage), Leonardo nia farouchement et exprima son étonnement.

Bien entendu, la presse en conclut qu'il avait sans doute succombé à la curiosité afin de rendre son interprétation plus authentique. L'accusation fit son effet. Elle avait aussi été proférée à l'encontre de River Phoenix lors de sa préparation pour son rôle dans *My Own Private Idaho* (1991). Comme *The Basketball Diaries*, *My Own Private Idaho* était un *biopic* à petit budget dans lequel River Phoenix interprétait un adolescent héroïnomane qui se prostituait. D'après la légende, c'était à cette occasion que Phoenix s'était initié aux drogues dures.

Leonardo était sensible aux comparaisons constantes avec River Phoenix. Certes, les similitudes n'étaient pas difficiles à trouver. Tous deux avaient été élevés par des parents marginaux qui avaient pleinement profité des *sixties* et du vent de liberté ambiant. Tous deux avaient suscité l'intérêt du public dès leurs premiers rôles : ils avaient fait des choix audacieux et avaient un physique agréable, encore juvénile (susceptible d'attirer un vivier de fans bien plus grand que certains de leurs films ne l'auraient mérité). De plus, à Hollywood, l'ombre tragique de Phoenix planait sur tout jeune acteur doué de sensibilité. Mais Leo mit les choses au point : « Les gens me comparent sans cesse à River. Je trouve ça absurde d'essayer la drogue pour les besoins d'un film. Pendant deux ou trois mois, on essaie l'héroïne et on devient accro à vie ? C'est triste pour River, mais je ne sais pas si ce sont les conséquences du métier ou de la vie. »

Sans doute est-ce pour cela que la mort du jeune Phoenix marqua profondément Leonardo : « J'étais au lit quand j'ai appris la nouvelle. Au début, ça n'avait pas l'air réel. Je ne le connaissais pas vraiment, mais j'ai eu envie de pleurer – et aujourd'hui encore j'en ai envie. Je reçois des scénarios qui disent : "deux jeunes gars". Dans ma tête, je vois River et moi. »

Mais revenons au film. Comme on pouvait s'y attendre, le thème de la prostitution suscita la polémique. Le sexe et la drogue imprégnaient le livre de Carroll de bout en bout. Pour sa part, Scott Kalvert tenait à rendre compte de ces aspects avec la plus grande fidélité possible. À tel point que Karen Akers, une chanteuse de cabaret new-yorkaise, refusa de faire une brève apparition quand elle apprit que sa scène impliquait des fouets, des lames de rasoir et des actes de cruauté envers des chats.

Soucieux d'éviter la censure, Kalvert affirma que le pire avait été atténué : la dernière chose que souhaitait un réalisateur, c'était de voir son long-métrage mettant en scène des adolescents catalogué « film difficile ». Il souligna que, même si les spectateurs ne verraient pas Leonardo s'enfoncer une aiguille dans la veine, ils n'auraient aucun doute sur les effets dévastateurs de la drogue. « Vers la fin du film, quand vous voyez comment tout se dégrade, avec la prostitution, le vol de sa mère, ce n'est pas joli du tout. Les gens ne vont pas se dire : "Je veux prendre de la drogue !" Ça va les retourner, au contraire. »

Pour s'approcher au plus près de la réalité, les producteurs engagèrent un ancien toxicomane pour « conseiller » l'acteur – cela venait s'ajouter à l'expérience communiquée par Carroll. Dans *Gilbert Grape*, Leonardo avait déjà démontré qu'il était un génie de l'imitation. Avec l'aide du spécialiste, il parvint sans effort à se glisser dans la peau d'un drogué : « La voix doit descendre d'une octave. Même quand on élève la voix, c'est comme si on avait un chat dans la gorge. Ce n'est pas comme si on était fatigué ou soûl, c'est plutôt comme si le corps se transformait en gelée et que tous les os et le reste se décontractaient totalement. On est en paix. Soi-disant. Je ne sais pas, je n'ai jamais essayé, c'est clair ? »

L'ami de Carroll, Mickey, devait être interprété par le rappeur Mark Wahlberg. Si Carroll avait tardé à se féliciter du choix de DiCaprio dans le rôle principal, il lui fallut une éternité pour accepter l'idée que le chanteur, connu sous le nom de Marky Mark, était devenu acteur. Il aurait tremblé en apprenant que Mark passait une audition pour un rôle.

Sur le tournage, Wahlberg n'eut cependant pas peur de se railler de ceux qui contestaient sa présence dans le film. Imitant Carroll à la perfection, il blagua à l'intention de Rick Marin : « L'intéressant avec Mawky, c'est sa célébrité. J'me suis dit : "J'peux pas l'avoir sur c'film !" Mais rev'nons à la première fois où j'ai fumé un sac d'herb', je d'vais avoir treize ans. Leo est génial, Leo est fabuleux. Seul'ment l'a sa façon bien à lui de jouer au *bathketball.* »

Wahlberg, qui avait joué cette année-là dans le film de Penny Marshall *Opération Shakespeare* (1994), dut effectuer six auditions avant de décrocher le rôle du gars le plus endurci dans *The Basketball Diaries* : « J'appréhendais le personnage de plein de façons différentes. Je n'ai jamais été accro à l'héroïne, mais je faisais ce que j'avais à faire. Tu vois ce que je veux dire ? Pour nous, c'était plus une question d'argent que de défonce. »

Sur le tournage, la différence entre Wahlberg et DiCaprio était manifeste. Wahlberg, alors âgé de vingt-quatre ans, affichait l'expérience de celui qui avait déjà connu les hauts et les bas de la célébrité, Leonardo (de cinq ans son cadet) avait lui l'attitude de celui qui se sent invincible.

Marin offrit une vision fascinante du comportement de Leo sur le tournage. Ce dernier ne se préoccupait pas de l'impact qu'aurait ce rôle d'héroïnomane sur sa carrière, mais il craignait en revanche que son penchant pour les cigarettes ne soit révélé. « Tu me passes une cigarette ? demanda un jour DiCaprio à Wahlberg, avant de repérer la présence du journaliste. Alors il ajouta : "Oh non ! Non ! Je ne fume pas." »

Si Leonardo soignait son image sur le plateau, il semblait moins vigilant lorsqu'il s'éloignait du tournage. Pendant les pauses, il se taillait une belle réputation de fêtard. Il restait jusqu'à l'aube dans quelques-uns des repaires new-yorkais prisés de la crème des célébrités. Si les rumeurs sur son aventure avec Bridget Hall s'étaient un peu tassées, on lui prêtait à présent une histoire avec Sara Gilbert, son ancienne partenaire dans *Roseanne*, ainsi qu'avec Juliette Lewis, avec qui il avait partagé l'affiche de *Gilbert Grape*.

Lors d'une interview au *Guardian*, Jim Carroll évoqua cette période où DiCaprio découvrait la vie nocturne : « C'est Mark Wahlberg qui l'a initié au monde de la nuit. Les femmes qui sont venues sur le tournage de *The Basketball Diaries*, les mannequins, toutes ces filles, il s'est jeté droit sur elles, mec. »

Les séquences qui décrivaient la prise de drogue au début du film n'avaient pas décontenancé Leo. En revanche, une scène ultérieure – dans laquelle il devait réciter un long monologue devant un public – le déstabilisa : « Je ne parvenais pas à me concentrer sur de longs discours. Faire attention à un public et essayer de jouer en même temps, ça me rend dyslexique. Et Lorraine Bracco [qui jouait sa mère dans le film] m'a dit : "C'est bon, calme-toi. Ne t'en fais pas une montagne. Tu le feras demain si tu n'y arrives pas aujourd'hui." C'est dur. Je sens que je dois toujours être parfait, et ça craint. C'est sûr. Parfois tu t'assieds et tu te dis : "Nom de Dieu, je sais pas quoi faire !" »

À sa sortie, *The Basketball Diaries* rapporta la somme respectable de deux millions et demi de dollars. Les critiques furent assez favorables dans l'ensemble, même si certains suggérèrent que la poésie et l'âme du roman s'étaient un peu perdues dans l'adaptation. Janet Maslin du *New York Times* fut, en revanche, beaucoup plus tranchante : « Ce qui sauve le film du chaos, c'est l'interprétation terrifiante de M. DiCaprio dans les dernières scènes. Une scène en particulier, bouleversante, montre Jim complètement défoncé qui rend une visite désespérée à sa mère, jouée par Bracco, dont les larmes ici ne sont jamais exagérées. Le loup cogne à sa porte. M. DiCaprio incarne un Jim diabolique : il tente de l'amadouer, il hurle, il essaie de forcer le verrou. Il supplie sa mère de lui donner de l'argent tout en lui brisant le cœur. Cette confrontation à elle seule fait que le film mérite d'être vu. »

Carroll, lui aussi, ne tarissait pas d'éloges sur Leo : « J'ai vu le film pour la première fois avec Lou Reed. Et il m'a demandé si Leo avait vécu avec moi pendant deux ans, parce qu'il me ressemblait en tout point. Lou a aimé le film – alors qu'en général, il déteste tout. » Carroll avait même changé d'avis et considérait maintenant Wahlberg comme un atout pour le film. Il fit remarquer qu'il avait fait « du bon travail » avec son interprétation de Mickey.

À présent, une véritable agitation entourait Leonardo. On commença à l'associer à tous les rôles principaux en projet, personnages fictifs ou adaptés. Une rumeur, en particulier, gagnait du terrain. Il était censé endosser le rôle de James Dean dans un *biopic* consacré à l'acteur. « La comparaison est évidente, déclara David Loehr, un archiviste responsable de la James Dean Gallery à Fairmount, dans l'Indiana, où l'acteur avait vécu quelque temps. Ce sont deux jeunes acteurs magistraux qui ont fait sensation assez tôt et ils ont tous deux peaufiné leur art pendant des années avant de devenir célèbres. » Et d'ajouter : « J'ai un dossier complet, plein des "futurs James Dean". Aucun d'entre eux ne l'a été. Ceux qui ont réussi sont ceux qui se sont inspirés de James Dean tout en adoptant leur propre style, que ce soit Maxwell Caulfield ou Bob Dylan. Je pense que c'est ce que DiCaprio est en train de faire. »

Pour Michael Ochs, archiviste et spécialiste de la culture populaire, la star de *La Fureur de vivre* était le « point de référence logique » pour Leonardo à cause de son physique : « Pour moi, jusqu'ici, il n'a rien fait qui se rapproche de l'intensité du travail de James Dean. Mais il en a le talent et, en choisissant des rôles qui ne font pas penser directement à lui, il évite le piège de la comparaison. »

« Ce serait un énorme défi pour quiconque que de jouer James Dean », pensa Loehr, qui envoya une biographie de Dean à DiCaprio quand il eut vent d'une potentielle discussion sur le film. En retour, il reçut un billet de remerciement : « Ce serait impossible. C'est pourquoi je pense qu'il serait préférable de le faire jouer à un inconnu. Mais DiCaprio pourrait se révéler très bon s'il est encore intéressé, ce qui, dans l'état actuel des choses, n'est peut-être pas le cas. »

Même si les spéculations allaient bon train au moment de la sortie de *The Basketball Diaries*, Leo ne formula aucune hypothèse à ce sujet : « Je ne crois pas un mot de tout ça. Je pense au métier d'acteur et au travail tout le temps, c'est vrai. Aux rôles, à tout ce que les gens font, à ce que je vais faire ensuite. Ce que les gens disent à mon sujet, j'y pense, mais sans plus. Alors je m'assieds et je me dis : "Hé ! Est-ce que c'est vrai ?" Mais ça ne me touche pas, parce que je lis des choses sur moi qui ne reflètent pas ce que je suis. Ce sont des clichés. C'est comme s'ils écrivaient sur ce gars qu'ils ont fabriqué. »

Peut-être n'était-il pas prêt à incarner James Dean à ce moment-là de sa carrière. En revanche, il allait de nouveau croiser sur sa route un autre acteur au destin tragique. Dans son rôle suivant, Leonardo devait en effet remplacer River Phoenix dans un de ses rôles les plus controversés, aujourd'hui encore.

Pour en revenir au film *The Basketball Diaries,* une anecdote eut un certain retentissement. Lors d'un procès, on attribua au film la responsabilité d'avoir inspiré la fusillade du lycée de Heath, en 1997, au cours de laquelle trois élèves furent tués après que Michael Carneal, âgé de quatorze ans, eut ouvert le feu sur un groupe en train de prier. L'avocat radié du barreau, Jack Thompson, intenta une action de trente-trois millions de dollars contre le film, deux ans après les fusillades, ainsi que contre deux sites Internet pornographiques, quelques compagnies de jeux vidéo et les créateurs et distributeurs du film *Tueurs nés*, prétextant un complot qui aurait incité Carneal à ouvrir le feu. L'affaire fut déboutée en 2001.

La même année, le film fut à nouveau mêlé à une action en justice en raison de sa moralité jugée douteuse. Cette fois, le scandale fit suite au massacre qui s'était déroulé au lycée de Colombine. Là, deux étudiants, Eric Harris et Dylan Klebold, avaient revêtu de longs manteaux noirs avant de donner libre cours à leur folie meurtrière. Ils avaient tué douze élèves et un professeur avant de se donner la mort. On compara alors ce drame à une scène de *The Basketball Diaries*. Une scène du film montrait en effet Leonardo, habillé d'un manteau noir, tirant sur six de ses camarades dans la classe. Le film fut expressément dénoncé au cours de procès intentés par les proches des victimes : mais, en définitive, ils les perdirent tous.

7

Une double tragédie

Incarner la figure d'un poète homosexuel du XIXe siècle ne devait pas figurer parmi les priorités de beaucoup d'acteurs américains âgés d'une vingtaine d'années. Une fois encore, la décision de Leonardo de jouer Arthur Rimbaud à l'écran prouva à quel point il différait de ses contemporains.

Avant lui, River Phoenix s'était engagé pour ce rôle. Après sa mort, ils étaient peu nombreux à vouloir rivaliser. Pour ceux-là, le risque était manifeste de voir s'effondrer une carrière naissante dans le seul but d'étendre leur répertoire. À cette période, Leo reconnut que si cela n'avait tenu qu'à lui, il n'aurait guère prêté attention à ce rôle puisqu'il ignorait tout de Rimbaud. C'est son père George (qui examinait à présent tous les scénarios envoyés à son fils) qui, le premier, attira son attention sur le personnage. « Je fais confiance à mon père quand il s'agit de m'orienter vers des textes, des réalisateurs ou des sujets avec lesquels, du fait de mon jeune âge, je n'ai pas forcément d'affinités, expliqua-t-il. Arthur Rimbaud dans *Rimbaud Verlaine* par exemple. Je n'aurais jamais rien su de ce bonhomme. J'ai toujours respecté l'opinion de mon père, bien plus que celle de n'importe qui, et pas seulement dans mes choix de carrière, mais aussi sur des sujets intéressants ou fascinants, ou sur l'art. Et je continue à discuter avec lui avant de prendre une décision. »

George lui avait alors déclaré : « Laisse-moi t'expliquer qui était ce gars. C'était un rebelle à son époque. C'était le James Dean de la scène poétique. C'était un artiste radical, et tu devrais t'intéresser à ça. » Leo était emballé par l'aspect anticonformiste : « C'est comme jouer Louis Armstrong. Qui ne voudrait pas l'incarner ? Un type qui a débarqué à un moment où la musique aux États-Unis c'était en grande partie faire danser les gens sur des pas, le fox-trot, et "allez-y, attrapez votre cavalière". »

Leo savait que son père avait une grande influence sur lui : « Il m'a apporté un regard autre sur l'existence, qui s'est reflété dans les rôles que j'ai choisis. Il m'a appris que la normalité n'est pas toujours le meilleur moyen d'exister et qu'on doit sans cesse rechercher quelque chose de différent, et c'est ce que j'essaie de faire dans ma carrière. [...] Je ne sais pas choisir les films que les gens veulent absolument voir. J'ai beaucoup à apprendre de ce côté-là, mais j'ai beaucoup à apprendre sur le métier d'acteur aussi. »

DiCaprio reçut le scénario au moment même où les producteurs de *James Dean* tentaient une de leurs approches. Outre les conseils de son père, Leonardo demanda l'avis de Jim Carroll : « Jim m'a dit : "Tu es devenu fou ? C'est Rimbaud. Tu es cinglé si tu ne le joues pas !" Jim m'a raconté que Rimbaud était un type incroyable, un révolutionnaire dans le milieu de la poésie à son époque. Ensuite, j'ai lu le scénario et j'ai découvert un personnage scandaleux que je voulais incarner. »

En son temps, Rimbaud bouleversa le langage poétique moderne. C'est pourquoi ce génie est, encore aujourd'hui, tenu en haute estime par les poètes contemporains, et même par les chanteurs de rock du XXe siècle. Jim Morrison par exemple, le chanteur des Doors, se prenait pour la réincarnation du poète. *Une saison en Enfer* influença des gens comme Bob Dylan et Jack Kerouac. Van Morrison écrivit *Tore Down à la Rimbaud*, Patti Smith chanta *Rimbaud Dead*, tandis que Tom Verlaine, le guitariste de Television[1], prit le nom du compagnon de Rimbaud.

Il semble incroyable qu'un poète symboliste comme Rimbaud, presque un contemporain de Van Gogh, ait suscité une estime aussi grande. Une édition de poche récente des derniers poèmes de Rimbaud, parue aux éditions Penguin, s'est vendue à soixante mille exemplaires. Le footballeur Éric Cantona, qui effectua une partie de sa carrière à Manchester United, figurait aussi parmi ses admirateurs. Ainsi, quand il formula son étrange critique – évoquant « les mouettes » et le « chalutier » – à l'égard de la presse qui surveillait ses moindres faits et gestes – critique que ladite presse ne comprit d'ailleurs pas –, il parodiait en fait l'imagerie rimbaldienne.

De son vivant, Rimbaud ne publia qu'un seul recueil de poèmes, *Une saison en enfer*, et il en vendit six exemplaires. Beaucoup plus tard, on découvrit le reste de son œuvre dans un entrepôt d'Amsterdam. La seule personne à entretenir sa flamme fut Verlaine.

On célébra beaucoup les poètes Rimbaud et Verlaine, car près d'un siècle avant que les années 1960 ne transforment la société, le couple avait choqué la bonne

1. Un groupe de rock new-yorkais.

bourgeoisie avec son comportement outrageux. Le scénariste Christopher Hampton, qui avait adapté *Les Liaisons dangereuses* pour le grand écran, nourrissait une passion pour Rimbaud depuis l'université. Hampton voulait déjà écrire sur les deux poètes quand il avait seize ans. Néanmoins, lors de sa première tentative, il jugea le projet trop provocateur. À l'âge de vingt ans, encore étudiant à Oxford, il écrivit à nouveau sur eux dans le cadre de sa seconde pièce pour le Royal Court Theater de Londres. La censure théâtrale s'exerçait encore en 1968 et l'amour homosexuel représentait un sujet tabou. Hampton estimait que le sujet avait été traité de façon « hystérique » dans le théâtre et la littérature. Lors de la première de sa pièce, *Total Eclipse,* la police fit irruption et Hampton récolta des critiques au vitriol, les pires de sa carrière : « Il y avait en partie le syndrome de la seconde pièce : les critiques vous tombent toujours dessus la seconde fois. Les réactions allaient au-delà de la férocité. La pièce n'a été jouée que trois semaines. Ça a été un échec cuisant mais, durant les dix années qui ont suivi, elle a acquis une certaine réputation sur la scène *underground.* »

Hampton avait espéré que la version cinématographique de cette tumultueuse liaison choquerait autant les spectateurs contemporains. Avec des scènes montrant ouvertement leurs relations sexuelles homosexuelles et un coup de pied porté droit dans le ventre d'une femme enceinte, il y avait de bonnes chances d'y parvenir. Avant que le scénario ne croise la route de Leonardo, Hampton avait passé une vingtaine d'années à s'escrimer sur sa version pour le cinéma. En fait, il lui fallut attendre le centenaire de la mort du poète (1991) pour que le projet retînt l'attention. C'est l'éminente réalisatrice polonaise Agnieszka Holland qui prit les rênes du projet. Après avoir obtenu le budget de huit millions de dollars, elle entama le long-métrage proprement dit. Au départ, John Malkovich devait jouer Verlaine et donner la réplique à River Phoenix.

Quand Holland découvrit DiCaprio dans *Blessures secrètes* et dans *Gilbert Grape*, elle jugea qu'il avait « la beauté, l'énergie, le charisme et une technique de jeu rare chez quelqu'un d'aussi jeune ». « Il ressemblait aussi beaucoup à Rimbaud. C'est très difficile de trouver un jeune homme avec une telle force. S'il avait refusé le rôle, je n'aurais pas fait le film. »

Lorsqu'il apprit le remplacement de River Phoenix par Leonardo, John Malkovich décida de se retirer du projet. L'acteur ne se voyait pas tenir son rôle face à quelqu'un d'autre que Phoenix. Pour le remplacer, Holland se tourna vers l'acteur britannique, David Thewlis, plébiscité par la critique. DiCaprio était ravi. C'était un grand admirateur de l'acteur depuis *Naked* (1993) de Mike Leigh et il se réjouissait de travailler avec un artiste aussi respecté.

En revanche, il appréhendait de tourner certaines scènes : « Oui, il y a quelques scènes qui montrent des relations homosexuelles, mais s'il y a bien une chose que l'on sait sur Rimbaud, c'est qu'il essayait de tout explorer, et l'homosexualité fait partie de tout ça. Ce qui ne veut pas dire que Rimbaud et Verlaine ne se sont pas aimés un temps, parce qu'ils étaient vraiment amoureux. »

Le tournage devait se dérouler à Paris, Anvers et Blankenberge en Belgique. Leonardo avait l'habitude de voyager en raison de ses fréquents séjours en Allemagne pour les vacances. Mais à son arrivée en France, il parut vite lassé des autochtones : « Il y a de tels clichés sur le

Français moyen, mais force est de constater que c'est la vérité. Ces gens sont grossiers à un point. C'est affreux ! Quand j'ai embarqué sur l'avion d'Air France, j'avais avec moi un grand bagage à main et un type m'a dit : "Mais qu'est-ce que vous fabriquez, bon Dieu ? Vous n'avez jamais été dans un avion avant, espèce d'idiot ?" Je lui ai répondu : "Écoutez, j'ai payé pour être sur ce vol, vous n'avez pas à me parler comme ça." Plus vous leur tenez tête, plus ils se montrent agréables avec vous. »

Une fois le tournage commencé, la perspective de devoir peloter Thewlis commença à préoccuper sérieusement Leonardo : « Embrasser un homme à l'écran, ce n'est pas drôle, mais en tant qu'acteur, on doit surmonter ce genre de choses. » La réaction de Leo rendit Thewlis perplexe : après tout, ce n'était pas la première fois qu'il le faisait, il avait embrassé un garçon dans *Blessures secrètes* et il s'était prostitué dans *The Basketball Diaries*. Ce dernier alla jusqu'à s'interroger sur la sexualité de DiCaprio en faisant remarquer : « Si quelqu'un est préoccupé par une scène de ce genre, alors ça signifie que ça remet en question sa sexualité plus que s'il le faisait sans difficulté. De quoi a-t-il peur ? D'aimer ça ? Et alors qu'est-ce que ça peut faire ? »

Le moment venu, Leo porta beaucoup de soin à la préparation : « J'ai bien vérifié que nos lèvres étaient propres », déclara-t-il à *People magazine*. « J'ai fait en sorte d'avoir un peu de désinfectant, et David aussi. Ce n'était pas drôle, pas du tout. » Difficile d'imaginer l'acteur faire autant d'histoires lors du baiser avec Sharon Stone, bien qu'il n'ait guère apprécié cette expérience-là non plus.

Plus tard, il revint sur cette expérience dans *Première* : « J'ai vraiment nettoyé ses lèvres, parce qu'on faisait comme si on était en train de manger. Mais ça ne s'est pas tout à fait passé de cette manière-là. En fait, j'ai eu la nausée, comme c'était la première fois que j'embrassais un mec. C'était comme au ralenti, vous voyez ce que je veux dire ? J'ai vu ses lèvres s'approcher des miennes, et je me suis dit : "Bon sang ! Est-ce que ça va vraiment arriver ? Trêve de bavardage, mes lèvres vont toucher les tiennes." C'était bizarre aussi parce que je crois que les hommes dégagent plus de chaleur corporelle, ou quelque chose dans le genre, en tout cas les lèvres des filles sont plus fraîches. Les siennes étaient chaudes. Désagréables. J'avais l'estomac tout retourné après. »

Vint ensuite le tournage d'une scène, supposée romantique, entre les deux acteurs, mais Leonardo avoua qu'il murmurait en fait des obscénités à l'oreille de Thewlis. « Il me faisait tourner dans ses bras et je lui disais : "Ça craint ! C'est dégoûtant. J'ai envie de te vomir dessus." Je pense que lui, ça ne lui posait pas de problème. Il n'arrêtait pas de dire : "Si tu as peur, c'est que tu es homophobe." Alors, je suis désolé. Traite-moi d'homophobe si tu veux, mais ça me dégoûte. »

Une scène de lutte sonna comme une vengeance pour Leonardo : « On a fait six prises environ, et je crois qu'à chaque fois je l'ai cogné dans les burnes avec mon genou. Je ne voulais pas lui faire mal, mais le pauvre, il a vraiment souffert. »

Heureusement pour lui, Leonardo pouvait trouver un peu de réconfort auprès de sa mère, Irmelin. Depuis les débuts de la carrière florissante de son fils, c'est elle qui gérait les finances et la promotion de Leo. Elle l'accompagnait donc en France pour le tournage. *Rimbaud Verlaine* marqua aussi le début d'une tradition que Leo allait perpétuer chaque fois qu'il le pourrait dans ses futurs films : donner à sa mère un rôle en tant que figurante. Cette fois, elle jouait une infirmière qui veillait sur Rimbaud alors qu'il venait d'être amputé de la jambe après avoir développé une tumeur au genou.

De façon cruelle, la fiction entra alors en résonance avec la réalité. Irmelin avait soigné son père malade qui, par une étrange coïncidence, devait être amputé d'une jambe après qu'on lui eut trouvé des caillots sanguins dans le pied. L'opération fut finalement reportée à cause de son mauvais état de santé. Pendant le tournage, qui avait lieu au même moment que l'opération de son grand-père, Leo se plaignit également de fourmillements dans un pied.

Leonardo était conscient de la gravité de la maladie qui affectait Wilhelm. Avant la sortie de *The Basketball Diaries* déjà, il s'était envolé pour l'Allemagne, car le grand-père avec lequel il avait passé de nombreux étés heureux était sur le point de mourir : « C'est une expérience douloureuse à vivre. Surtout pour ma grand-mère qui partage sa vie depuis si longtemps. »

À propos des scènes qui l'unissaient à sa mère dans le film, il déclara : « Toute cette situation occupe mon esprit. Ma mère qui joue une infirmière, alors que c'est ce qu'elle a été pour mon grand-père ces dernières semaines. Mon grand-père a toujours été un homme dur, un Allemand, un travailleur. Et maintenant il dit à tout le monde qu'il a un cœur tendre. Il le dit sur son lit de mort. J'adore mon grand-père mais ce n'est pas ainsi que je vois les choses. Je ne veux pas attendre mon dernier souffle pour dire la vérité. »

Wilhelm mourut en avril 1995, ouvrant ce qui allait être une année particulièrement sombre pour Leonardo. Pour ajouter à son chagrin, à la même période, son fidèle chien Rocky décéda lui aussi. Par le passé, Leo avait déjà évoqué les problèmes de santé de son chien, mais sa disparition n'en fut pas moins un choc pour lui : « Mon chien Rocky est probablement l'un des chiens les plus malchanceux au monde, avait-il confié. C'est un rottweiler. C'était le plus faible de la portée. Il a été volé et il a failli être revendu au marché noir quand il avait deux ans. Il est épileptique. Il a des crises répétées et il prend des médicaments, ce qui le fatigue beaucoup. Et depuis peu, on a appris qu'il avait un cancer. Ma mère prend soin de lui comme d'un nouveau-né. »

Quand *Rimbaud Verlaine* fut enfin dévoilé au public, l'intention de choquer, souhaitée par le réalisateur, apparut comme une évidence. Lors de la première au Festival du film de Telluride, dans le Colorado, la scène dans laquelle Verlaine donnait un coup de pied dans le ventre de sa femme coupa le souffle des spectateurs. Les plus mal à l'aise finirent même par quitter la salle. Bien que fondée sur un événement réel, la scène effaroucha les distributeurs qui demandèrent à Agnieszka Holland de la couper. Elle accepta à contrecœur : « Je dois faire quelques compromis, expliqua-t-elle. Je ne veux pas avoir les distributeurs contre moi, surtout avec un film aussi difficile. »

Après cette première réaction, la réalisatrice redouta un accueil mitigé : « Je sais que ces hommes sont très controversés et ils voulaient l'être, surtout Rimbaud. Il a tout fait pour provoquer la bourgeoisie et la combattre. Il l'a fait parce qu'il croyait qu'il pourrait trouver une sorte de vérité en franchissant la limite de la normalité et du traditionnel. Il l'a fait avec Verlaine, espérant que ce dernier serait aussi fort que lui, mais Verlaine ne l'était pas. »

Quand le film sortit sur les écrans à travers les États-Unis, *Rimbaud Verlaine* obtint des résultats médiocres. Il rapporta la modique somme de trois cent cinquante mille dollars et s'installa largement en tête des flops commerciaux de Leonardo. Quand les mauvaises critiques fusèrent, Hampton, le scénariste, évoqua sa sensation de déjà-vu et compara cet accueil à celui reçu par sa pièce en son temps : « Cela aurait pu être extrait de journaux londoniens datant de 1968, soupira-t-il. Les gens étaient scandalisés par la pièce et il semble qu'ils le soient aussi par le film. »

Les commentaires n'épargnèrent pas l'acteur. *Screen International Magazine* se déchaîna : « Rimbaud, tel que décrit par Leonardo DiCaprio – dans une interprétation susceptible de nuire à sa carrière –, est un savant fou, capable d'aller jusqu'au suicide, et d'un ennui infini. »

Habitué aux éloges, DiCaprio fut blessé par ces attaques acerbes : « Je ne peux pas écouter de telles conneries ! Je ne pense pas du tout que ce film portera atteinte à ma carrière, et si c'est le cas, alors, allez tous vous faire foutre ! Je suis fier de mon travail dans tous les films que j'ai faits. Dans quelques années, personne ne se rappellera les mauvaises critiques. Ces films seront vus comme des pièces de mon travail. »

La réalisatrice attribua ces réactions négatives à l'esprit conservateur qui sévissait dans les années 1990 : « Les médias ont besoin de valeurs inoffensives, respectables et couronnées par le succès. Je ne suis pas intéressée par ce qui est paisible, tranquille et mignon. Ce qui me pousse, c'est la recherche de la vérité, même si elle doit passer par une lutte dramatique. »

Avant de quitter la France, Leonardo prit toutefois le temps d'apparaître dans un autre projet plutôt étrange.

Les Cents et Une Nuits de Simon Cinéma (1995) était un film décalé sur un vieil homme centenaire qui, prenant conscience que sa mémoire était en train de flancher, demandait à une jeune femme de lui raconter les films du siècle dernier. Pour sa brève apparition, Leonardo ne figurait pas au générique, mais il partageait l'affiche avec Martin Sheen, Daryl Hannah, Emily Lloyd, Harrison Ford et Stephen Dorff.

Alors qu'il se trouvait à Milan, pour assister à un défilé de mode – auquel il avait été convié par Giorgio Armani –, il dut prendre le temps de faire certains démentis. Il nia ainsi avoir fait du roller nu dans les couloirs du très sélect Hôtel Principe, au grand dam de ses voisins. Leo assura à ses interviewers qu'il s'agissait là d'un ami et qu'il portait bien un caleçon. Peu de temps après, sa grand-mère Helene dévoila par mégarde la passion que son petit-fils vouait aux rollers en ligne. Bien entendu, ce devait être une coïncidence...

De retour à Los Angeles, Leo subit le contrecoup des efforts des derniers mois. La mort de son grand-père l'avait touché, beaucoup plus qu'il ne le pensait. Ses anciens amis, qu'il n'avait pas vus depuis longtemps, furent frappés par son sérieux. Ils ne reconnurent pas le Leo insouciant qui les avait quittés quelques mois plus tôt.

Dans une interview pour *USA Today* donnée peu de temps après son retour d'Europe, il évoqua sa grande tristesse : « Pour être honnête, je traverse un moment si pénible dans ma vie privée que la célébrité paraît bien peu de chose à côté. C'est difficile de réfléchir quand on a des problèmes personnels. »

Mark La Femina, un de ses amis qui travaillait dans le cinéma, révéla au *News of the World* que Leo était si attristé par la mort de son grand-père et par la disparition de son chien Rocky, qu'il avait brièvement envisagé d'arrêter de tourner. Les mauvaises critiques de *Rimbaud Verlaine* le conduisirent à se demander si cette profession valait vraiment la peine. Bien entendu, l'argent était vital et les opportunités dépassaient de loin toutes ses attentes, mais à quel prix ? Il avait déjà compris à quel point le jeu de la célébrité restreignait sa liberté, une liberté que ses amis considéraient, eux, comme allant de soi. Pour tenter de conserver un lien avec ce qu'il était en train de perdre, Leo proposa à un groupe d'amis de décoller en direction du désert afin d'y faire un *break*. Mais une fois là-bas, il se montra si déprimé que ses amis craignirent qu'il ne les ait fait venir pour une raison plus sinistre : « Leo était désespéré et nous avions peur qu'il fasse une bêtise. Il a dit à des amis qu'il avait assez souffert et qu'il ne voulait plus travailler à Hollywood », confia une amie.

Au milieu du désert, Leo réussit finalement à « reprendre ses esprits » et se laissa convaincre de changer d'avis. Bien qu'il ait connu des situations difficiles dans l'enfance, les événements de 1995 représentaient le premier véritable échec dans son passage de l'adolescence à la vie d'adulte. La manière dont il fit face « aux flèches et aux coups d'une atroce fortune[1] », en ce moment décisif pour lui, allait se révéler déterminante pour la réussite de sa future carrière.

1. Allusion à la célèbre tirade d'*Hamlet* de Shakespeare, acte III, sc. 1, v. 56.

8

Le Roméo des temps modernes

Après les rôles éprouvants de Jim Carroll et d'Arthur Rimbaud, Leonardo jugea bon de revenir à ce qu'il savait faire. La chance lui sourit à nouveau quand on lui offrit l'opportunité de retravailler avec Robert De Niro. Il s'agissait d'une adaptation pour le cinéma de *Marvin's Room*, une pièce jouée à proximité de Broadway. Il y était question d'une famille dont les membres ne se parlaient plus avant d'être réunis par la vie, pour lutter contre la maladie qui menaçait le père et l'une de ses sœurs.

Deux monstres sacrés du grand écran – Meryl Streep et Diane Keaton – devaient incarner les personnages principaux, deux sœurs en froid depuis des années. Leonardo était parfait pour le rôle de Hank, le fils de Meryl Streep : un adolescent interné dans un hôpital psychiatrique après avoir mis le feu à leur domicile. Leo était en terrain conquis et voyait là l'occasion rêvée de travailler avec quelques-uns des meilleurs du métier. Il connaissait l'existence du projet depuis un certain temps. En effet, De Niro lui avait raconté que le dramaturge Scott McPherson était en train d'adapter sa pièce pour le cinéma. Cette dernière avait été montée à Chicago (en 1990), où elle avait reçu des acclamations unanimes ; elle avait ensuite décroché plusieurs récompenses après sa production à New York. « Dès que tu auras tout mis sur pied, fais-moi signe », avait alors répondu Leonardo à la proposition de De Niro.

Quand il lut le scénario, il fut sous le charme : « Les dialogues coulaient avec une fluidité incroyable. C'était différent de tout ce que j'avais lu jusque-là. Les blagues étaient naturelles, complètement intégrées à la conversation. »

Malheureusement, McPherson ne vécut pas assez longtemps pour voir son film achevé : il mourut du sida en 1992, à l'âge de trente-trois ans. La pièce s'appuyait sur sa propre expérience de la maladie au sein de sa famille. Son compagnon, Daniel Sotomayor, mourut également du même fléau. À la tête du film, il ne restait donc plus que le metteur en scène de théâtre Jerry Zaks, qui entreprenait là sa première réalisation pour le grand écran.

Le dirigeant de Miramax, Harvey Weinstein, refusa au départ de recruter Diane Keaton pour l'un des rôles principaux. Elle ne fut finalement engagée que parce que Meryl Streep usa de son influence et mit en balance sa propre participation si sa partenaire n'était pas prise : « Il n'y avait personne d'autre pour ce rôle. S'il existe un seul avantage au fait de prendre de l'âge, c'est que l'on a son mot à dire sur ses partenaires à l'écran. » Diane Keaton était ravie que l'autre comédienne ait pris de tels risques pour elle : « Je ne peux pas croire qu'elle ait fait ça. N'est-ce pas incroyable ? Je ne sais pas pourquoi. Je suis très heureuse de l'entendre. C'est tellement génial ce qu'elle a dit. Mon Dieu ! De la part de Meryl Streep en plus ! »

C'était la première fois que les deux actrices tournaient ensemble. Certes, elles figuraient côte à côte sur l'affiche de *Manhattan* (1979) de Woody Allen, mais elles n'avaient partagé aucune scène pour ce long-métrage. Avec ces deux vedettes, De Niro et DiCaprio, la distribution totalisa dix-neuf nominations aux Oscars et cinq statuettes. Dans l'histoire, Meryl Streep incarnait la sœur la plus « méchante », une mère célibataire nommée Lee, qui se montrait dure avec son garçon. DiCaprio, quant à lui, jouait l'adolescent délinquant. Au sujet du séjour de Hank à l'hôpital psychiatrique, Meryl Streep déclara : « Nous l'appelions "la boîte des zinzins" pour montrer que nous avions de l'humour à ce sujet. » Keaton interprétait la « gentille » sœur, Bessie, restée en Floride pour prendre soin de son père, Marvin, devenu grabataire, et de Ruth, la tante gâteuse.

La participation de De Niro se bornait à un petit rôle, celui du médecin distrait de Bessie. Au contact de cet acteur chevronné, Leonardo en apprit davantage sur la manière d'appréhender un rôle. En observant le grand De Niro à l'œuvre, il fut conforté dans l'idée de ne pas mettre autant de lui-même dans une interprétation : « Si je devais faire un film durant trois mois et incarner le personnage, à la fois sur et en dehors du plateau, je ferais une dépression nerveuse », convint-il. « Je sais ce que je fais. Quand on dit "Coupez", je suis bien. Je peux plaisanter. Je ne vais pas me cacher dans un coin et je ne hurle pas après ceux qui essaient de me parler. »

Peu de temps avant le début du tournage, Leonardo avait accepté de dépanner un ami en participant à son court-métrage. À cette époque, R. D. Robb essayait de percer en tant que réalisateur et Leo, tout comme ses amis acteurs Tobey Maguire et Kevin Connolly, rejoignit Amber Benson, Scott Bloom et Jenny Lewis dans une petite production en noir et blanc intitulée *Don's Plum*. Leo – qui tournait bénévolement dans ce film – jouait un drogué mysogyne, qui divaguait sur la vie dans un café de Los Angeles. « Les filles me dégoûtent ! » figurait parmi les répliques de choix prononcées par son détestable personnage. Le tournage prit six jours au total et Leo quitta le plateau avec le sentiment d'avoir dépanné un ami.

En août 1995, le tournage de *Simples secrets* commença à New York puis se poursuivit en extérieur en Floride, avec une halte à Disney World. Pour la première fois, un parc à thème allait servir de décor à un film.

Sans se laisser intimider par la distribution brillante, Leonardo livra une nouvelle interprétation convaincante. Bien que le personnage de Hank fût encore un adolescent atteint d'un handicap mental, il requérait une retenue et une discipline plus grandes que celui d'Arnie dans *Gilbert Grape*.

Meryl Streep parut très impressionnée : « Leo est doté d'un gène sauvage : l'imprévisibilité. Grâce à elle, sa carrière semble défier toute classification, sa vie paraît longer le bord d'une falaise, et son travail est vif, brillant et passionnant. » Keaton semblait plus séduite encore : « J'étais amoureuse de lui. Il est génial, il est beau : ce gars a vraiment tout pour lui. Si talentueux, doué et tellement drôle : tout ce qu'on attend chez quelqu'un. Il est lumineux. Il arrive et c'est magique. Meryl Streep et moi, on s'asseyait et on se disait : “Mon Dieu ! Ce gamin est si beau !” »

Lui-même emballé par ses partenaires féminines, Leonardo réserva une mention spéciale à Meryl Streep, deux fois récompensée aux Oscars et comptant huit autres nominations à son palmarès : « Meryl Streep fait des choses que je n'aurais jamais crues possibles. Elle dit ses répliques avec une intensité sur le plateau, et ça sort de sa bouche avec un tel naturel que le résultat sur grand écran est tout simplement époustouflant. Sa présence à l'écran est hors du commun. À mes yeux, elle était plus qu'impressionnante. Et puis, c'est une femme adorable. »

Avant le début du tournage de *Simples secrets*, Leo avait déjà signé pour jouer le rôle principal dans une nouvelle version du drame de Shakespeare : *Roméo + Juliette* (1996). Le jeune acteur de vingt-deux ans ne le savait pas encore, mais ce film allait bouleverser sa carrière. Tout à coup, il allait conjuguer crédibilité et popularité, et Hollywood découvrirait une nouvelle superstar. Pourtant, il s'en fallut de peu que cet épisode décisif n'ait pas lieu. Leonardo était réticent à l'idée d'une énième adaptation de *Roméo et Juliette* : « Au début, j'avais des doutes : je ne voulais pas courir en collants en brandissant une épée. On m'a donné un scénario. À ce moment-là, je n'avais pas du tout envie de tourner dans une version traditionnelle de *Roméo et Juliette*. Si ça avait été un film d'époque, je n'aurais pas accepté. »

Il ne voyait pas comment rivaliser avec le film de Franco Zeffirelli réalisé en 1968 avec Leonard Whiting et Olivia Hussey, excellents dans les rôles principaux : « On l'a déjà fait tellement de fois et tellement de gens ont adoré le film de Zeffirelli. »

Alors c'est une nouvelle fois son père – qui d'autre ? – qui persuada Leo d'examiner de plus près la proposition de Baz Luhrmann. Le réalisateur australien avait retenu son attention avec son premier film *Ballroom*

Dancing, sorti en 1992, qui avait modifié le regard du public sur la danse de salon. George était sensible à l'approche moderne de Luhrmann sur l'histoire d'amour tragique. C'est pourquoi il aida le réalisateur à convaincre son fils de le rejoindre en Australie pour lui exposer sa vision du film. Leonardo y demeura deux semaines, au cours desquelles il échangea des idées avec le réalisateur : « J'ai compris combien il voulait que son adaptation soit magique, dynamique et électrique, déclara Leonardo. L'aspect déterminant pour moi, c'était le fait de conserver la version authentique de *Roméo et Juliette*, le vrai truc. Pas un autre *West Side Story*. Au lieu des épées et des beaux costumes, il voulait intégrer dans son film beaucoup de thèmes religieux, et puis des voitures, et des armes. » Il ajouta : « Ce que Baz a fait, c'est de le réinventer et, en cours de route, il a découvert de nouveaux moyens de traiter la pièce et les personnages. »

Quant à Luhrmann, il s'efforçait de démarrer son projet depuis de nombreuses années, mais en vain, car le studio, réticent, n'avait de cesse de le rejeter. Il repéra Leo pour la première fois à peu près au moment de sa nomination aux Oscars, et il sut tout de suite qu'il avait trouvé son Roméo : « J'ai vu une photo de Leonardo et j'ai pensé : "Ce gars ressemble à Roméo." Ensuite, j'ai entendu qu'il était nominé aux Oscars et je me suis dit : "Alors ce type doit aussi savoir jouer." »

Luhrmann était intimement persuadé que chaque génération devait avoir sa propre version du classique shakespearien et, pour lui, Leonardo DiCaprio symbolisait à merveille le bouillonnement de la jeune génération.

Une fois Leo engagé, une deuxième rencontre eut lieu pour permettre à Baz d'auditionner des actrices susceptibles d'interpréter le rôle de Juliette. Au départ, Natalie Portman parut parfaite pour le rôle. À tout juste quatorze ans, elle avait fait l'unanimité lors de ses débuts dans le thriller *Léon* (1994). Mais quand l'actrice commença à tourner des scènes avec DiCaprio – de sept ans son aîné –, la 20th Century Fox estima que le couple ne fonctionnait pas : « La Fox a dit que, quand on s'embrassait, on avait l'impression que Leonardo DiCaprio m'agressait », raconta la jeune femme.

Une autre actrice très motivée par ce rôle était une dénommée Kate Winslet. Elle rêvait de jouer Juliette, mais elle savait qu'elle était trop âgée. Son heure de gloire aux côtés de DiCaprio viendrait en son temps.

« J'ai vu de nombreuses jeunes actrices dans le monde entier, dit Luhrmann. Il me fallait une fille qui ait l'air d'avoir quinze ans mais qui maîtrise le métier comme une femme de trente ans. » Jodie Foster lui recommanda une jeune actrice qui l'avait éblouie dans *Week-end en famille*, un film qu'elle avait réalisé. La New-Yorkaise Claire Danes, diplômée du prestigieux Lee Strasberg Theatre & Film Institute, avait à peine quatorze ans quand elle décrocha le rôle d'Angela dans la série *Angela, 15 ans* (1994-1995). Les critiques et un noyau fidèle de téléspectateurs l'adoraient, mais l'aventure ne dura qu'une seule saison. Elle joua ensuite des rôles mineurs mais toujours appréciés dans *Les Quatre Filles du docteur March* et *Week-end en famille.* Son talent était reconnu ainsi que sa maturité, jugée supérieure à celle des filles de son âge.

Les candidatures de Liv Tyler et d'Alicia Silverstone, l'amie de longue date de Leo, furent également étudiées. Toutefois, quand Luhrmann sollicita l'avis de DiCaprio, ce dernier maintint l'idée que Claire Danes, qui avait alors seize ans, devait interpréter le rôle : « Selon moi, il fallait que ce soit elle. Je l'avais vue dans la série *Angela, 15 ans*. À partir de ce moment, j'ai su. Son jeu était intense et tout en émotion. Elle avait beaucoup des qualités que l'on recherchait pour le personnage de Juliette. J'ai parlé d'elle au réalisateur. D'autres actrices ont proposé une version fleurie de Juliette. On ne voulait pas de cette approche hyper-théâtrale. On avait envie de quelqu'un qui fasse preuve d'une certaine fermeté, parce qu'en réalité, c'est elle qui dicte sa loi à Roméo. »

L'adaptation de la pièce originale nécessita quelques modifications. Dans la pièce, les familles ennemies combattaient à l'épée et au couteau. Pour les besoins du film, les lames se muèrent en armes à feu mais, pour rester fidèles au texte, les termes « rapière », « dague » et le mot « épée » furent inscrits sur les armes. Certains noms de personnages du texte original furent aussi légèrement transformés. Les noms des chefs des familles ennemies, Montaigu et Capulet, devinrent des prénoms. Friar Lawrence fut rebaptisé « père Lawrence » et on adapta prince Escalus en « capitaine Prince ». Sur un point toutefois, Luhrmann refusa tout compromis : la langue. Il voulait que ses acteurs conservent la langue originale.

Il fallut un certain temps à Leonardo pour s'y habituer : « Au début, j'ai pensé qu'il faudrait que je prenne l'accent anglais et que j'essaie d'affecter un ton un peu shakespearien, mais Baz m'a expliqué qu'il voulait rendre le texte compréhensible, limpide. Après avoir travaillé avec lui un moment, j'ai commencé à me sentir plus à l'aise. » Et d'ajouter : « Je n'ai pas beaucoup étudié Shakespeare à l'école et c'était intimidant à lire. Et puis, j'ai vu Keanu Reeves dans *Beaucoup de bruit pour rien* et j'ai su que, s'il pouvait le faire, j'y arriverais aussi. »

C'était également la première œuvre de Shakespeare pour Claire Danes, à la fois en tant qu'actrice et comme étudiante en art dramatique : « J'ai étudié le texte de la pièce avec mon professeur et j'ai rédigé une dissertation de quatre à cinq pages dessus. J'ai vraiment épousé l'idée de la "tragédie". Shakespeare est plus facile à jouer qu'un mauvais scénario, c'est si bien écrit. Après ça, tout semble nul. »

Cependant, pour elle, le fait d'incarner une adolescente en proie à un amour tragique et déchirant faisait un peu trop écho à la réalité : « Quand j'ai débuté le tournage de *Roméo + Juliette*, je venais de rompre avec mon petit ami [le musicien Andrew Dorff, frère de l'acteur Stephen Dorff] et je pleurais souvent pendant les répétitions. C'est si difficile de parler d'amour quand on est justement en train de le perdre. »

La crainte de ne pas être à la hauteur du rôle l'empêchait de dormir : « Avant de jouer Juliette, j'ai eu une vraie crise de panique. Je venais de voir la version d'Olivia Hussey et elle y était splendide. Alors j'ai fait une petite dépression à trois heures du matin. »

Alors que la pièce d'origine se déroule à Vérone, en Italie, Luhrmann situa sa version dans le quartier fictif de Verona Beach, en Floride. Pour restituer la sensation de chaleur accablante, le tournage eut lieu à Miami, mais surtout près de Mexico et de Veracruz. Le château de Chapultepec servit de décor pour la demeure des Capulet, tandis que la salle de bal avait été reconstituée dans les studios Churubusco. L'église était celle du Cœur-immaculé-de-Marie dans le quartier Del Valle à Mexico. « L'expérience entière a été surréaliste, se souvint Claire Danes. Pendant quatre mois, nous étions à Mexico, un endroit vraiment magique, brûlant et animé. Là-bas, il y a tellement de couleurs partout. »

Le déclic entre Leonardo et sa partenaire ne se produisit pas immédiatement. Luhrmann décrivit leur première approche comme celle de deux gamins en vacances en train d'ergoter, mais en fait, ils prenaient leurs marques dans leur rôle respectif : « C'était une collaboration au jour le jour. Les répétitions étaient agréables, on s'est bien amusés à essayer de comprendre le texte. On a cherché à les guider pour qu'ils s'approprient la langue, qu'ils fassent de ces mots les leurs. »

À propos de sa relation avec DiCaprio, la jeune actrice déclara : « Je pense qu'on se comprend. Nous sommes comme deux produits chimiques : quand on nous mélange dans le même récipient, des choses commencent à se produire. Des bonnes et des mauvaises. »

Comme à l'accoutumée, des rumeurs circulèrent sur le fait que leur idylle à l'écran s'était poursuivie en dehors des plateaux. Tous deux les démentirent, mais Claire Danes avait-elle Leo à l'esprit lorsqu'elle déclara : « Dieu fit le bien quand il créa les garçons. »

Quand arriva le moment de tourner la légendaire scène du balcon, Claire Danes fut comme tétanisée : « C'était si intimidant de jouer cette scène-là ! C'était ridicule. Je devais continuer à dire ces tirades célèbres, dont on s'est moqué pendant des années. Il fallait que je mette de côté toutes les anciennes représentations et les autres interprétations pour recommencer à zéro. » Luhrmann se souvint : « Cette scène m'intimidait parce que je me demandais comment m'y prendre pour faire parler une jeune fille seule sur son balcon. Elle est allée au-delà de toutes mes attentes dans cette scène-là : elle l'a rendue crédible. »

Malgré toutes ces bonnes performances, le tournage à Mexico connut de nombreux aléas. La mère de Claire Danes fut hospitalisée pour une pneumonie (dont elle se rétablit parfaitement par la suite) et un membre de l'équipe de Mexico dut, lui aussi, recevoir des soins après avoir été agressé dans son taxi. Trois hommes avaient fracassé sa tête contre le trottoir et avaient menacé de le tuer s'il ne leur donnait pas la somme de quatre cents dollars. Il y eut aussi des attaques d'abeilles tueuses, de multiples jambes cassées, et une intoxication alimentaire qui interrompit le tournage pendant quatre jours. Leonardo passa la plupart de son temps sur place à vomir et, chaque fois qu'il le pouvait, il préférait se rendre jusqu'à Los Angeles plutôt que de rester à Mexico : « En fait, le tournage est devenu beaucoup plus extrême que ce que chacun avait imaginé, confia Luhrmann. J'ai aussi choisi Claire et Leo parce que je savais qu'ils pourraient supporter tout ce travail et ce rythme. »

L'équipe de production s'attendait aussi à devoir gérer un autre problème. Elle pensait que tous ces jeunes acteurs se déchaîneraient lors de sorties nocturnes, DiCaprio en tête. Après les échos du tournage à New York de *The Basketball Diaries,* il s'était en effet taillé une jolie réputation de fêtard. Le coproducteur Martin Brown admit que cet aspect l'avait un peu préoccupé avant le début du tournage à Mexico : « Nous avions pensé qu'il était préférable de réserver une certaine somme d'argent au paiement des cautions, mais ça s'est beaucoup mieux passé que prévu. ».

Les scènes d'amour – aujourd'hui devenues cultes – impliquant un aquarium et une piscine étaient le fruit des recherches entreprises par le réalisateur à Miami Beach : « J'ai essayé d'imaginer comment Roméo allait voir Juliette. Je suis allé dans une boîte de nuit à Miami où il y avait un aquarium dans les toilettes, expliqua-t-il. J'ai pensé que ça pouvait être un moyen de séduction génial. Shakespeare avait recours à un garçon de dix-huit ans pour jouer Juliette, donc il maintenait les amoureux à distance. Moi, je voulais qu'ils aient une relation sexuelle et l'environnement liquide convenait bien à ça. Tout au long du film, j'ai utilisé l'eau dans cette intention : la dernière image montre les amoureux qui s'embrassent sous l'eau. »

Tous les acteurs apprécièrent la direction de Luhrmann, et sa présence sur le plateau était assez impressionnante : « Baz est si élégant », s'extasiait Claire Danes. « La plupart des réalisateurs portent des tee-shirts. Pas lui. Tous les jours, sur le plateau, il était classe et distingué. Le film est tourné avec des vêtements actuels, il se déroule dans le présent, avec des armes et des voitures. Je pense que Baz voulait que ce soit frénétique, lyrique, intense, comme *Ballroom Dancing*, mais il désirait aussi que les jeunes puissent s'identifier à son monde violent. »

Quant à DiCaprio, elle le trouva tout simplement « génial » : « Je sais que ce mot est galvaudé, mais c'est la personne la plus intelligente et la plus fine que j'ai rencontrée. Il est aussi sauvage et incontrôlable, c'est ça que j'adore chez lui. »

Malgré l'intimité instaurée avec son partenaire sur le plateau au bout de quatre mois de tournage, la jeune actrice avait toujours le sentiment de n'en avoir qu'effleuré la surface : « J'ai passé quatre mois avec lui et je ne suis pas arrivée à le cerner, admit-elle. Je ne sais toujours pas s'il est vraiment transparent ou au contraire d'une incroyable complexité. Je pense que la seconde hypothèse est la bonne, mais je n'en suis pas certaine. »

D'autres acteurs étaient moins perplexes. John Leguizamo (qui jouait Tybald Capulet) déclara : « Je l'ai détesté parce que jouer, c'était si facile pour ce petit blond, toujours joyeux. Il fumait une cigarette, s'échauffait un peu, imitait Michael Jackson, allait sur le plateau et c'était bon. »

Durant la promotion qui précéda la sortie du film, Leo présenta le long-métrage comme une œuvre plutôt déconcertante : « Ça ne ressemble à rien que je puisse décrire. En fait, on conduit des voitures, avec des armes à la place des épées. On porte des fringues voyantes – pantalons serrés et chemises hawaïennes – et on s'exprime comme des poètes. Mon père l'a adoré, vraiment adoré. Il a même proposé de me prêter une de ses chemises. »

Claire Danes pensait, pour sa part, qu'il valait mieux ne pas mentionner le fait que les acteurs s'en tenaient aux dialogues d'origine, de peur que cela ne dissuade les jeunes spectateurs de voir le film. Mais il n'y avait pas lieu de s'inquiéter. La rumeur qui avait précédé la sortie du film sur la chaîne MTV avait suscité un immense intérêt. Les photos qui montraient un Leo tout fringant en Roméo des années 1990 étaient bien entendu destinées à retourner le cœur des adolescentes. Les producteurs exécutifs de la Fox estimaient détenir un film surprenant qui allait faire un tabac. Une seule chose aurait pu ruiner leur campagne médiatique bien huilée : que leur précieux premier rôle soit victime d'un accident ou qu'on le dise casé et donc indisponible pour un éventuel mariage avec n'importe laquelle de ses jeunes fans.

Mais, au vu de son caractère raisonnable et de son incapacité à garder une petite amie régulière, il était peu probable qu'une telle chose n'arrive. Et pourtant...

En haut : Avant la gloire, un DiCaprio à peine sorti de l'enfance présente un visage poupin à l'objectif.

En bas à gauche : DiCaprio dans le rôle d'Arnie Grape, un enfant souffrant d'un handicap mental. Le film *Gilbert Grape* (1993) lui valut les louanges de la critique et une nomination aux Oscars dans la catégorie du meilleur second rôle masculin.

En bas à droite : À la première de *Roméo + Juliette*. En interprétant le premier rôle masculin de ce long-métrage, il devint le Roméo des adolescentes du monde entier.

Les nombreuses facettes d'une idole encore adolescente. Dans la deuxième moitié des années 1990, le visage de DiCaprio envahit les couvertures des magazines et les murs des chambres d'adolescentes, tandis qu'il assurait le premier rôle dans une pléiade de succès dont *The Basketball Diaries*, *Roméo + Juliette*, *Titanic*, *L'Homme au masque de fer* et *La Plage*.

Leonardo DiCaprio et Kate Winslet aux Golden Globes de 1998, pour lesquels *Titanic* fut nominé dans huit catégories (dont celle du meilleur acteur dans un film dramatique pour Leonardo). Les personnages de Jack et Rose conquirent le cœur de millions de spectateurs. Les acteurs cultivent depuis une solide amitié.

En haut : La distribution du film *La Plage*, notamment Virginie Ledoyen et Guillaume Canet, avec le réalisateur Danny Boyle, lors de la soirée organisée pour la première à Londres en février 2000.

En bas : Les parents de DiCaprio arrivent à la première de *La Plage* au Leicester Square, à Londres, en février 2000.

En haut à gauche : Dans le rôle de Frank Abagnale Junior, le célèbre escroc, sur le plateau de tournage d'*Arrête-moi si tu peux*, en 2002, avec le réalisateur Steven Spielberg.

En haut à droite : DiCaprio sacré «acteur de l'année» aux Hollywood Film Festival Awards en 2004.

En bas : «Ici votre commandant de bord... », à la première d'*Arrête-moi si tu peux* à Berlin en 2003.

En haut à gauche : DiCaprio avec les princesses Eugenie et Beatrice d'York, filles du prince Andrew et de son épouse née Sarah Ferguson, à la première d'*Aviator* à Londres en décembre 2004.

En haut à droite : Avec sa partenaire d'*Aviator*, Cate Blanchett, à la première du film en Italie.

En bas à gauche : DiCaprio photographié aux côtés de l'actrice Hilary Swank, à la cérémonie des Golden Globes, où il remporta la statuette du meilleur acteur dans un film dramatique pour *Aviator*, le 16 janvier 2005.

En bas à droite : Le triomphe modeste, DiCaprio tient son Golden Globe.

En haut : À la première des *Infiltrés* au Festival international du cinéma de Rome en compagnie du réalisateur Martin Scorsese et de sa partenaire Vera Farmiga.

En bas : DiCaprio et Scorsese au Governor's Ball, dîner officiel organisé par l'Académie après la cérémonie des Oscars. Scorsese est photographié avec l'Oscar du meilleur réalisateur pour *Les Infiltrés*, le 25 février 2007.

En haut : À la première londonienne de *Blood Diamond*, le film qui se déroule en plein cœur de la guerre civile en Sierra Leone, en janvier 2007.

En bas à gauche : DiCaprio photographié avec la légende du cinéma Morgan Freeman à la première de *Blood Diamond* à Los Angeles.

En bas à droite : Apparemment surpris par l'attention que lui portent ces femmes magnifiques, DiCaprio lors de la soirée organisée par *Vanity Fair* après la cérémonie des Oscars, en compagnie de Naomi Campbell, en février 2007.

9

L'ascension... puis la chute

« O. k., Leo. Saute ! »

Le jeune acteur avala une grande bouffée d'air frais avant de plonger vers le sol. Quel meilleur moyen de libérer les énergies que de faire un saut en chute libre ?

Pendant un bref instant, le saut combla toutes ses attentes : c'était euphorisant et terrifiant à la fois, une réelle chance de voir le monde à plus de trois mille six cents mètres d'altitude. En ce début d'été 1996, Leonardo et son groupe d'amis avaient trouvé là une merveilleuse façon d'occuper leur journée. Pour respecter les mesures de sécurité, chacun d'eux sautait en tandem avec un moniteur qualifié. Leo n'avait qu'à tirer sur un câble à mille cinq cents mètres. C'est ce qu'il fit, s'apprêtant à descendre doucement vers le sol.

Or le parachute, supposé se gonfler au-dessus d'eux, se mit à claquer à grand fracas, avant de s'enrouler et de refuser de s'ouvrir. Instinctivement, son binôme coupa la corde : « On a commencé à tomber à pic. J'ai eu un de ces flashs, vous savez, une dizaine d'images de ma vie ont défilé sous mes yeux. À deux ans, à huit ans, à dix. J'ai tiré pour ouvrir le second parachute, il était tout froissé lui aussi. Alors je me suis dit : "Oh ! là, là... Merde, je vais mourir !"

« Dans ces moments-là, on se dit : "Mon Dieu, pourquoi faut-il donc que je meure aujourd'hui ? Pourquoi est-ce que ça doit se passer comme ça ? Ça craint. J'ai vingt et un ans et je ne veux pas mourir." Ça ressemble à ça en fait. »

Heureusement, son instructeur réussit à dégager le second parachute et la catastrophe fut évitée de justesse. Mais cette expérience d'une mort imminente remua profondément Leo. Comme il le raconta, des années plus tard, à l'animatrice de *talk show* Oprah Winfrey : « Il y a quelque chose de foncièrement dérangé dans le fait de regarder hors d'un avion et d'être à des milliers de mètres d'altitude et de se dire : "O. K., je vais m'élancer dehors, puis plonger à pic vers le sol." »

La Fox ou le réalisateur Baz Luhrmann ont-ils eu conscience de la gravité de l'incident et du fait qu'ils avaient failli perdre la star de leur film ? Nul ne le sait. De retour sur la terre ferme, Leo se lança dans la promotion de *Roméo + Juliette*, bien décidé à attirer un public plus jeune, branché. Si la production avait eu vent du drame qui se jouait, quelques semaines à peine avant la première du film, nul doute qu'elle aurait prié pour qu'aucun grain de sable ne vînt enrayer leur campagne médiatique. Un grain de sable comme une sortie en public du premier rôle masculin au bras d'un mannequin à la beauté renversante.

Car c'est précisément ce qui arriva le 27 octobre 1996 pour la première du film au Mann Chinese Theatre de Los Angeles. Leonardo apparut en public pour la première fois au bras de la magnifique Kristen Zang : « Voici

Kristen », s'extasia Leo, d'une nature d'ordinaire plutôt réservée, à l'adresse des médias réunis. « Est-ce qu'elle n'est pas merveilleuse ? C'est très sérieux entre nous. »

Le couple avait fait connaissance lors d'une soirée, alors que Leo était encore pratiquement inconnu. À l'époque, il avait déjà la réputation de fréquenter des top-modèles et de faire la fête avec ses jolies partenaires. Pour ce qui était de tomber amoureux, c'était autre chose. Des sources évoquèrent une histoire d'amour avec le mannequin Bijou Phillips, la demi-sœur de l'actrice et chanteuse Chynna Phillips, après que Leonardo l'eut découverte sur un podium à New York l'année précédente. En tout cas, la présence du mannequin Kristen, aux jambes interminables fit sensation lors de la première !

De son côté, Kristen Zang était une habituée des superstars. Âgée de vingt-quatre ans, elle avait trois ans de plus que DiCaprio. Même si c'était une nouvelle venue dans le monde du show-biz, elle donnait l'impression d'être plus expérimentée que son jeune soupirant. Avant de se laisser photographier bras dessus, bras dessous avec Leo, elle avait déjà confié à des magazines l'immense chagrin qui avait suivi son idylle de trois ans avec la star de cinéma Nicolas Cage. L'acteur avait rompu peu de temps après leurs fiançailles. Elle était aussi sortie un temps avec Michael Hutchence, le leader d'INXS.

Aussi étrange que cela pût paraître pour les adolescentes en extase devant la beauté de leur idole, Kristen fut d'abord déçue quand on lui présenta Leonardo pour la première fois : « Je pensais qu'il était trop jeune pour moi. Mais quand nous avons commencé à parler, l'alchimie a opéré. Avant la fin de la soirée, j'étais conquise. »

Le couple s'était très vite bien entendu. Au bout de quelques semaines, Leo la présentait à Irmelin – un signe qui ne trompe pas de la part de n'importe quel jeune homme. Sa mère avait d'ailleurs été charmée par la blonde de 1,78 mètre, originaire du Michigan. Kristen avait passé la nuit chez eux. Puis Leonardo avait projeté de s'installer dans un endroit bien à lui, après avoir vécu sous le même toit que sa maman pendant vingt et un ans, et il y avait fort à parier que la jeune femme n'était pas étrangère à sa décision. Lors du tournage de *Roméo + Juliette*, Kristen l'avait rejoint en avion pour lui apporter le réconfort nécessaire lors de scènes difficiles.

Le fait d'afficher une relation stable au moment précis où Leonardo aurait pu tirer avantage de sa notoriété naissante auprès de ses jeunes admiratrices pouvait sembler suicidaire pour sa carrière. Le nouvel agent de Leo, Rick Yorn, savait pour sa part que la vue d'une belle femme aux côtés de son nouveau client ne découragerait pas ses fans. Yorn était un agent, un producteur et un manageur expérimenté. Il comptait parmi ses clients Martin Scorsese, Cameron Diaz et Benicio Del Toro, ainsi que son propre frère, le musicien Pete Yorn. Il avait supervisé les récents rôles de Leonardo et, à présent que l'attention du public montait en flèche, il lui prodiguait l'influence apaisante dont il avait besoin. Le père de Leo, George, était heureux que son fils soit enfin bien représenté et il continuait de le conseiller en matière de scénario.

À la première de *Roméo + Juliette*, Rick perçut les prémices de ce qu'il identifierait plus tard comme la « Leomania » : « On est arrivés Leo et moi. Il y avait toutes ces jeunes filles, ces gamines, derrière une barrière. Elles ont réussi à la franchir, se souvint Yorn. On aurait dit un des Beatles. Elles se sont mises à hurler et je me suis dit : “Ouah ! C'est la première fois que ça se passe comme ça.” J'avais déjà vu ça avec d'autres personnes, mais pas à ce point-là. J'ai parlé à certaines et je me suis dit : “Mon Dieu ! Ce n'est qu'un début.” »

Avant que le succès ne vienne contredire les réticences initiales du studio, les premières réactions furent mitigées. Nombre de critiques considéraient comme un sacrilège le fait de transformer un classique shakespearien en spectacle grand-guignolesque, tandis que d'autres trouvaient pénible d'observer de jeunes acteurs aux prises avec la langue élisabéthaine.

Jay Carr, du *Boston Globe*, passa à l'offensive en déclarant que l'interprétation de DiCaprio « manquait de relief ». Elle était, selon lui, « dénuée de l'ardeur à laquelle on aurait pu s'attendre, même de la part d'un Roméo qui n'avait suivi aucune formation théâtrale ». Et il ajoutait : « Il se déplace furtivement comme un mauvais imitateur de James Dean tout en essayant de faire passer sa langueur et son air maussade pour de la profondeur d'âme. Il brille par son manque de présence. Le jeu de l'ensemble des acteurs est épouvantable, à l'exception de la lumineuse Claire Danes. Ses yeux sont animés par la sensibilité et la spiritualité. Elle seule insuffle de la vie aux idées poussives de Luhrmann. Elle nage à contre-courant dans un torrent de cris insignifiants. Elle nage d'ailleurs, au sens littéral, pendant presque toute la scène du balcon que Luhrmann a transposée dans une piscine. »

Le *San Francisco Chronicle* y alla aussi de sa critique acerbe : « Leonardo DiCaprio et Claire Danes, qui interprètent les rôles principaux, ne sont pas à la hauteur du défi. Ils sont incapables de dire les répliques ni de transmettre les émotions qui les sous-tendent. Ils ont l'air mal à l'aise, gênés, et semblent embarassés par cette drôle de langue. »

Janet Maslin, critique au *New York Times*, fit preuve de plus de clémence à l'égard des acteurs principaux : « Par chance, les jeunes amants de ce film, interprétés par Claire Danes et Leonardo DiCaprio, radieux, ont la magie requise et disent leurs répliques avec une conviction passionnée. Ils conservent leur profondeur et leur ferveur. »

La suite démontra que la génération MTV ne lisait pas les critiques cinématographiques avant de faire son choix. *Roméo + Juliette* fit exploser le box-office dès sa sortie, en novembre 1996. Le film se hissa directement à la première place amassant 11,6 millions de dollars le week-end de sa sortie. Des nuées d'adolescents se ruèrent dans les salles obscures, nullement dissuadés par les dialogues désuets. L'engouement était tel que certains magazines dépêchèrent des journalistes pour enquêter sur cette soudaine fascination pour Shakespeare. Ils découvrirent en définitive que cela avait davantage à voir avec le rôle principal qu'avec le dramaturge. Ainsi une adolescente de seize ans, Sarah Etherden, habitant dans l'Ontario, avoua qu'elle avait dû traîner son petit ami, Ron Johnson, âgé de dix-huit ans, pour voir *Roméo + Juliette* : « C'était mieux que je ne l'aurais cru, avoua Ron. Mais Sarah a pleuré tout le long. » Sarah, quant à elle, déclara : « J'ai pleuré parce que c'était tellement émouvant. Je l'ai lu en cours de littérature, mais on ne se rend pas compte des véritables sentiments [de Roméo et Juliette] tant qu'on ne les a pas vus. Il était si sensible. On ne peut pas s'empêcher de tomber amoureuse. »

Pour Amy Paulse, la directrice de la rédaction de *Teen People*, seule la présence de Leo expliquait le succès du film chez les adolescentes : « Outre le fait qu'il est splendide, c'est son air languissant qui les séduit. Les jeunes filles sentent qu'elles pourraient le sauver. Elles imaginent qu'elles auraient pu ôter le poison des mains de Roméo. Elles fantasment pour ce héros inaccessible, et lui, il comble leurs attentes. »

Dès lors, Leonardo fut harcelé à propos de sa vie amoureuse. On lui demanda s'il avait trouvé en Kristen sa Juliette. Il fit preuve de diplomatie : « Je crois au coup de foudre mais ça ne m'est pas encore arrivé. Je ne sais pas si je vais me marier. Je ne le ferai probablement pas, à moins de vivre avec la personne pendant dix ou vingt ans. J'ai joué Roméo, mais je n'ai pas ses couilles. »

Face à l'hystérie grandissante, Leo s'employait à montrer qu'il gardait bien les pieds sur terre : « La chose la plus importante à mes yeux, c'est de continuer ma vie comme avant, avec ma famille et mes amis. Ils me voient comme Leo, pas comme Leonardo le comédien. C'est tout ce dont j'ai besoin pour maintenir mon équilibre. »

Les adolescentes ne furent pas les seules à réserver un bon accueil au film. Malgré le mépris initial des critiques, le phénomène prit de l'ampleur et *Roméo + Juliette* s'installa en bonne place sur les listes des récompenses annuelles. Il fut également salué au Festival du film de Berlin, qui lui attribua l'Ours d'or de la réalisation et l'Ours d'argent pour l'interprétation de DiCaprio. Luhrmann sortit la bande originale du film – plutôt efficace – qui se vendit à plus de huit millions d'exemplaires dans le monde. DiCaprio récolta aussi le Blockbuster Entertainment Award dans la catégorie « acteur préféré dans une histoire d'amour ».

Le film connut un succès planétaire : il atteignit un bénéfice brut de 147,5 millions de dollars, ce qui représentait un rendement plus que convenable par rapport à son budget initial de 14,5 millions. À présent, Leonardo DiCaprio avait prouvé qu'il faisait partie des têtes d'affiche susceptibles de porter un projet par sa seule présence. Bien qu'il fît de son mieux pour accepter la situation avec sérénité et pour apprécier sa gloire naissante, il se révélait vulnérable vis-à-vis des personnes qui tentaient de profiter de sa nouvelle notoriété.

Peu après la sortie de *Roméo + Juliette*, il évoqua une histoire effarante qui témoigne du mal que des soi-disant fans peuvent faire pour obtenir un souvenir de leur idole. Il était en train de jouer au basket avec son ami Vincent dans une cour d'école près de sa maison à Hollywood : « Alors, une fille est arrivée et elle a dit : "Je suis ta plus grande admiratrice. Donne-moi ton tee-shirt." Je lui ai répondu : "Je ne vais pas enlever mon tee-shirt pour te le donner, je joue au basket là. Je peux t'écrire un autographe si tu veux, mais c'est tout." Dix minutes plus tard, elle est revenue avec sa mère. La mère m'a dit qu'elle avait une autre fille en train de mourir d'un cancer à l'hôpital et elle m'a demandé de signer mon tee-shirt pour elle. Comme j'essaye d'être un mec bien, je l'ai fait. »

Il a donc ôté son tee-shirt et le leur a donné. Puis, il s'est rappelé qu'au début de la conversation, il avait été question d'un accident de voiture et non d'un cancer. Vincent, qui venait de comprendre la supercherie, partit à la recherche de la femme qu'il retrouva avec sa fille, mortes de rire et traitant Leonardo de bonne poire. Passablement énervé, il leur dit qu'elles avaient « un sacré culot » et déchira le tee-shirt. « Ça m'a vraiment foutu le cafard, expliqua Leo dans une interview au *Times* en 1997. Comment un tel truc pouvait m'arriver ? C'était comme si je n'étais pas là, comme si j'étais un robot juste capable de bouger et de me déplacer, quelque chose de pas vraiment humain. Cela m'a touché personnellement. »

Si ce comportement lui paraissait absolument dingue, il allait devoir s'y habituer car, sur tous les plans, DiCaprio était sur le point de faire exploser les normes.

10

L'avènement d'un monstre sacré

Au moment de la signature du contrat pour *Roméo + Juliette*, Rick Yorn, agent de Leonardo, n'avait aucune garantie de succès, aussi avait-il tenu à mettre son client sur un gros coup pour assurer l'avenir. Jusque-là, Leo avait démontré sa capacité à incarner des rôles exigeants, mais son image médiatique lui avait échappé.

Quand Yorn reçut un scénario relatant le naufrage du plus gros paquebot du monde – le RMS *Titanic* –, il considéra le projet avec attention. D'autant qu'il avait fallu à ce même scénario une éternité pour lui parvenir.

Derrière ce projet ambitieux, le réalisateur de *Terminator*, James Cameron, dont le désir de raconter l'histoire du tragique voyage à bord du majestueux navire avait presque viré à l'obsession. En 1912, il avait sombré après avoir percuté un iceberg alors qu'il faisait route vers New York. Le désastre avait, depuis, captivé de nombreux auteurs et cinéastes donnant lieu à pas moins de seize films, dix-huit documentaires et plus de cent trente ouvrages.

L'intérêt de Cameron pour le Titanic avait surgi près de dix avant que l'idée d'un film ne prît forme. Le réalisateur avait visionné le documentaire du *National Geographic,* réalisé par Robert D. Ballard en 1987, *Titanic Revealed,* qui montrait la découverte de l'épave. Il avait alors pris quelques notes : « Écrire une histoire avec des parenthèses qui incluent des scènes se déroulant à notre époque… Entrecouper avec les souvenirs d'une rescapée… Besoin d'un mystère ou d'un élément moteur de l'intrigue. » Tout en passant les dix années suivantes à réaliser des films comme *Abyss, Terminator 2 : le Jugement dernier* ou *True Lies*, il continuait de penser au *Titanic* – qu'il qualifiait de « mont Everest des naufrages ». En 1995, il sollicita la 20th Century Fox pour financer sa propre expédition, semblable à celle de Ballard : « Mon véritable objectif, c'était de plonger pour voir l'épave », déclarait-il alors. « Faire un film était secondaire. »

Il avait néanmoins commencé à réfléchir à une possible intrigue et il soumit au studio l'idée d'une version de « Roméo et Juliette à bord du *Titanic* ». Cette tragédie humaine, qui vit périr mille cinq cents personnes, servirait de toile de fond à une histoire d'amour. Cameron voulait faire naître la flamme entre Jack Dawson, un jeune artiste anticonformiste, et Rose DeWitt Bukater, une adolescente de la haute bourgeoisie, déjà fiancée à un autre. La réponse ne se fit pas attendre : « Ils ont dit : "D'accord. Une épopée romantique de trois heures ? Bien sûr, c'est tout à fait ce que nous voulons. Est-ce qu'il y a un peu de *Terminator* là-dedans ? Quelques cascades ? Des fusillades ? Ou des poursuites en voiture ?" J'ai répondu : "Non, non, ce n'est pas du tout ça." »

Après avoir dit à la Fox qu'il pensait pouvoir faire le film pour moins de cent millions de dollars, Cameron réclama « deux ou trois millions » d'avance pour financer une plongée destinée à filmer l'épave. Les séquences serviraient ensuite pour le long-métrage. Le directeur de la Fox, Peter Chernin, manifesta de l'intérêt mais demanda à en savoir davantage avant de s'engager.

En septembre 1995, l'un des deux submersibles russes utilisés, *Mir 1*, commençait sa descente dans l'Atlantique Nord, à un peu plus de mille kilomètres à l'est d'Halifax, en Nouvelle Écosse. Après une descente de deux heures, Cameron se trouva au niveau de l'épave du *Titanic*, à environ quatre mille mètres de fond. Durant les vingt-huit jours qui suivirent, l'équipage entreprit douze plongées et découvrit la proue du *Titanic*, longue de cent vingt mètres et remarquablement bien préservée. Des caméras spécifiquement conçues pour l'expédition filmèrent les cabines de luxe, encore intactes, ornées de riches boiseries, les lustres immaculés, les portes de cabine fixées dans leurs gonds et les piles de meubles amassés dans un coin sous l'effet des trombes d'eau. Ces séquences différaient de tout ce qui existait auparavant.

Galvanisé par l'expédition, Cameron mit tout en œuvre pour convaincre la Fox de financer le film et fit évaluer le coût de cette gigantesque entreprise. Il estimait le budget du film à soixante-quinze millions de dollars. La Fox devait se trouver un associé. La Paramount accepta de se lancer dans l'aventure et de partager les coûts à la condition d'assurer la distribution en Amérique du Nord. Le dernier film de Cameron, *True Lies* (1994), avait coûté la somme pharaonique de cent millions de dollars et, même s'il avait rapporté trois fois la mise, les dirigeants du studio doutaient fort qu'un film sur un navire englouti rencontrât le même succès. La Paramount accepta de participer à hauteur de soixante-cinq millions de dollars maximum, tous les coûts supplémentaires incombant à la Fox.

Cameron persuada ensuite les studios qu'une maquette de deux cent trente mètres – soit près de quatre-vingt-dix pour cent de la taille réelle du navire – permettrait de faire l'économie d'effets spéciaux onéreux. Pour plus de facilité, on conçut aussi un réservoir, le plus grand jamais construit. Soucieuse d'amortir ces coûts qui montaient en flèche, la Fox décida d'engager des stars *bankable* afin de rentrer dans ses frais. Mais comme les personnages principaux avaient respectivement dix-sept et vingt et un ans, les possibilités de Cameron restaient assez limitées.

Pour le personnage de Rose (« un genre d'Audrey Hepburn », selon Cameron), il envisagea Gwyneth Paltrow, Claire Danes et Gabrielle Anwar, la star du *Temps d'un week-end*. Chris O'Donnell et Matthew McConaughey furent un temps pressentis pour le rôle de Jack (imaginé comme un mélange du jeune Jimmy Stewart et de l'auteur bohème Jack London), mais Cameron les jugea tous deux trop âgés. Tom Cruise fit part de son intérêt pour le rôle, mais il fut presque aussitôt écarté en raison de ses prétentions financières. C'est finalement la directrice de casting, Mali Finn, qui suggéra Leonardo DiCaprio et Kate Winslet pour les rôles principaux.

À vingt ans, Kate frisait l'âge limite pour interpréter une jeune fille de dix-sept ans. Cependant, son interprétation dans *Créatures célestes* (1994) n'était pas restée inaperçue et l'avait placée dans la ligne de mire des principaux studios américains. Sa silhouette généreuse correspondait davantage aux rondeurs arborées par les femmes de l'époque que les corps sveltes et élancés qui constituaient la norme à Hollywood. La jeune actrice se trouvait aussi au centre de tous les intérêts, car la version de *Raison et Sentiments* tournée par Ang Lee était sur le point de sortir. Ce rôle lui vaudrait d'ailleurs plus tard une nomination aux Oscars.

C'est à ce moment que l'on consulta Rick Yorn pour savoir si Leo serait intéressé par le personnage de Jack. Yorn pressentit que cette épopée à gros budget pourrait constituer le tremplin tant attendu pour propulser son client à la tête du box-office. Ce dernier, pourtant, se montra difficile à convaincre : « Il s'est moqué de moi et il a répondu quelque chose comme : "Pas question" », se souvint Yorn à propos de la réaction de DiCaprio. Pour lui, le rôle n'avait rien de séduisant : pas d'héroïne, pas de poésie contestataire, pas de maladie mentale. Il semblait néanmoins intrigué par la candidature de Kate Winslet pour le rôle de Rose, même si sa participation n'était pas encore acquise.

L'actrice avait pourtant été immédiatement conquise : « J'ai rencontré James avant de lire le projet et j'ai pensé : "C'est génial." Il réfléchissait au film depuis un an et demi quand je l'ai vu, c'était en décembre 1995. Ensuite, j'ai lu le projet et j'ai pensé : "Ouah ! Des torrents et des torrents de larmes. Il faut que je fasse ce film." J'ai pris le taureau par les cornes et je l'ai appelé. J'ai dit : "Je dois le faire. Donne-nous une chance, camarade." Pour moi, c'est une histoire d'amour. Le film ne porte pas sur le naufrage d'un navire, ce n'est pas un énième film sur le *Titanic*. Il s'est trouvé que l'histoire d'amour a eu lieu à cet endroit, c'est tout. Ça a toujours été l'essentiel pour moi, toujours, depuis le début. »

Kate Winslet s'envola donc pour Los Angeles afin de réaliser un bout d'essai, mais même si elle fit bonne impression, Cameron continuait de résister. De désespoir, elle lui posta une rose, une seule, accompagnée d'une carte signée : « De la part de ta Rose », puis elle le harcela par téléphone : « Tu ne *comprends* pas ! » plaida-t-elle alors qu'elle avait réussi à le joindre sur son portable. « Je *suis* Rose ! Je ne vois même pas comment tu peux imaginer quelqu'un d'autre ! »

Dès qu'elle apprit que Leonardo DiCaprio avait été sollicité pour le rôle de Jack, elle exprima son enthousiasme : « Si je veux que Leo joue ce rôle ? Bon Dieu, mais bien sûr ! » Elle alla même jusqu'à encourager Cameron à engager Leo, quitte à ne pas la retenir, elle, pour le rôle de Rose.

De son côté, DiCaprio considérait comme un fait acquis que Cameron l'avait définitivement retenu. En réalité, le réalisateur canadien n'était pas encore convaincu de son choix : « Pour moi, il n'avait pas forcément les qualités que je recherchais pour mon Jack. » Comme deux adolescents nerveux lors d'un rendez-vous arrangé, Leonardo et Cameron firent en sorte de cacher qu'ils s'aimaient bien. Ils se lancèrent dans une étrange cour destinée à se sonder mutuellement. En définitive, Leo consentit à passer une audition. Le moment venu, il parut si peu investi qu'il faillit gâcher toutes ses chances, comme le raconte Cameron : « Il m'a pris à rebrousse-poil. Il était assis là, il fumait une cigarette, il était avachi comme si tout ça l'ennuyait ferme. Je ne pensais même pas qu'il prêtait attention à ce qui se passait. »

Le réalisateur était sur le point de tout arrêter quand l'improbable s'est produit : « Alors il s'est levé et il a lu la scène, et ce fut comme un coup de massue. J'ai vu et j'ai su tout de suite : c'était lui, c'était le personnage. »

DiCaprio exprima quelques doutes. Il demanda à Cameron si Jack ne devrait pas avoir une caractéristique susceptible de le rendre plus touchant, comme ses personnages dans *Gilbert Grape* et *Blessures secrètes*. « Écoute », lui aurait répondu Cameron, « je ne vais pas faire de ce mec un type sombre et névrosé. Je ne vais pas l'affubler d'un tic ou le faire boiter. C'est plus difficile de jouer comme Jimmy Stewart. »

Entre-temps, Kate Winslet avait été engagée pour un cachet d'un peu moins d'un million de dollars. Quant à Leo, il hésita encore un temps avant de s'embarquer dans l'aventure. Il négocia un cachet beaucoup plus conséquent de deux millions et demi, son plus gros salaire jusque-là. « J'ai résisté pendant un long, long moment », confia DiCaprio. « J'avais des *a priori* parce que je ne suis pas emballé par les films à gros budget. C'est seulement après avoir rencontré le réalisateur James Cameron et Kate Winslet – qui a été choisie avant moi – que j'ai accepté. »

Leonardo entreprit alors de délivrer son message : « Ce que j'ai adoré dans le personnage de Jack, c'était son côté artiste. Il mène la vie de bohème. Un autre atout du film c'est que James est à la fois scénariste et réalisateur, il a fait très attention à l'histoire entre Jack et Rose. Il savait que, en dépit de tous les effets spéciaux, si le public ne s'identifiait pas à ces deux personnages, cela se limiterait à un beau spectacle. »

Un autre aspect avait peut-être fait pencher la balance chez Leo. D'après des sources, Cameron avait accepté que son protégé fasse ajouter une clause à son contrat : elle stipulait qu'il pouvait amener six amis sur le plateau de tournage, autorisés à « chahuter ». Toutefois, si Leonardo avait cru tourner dans un film comme les autres, il comprit dès l'instant où il se mit au travail qu'il n'en serait rien.

James Cameron était certes renommé pour sa virtuosité en tant que cinéaste, mais il avait également la réputation d'être un maniaque du contrôle. Il s'impliquait dans chaque étape de son film, qu'il s'agisse de l'écriture, du montage ou de la production, et allait jusqu'à empoigner une caméra, essayer une cascade ou saisir un pinceau quand il le jugeait nécessaire.

Soucieux de ne pas commettre les mêmes erreurs que Kevin Costner qui, pour son épopée désastreuse *Waterworld* (1995) – le film le plus cher jamais réalisé –, avait fait construire un bassin artificiel à Hawaï, Cameron avait opté pour un plateau qui se contrôlait depuis la terre. Un nouveau complexe de studios, d'un montant de cinquante-sept millions de dollars, fut construit à Santa Rosarito, au Mexique, à environ trente kilomètres au sud de San Diego. Tandis que l'énorme plateau et le réservoir étaient en construction, le tournage débuta avec les scènes contemporaines. L'actrice Gloria Stuart y interprétait une Rose à la fin de sa vie, évoquant ses souvenirs du drame.

Le tournage en extérieur eut lieu dans la région d'Halifax, sur le navire de recherche *Akademik Mstislav Keldysh* que Cameron avait utilisé pour filmer les séquences sous-marines un an auparavant. Un équipage de cinquante personnes fit donc le voyage jusqu'en Nouvelle Écosse. Le 9 août 1996, après seulement trois semaines de tournage, un incident déclencha une panique générale. Après un dîner, plusieurs membres de l'équipage tombèrent brusquement malades.

L'acteur Lewis Abernathy, qui incarnait un acolyte du chasseur de reliques joué par Bill Paxton, raconta cet épisode : « Des gens se roulaient par terre dans tous les sens. Certains disaient qu'ils voyaient des éclairs et des flashs psychédéliques. J'ai pensé que c'était une intoxication alimentaire. [Par chance, il avait mangé à son hôtel cette nuit-là.] Les mauvais fruits de mer peuvent provoquer des hallucinations et le traiteur avait été généreux avec les palourdes. James fut transporté à l'arrière d'une camionnette. J'ai eu un choc en voyant ses yeux. Il avait un œil tout rouge, comme celui de Terminator : une pupille écarlate, pas d'iris. En observant l'autre œil, on aurait dit qu'il sniffait de la colle depuis l'âge de quatre ans. »

Plus tard, un compte-rendu de labo confirma que le réalisateur et son équipe avaient été empoisonnés par une soupe de homard dans laquelle on avait versé du PCP, une drogue hallucinogène, connue aussi sous le nom de « poussière d'ange ». De nombreux membres de l'équipe avaient été transportés à l'hôpital, mais la plupart d'entre eux furent de retour sur le plateau au bout de vingt-quatre heures. Certains en conclurent qu'un membre mécontent avait cherché à se venger de Cameron, qui se montrait si tyrannique. Mais le coupable ne fut jamais identifié et le mobile jamais établi. L'incident n'était pourtant qu'un avant-goût des futurs rebondissements qui allaient ponctuer ce tournage.

Dès leur arrivée, les acteurs et l'équipe furent sidérés par la gigantesque installation côtière de Mexico. L'énorme réplique du *Titanic* était visible à des kilomètres à la ronde. Elle reposait sur une structure en acier et était manœuvrée par une hydraulique imposante. Elle se trouvait dans un bassin carré d'une largeur de cent quatre-vingts mètres, qui resta vide durant toute la première partie du tournage. Il ne fut rempli qu'au moment de filmer les scènes avec les canots de sauvetage. Cameron avait passé six mois à mener des recherches sur des objets anciens, des dessins et des plans pour rendre la réplique du navire aussi fidèle que possible.

Après avoir étudié les bulletins météorologiques pour déterminer la direction des fumées de cheminée, il choisit de ne construire que le côté tribord du *Titanic*. Cette orientation lui posa problème pour filmer le départ du navire de Southampton, car il était amarré à bâbord. Pour remédier à cela, tous les accessoires et les costumes mentionnés dans le scénario furent inversés. Ainsi, si quelqu'un marchait à droite dans le scénario, il devait marcher à gauche pendant le tournage. En postproduction, on rebascula le film dans le bon sens.

Leo et Kate prirent des leçons de bonnes manières avec un professeur particulier. Ce dernier avait été engagé à plein temps pour enseigner aux acteurs les coutumes raffinées de l'aristocratie de l'époque.

Leur première scène ensemble allait être la plus émouvante : une scène de nu dans laquelle Jack faisait une esquisse de Rose. Dans cette séquence, Rose n'était vêtue que d'un simple collier d'une extraordinaire beauté, baptisé « le Cœur de l'océan ». Le bijou et le dessin – réalisé par Cameron lui-même – constituaient des pièces maîtresses de l'intrigue. Cette scène entre Rose et Jack était déterminante car elle amènerait le public à croire en leur histoire d'amour.

Ce premier jour de tournage se révéla très éprouvant pour Kate Winslet, qui devait se retrouver nue devant l'équipe entière. Pourtant, Cameron n'avait d'autre choix que de tourner cette scène à ce moment-là, car le plateau, encore inachevé, ne lui permettait pas d'en filmer d'autres. L'actrice aborda ce moment délicat avec un grand professionnalisme. Elle apparut sur le plateau dans un simple peignoir et donna à son partenaire, plutôt surpris, un bref aperçu de son anatomie avant de se dévêtir devant le reste de l'équipe. Malgré son courage affiché, l'actrice était nerveuse. Cameron s'estima chanceux que le contexte lui ait permis de capter la vulnérabilité du jeune couple : « Ce n'était pas du tout intentionnel, mais je n'aurais pas pu rêver mieux. Il y avait de la nervosité, de l'énergie et une tension qui circulaient entre eux. Ils avaient répété ensemble, mais ils n'avaient encore rien tourné. Si j'avais eu le choix, j'aurais sans doute préféré filmer cette scène en milieu de tournage. » Et d'ajouter : « On se démenait pour travailler avec tout ce que l'on pouvait tourner. »

Tandis que le réalisateur s'efforçait d'exploiter au mieux le calendrier de tournage, les scénographes préparaient l'un des décors les plus minutieux jamais conçus pour un film. Les intérieurs, en particulier, étaient à couper le souffle, en raison notamment du souci apporté aux détails et finitions. Les décors avaient été reproduits à l'identique d'après des photographies et des plans fournis par les constructeurs du *Titanic*. Les escaliers, situés en première classe du paquebot – un lieu capital dans l'histoire –, avaient été fabriqués en bois véritable avant d'être complètement détruits pendant les scènes de naufrage. De même, ce furent les fournisseurs du *Titanic* original qui tissèrent les tapis de la salle à manger de première classe en utilisant les motifs et les couleurs d'origine. Les pièces de mobilier, les décorations, les chaises, les boiseries, les couverts et la vaisselle furent méticuleusement reproduits et chaque pièce fut marquée des armoiries de la White Star Line. Même les plafonds

– généralement laissés inachevés dans les décors de cinéma – furent recréés.

Par souci d'authenticité, Cameron s'en remit aux compétences des historiens du *Titanic* : Don Lynch, considéré par beaucoup comme le plus pointu dans le domaine, et Ken Marschall, un artiste spécialisé dans la reproduction des peintures originales du navire. De nombreux plans contenant des effets spéciaux étaient les fidèles copies des peintures de Marschall. L'émerveillement de Lynch fut à son comble quand il put se promener sur le bateau parmi les acteurs en costumes d'époque.

Mais l'émerveillement suscité par les décors et le jeu des deux personnages principaux ne dura pas. À la fin de l'automne 1996, des bruits commencèrent à circuler : ils rapportaient que le besoin maladif du réalisateur de tout contrôler – déjà bien connu – atteignait cette fois des sommets. On l'accusait notamment de ne pas assurer la sécurité de son équipe.

De leur côté, les studios commençaient à s'inquiéter des coûts qui grimpaient en flèche. Cameron se retrouva donc sous pression. Très vite, il essaya de filmer l'une des scènes-clés de son histoire : le moment tragique où le *Titanic*, réputé insubmersible, est submergé par les eaux. Cameron connaissait exactement les circonstances qui avaient marqué les derniers moments du navire. Il réfutait les versions hollywoodiennes précédentes qui avaient représenté un paquebot sombrant avec grâce jusqu'au fond de l'océan. Lui voulait décrire le drame de la manière la plus fidèle possible, à l'image de « l'événement terrifiant et désorganisé qu'il fut en réalité ».

Comme l'étude de l'épave l'avait confirmé, le bateau s'était fendu en deux avant de disparaître sous les flots.

Pour recréer ces conditions, une partie de la maquette devait être soulevée dans les airs puis renversée. Pour rendre compte de la terreur ressentie par les passagers, Cameron fit appel à plus d'une centaine de cascadeurs. Ces derniers se laissaient réellement tomber depuis le haut de la coque renversée. Au cours des dix jours de chaos qui suivirent, un cascadeur se cassa une cheville, un autre se fêla une côte tandis qu'un troisième se fracturait une pommette. Pendant ce temps, Cameron continuait d'agiter en tout sens navire et équipage pour tenter de saisir ces plans décisifs qu'il affectionnait : « Par chance, personne n'a subi de blessure sérieuse, raconta le responsable des cascadeurs, Simon Crane. On a capitonné le décor autant que possible de sorte que les gens heurtaient ces protections avant de rebondir. »

Les incidents suscitèrent une telle inquiétude au sein de la Screen Actors Guild[1] que cette dernière envoya un représentant pour surveiller le tournage. Mais aucune preuve de négligence ne fut constatée. Pour dissiper les peurs et réduire les coûts, Cameron remplaça finalement les vrais cascadeurs par des silhouettes assistées par ordinateur.

Au beau milieu de ce remue-ménage, Bill Mechanic, président-directeur général de la Fox Filmed Entertainment, débarqua à Mexico pour discuter en urgence du budget. Il brandit au réalisateur une liste dactylographiée de deux pages comprenant les scènes que le studio souhaitait faire couper par souci d'économie. Selon des témoins, Cameron annonça sans ménagement, après avoir jeté un vague coup d'œil au document : « Si vous voulez couper mon film, vous

---

1. Syndicat professionnel représentant des acteurs et des figurants partout dans le monde.

devrez me virer. Et pour me virer, il vous faudra me tuer. »

Mechanic fut contraint de repartir, redoutant le pire, mais au bout de quelques semaines, une fois calmé, Cameron consentit à quelques modifications : il accepta, par exemple, que de nombreuses images produites par ordinateur se substituent aux véritables séquences d'action. Même si Cameron avait réussi à écarter les membres exécutifs du studio et les représentants du syndicat, il devait encore gérer les plaintes de l'équipe quant aux conditions de travail. Les rumeurs allaient bon train sur les risques encourus, les semaines de quatre-vingt-dix heures, les tournages de nuit interminables et les accès de colère du réalisateur.

Kate Winslet devait confirmer plus tard : « Si quelque chose allait légèrement de travers, il pétait les plombs. » Elle confirma néanmoins que le réalisateur ne s'en prenait jamais aux acteurs et ajouta : « Je pense que Jim savait qu'il ne pourrait pas crier sur nous comme il le faisait avec son équipe, parce qu'on aurait été mauvais sinon. » Quand ses commentaires – confiés au *Times* à la fin du tournage – commencèrent à circuler, Kate craignit d'avoir été mal interprétée et elle envoya une lettre au *Los Angeles Times* pour préciser ses propos : « Au moment de l'interview, je venais de rentrer à Londres après des mois d'un tournage long, très exigeant, tant au niveau physique qu'émotionnel, et je dois admettre que je me suis “défoulée”. »

Quoi qu'il en soit, la réalisation de *Titanic* confirma Cameron dans sa réputation d'« homme le plus effrayant d'Hollywood ». À l'instar de ceux qui avaient travaillé précédemment sur *Abyss* (1989), les acteurs et l'équipe du film qualifièrent le tyran de « capitaine Bligh » des temps modernes pour son intransigeance et sa façon dictatoriale de travailler. D'après le *Times*, c'était un « braillard capable d'atteindre les trois cents décibels avec un mégaphone et un talkie-walkie, et qui fondait en piqué sur le visage des gens, aux commandes d'une grue d'environ cinquante mètres de haut ». « Putain ! hurlait-il à l'attention d'un pauvre membre de l'équipe, c'est exactement le contraire de ce que je voulais ! »

Le problème n'était pas que Cameron hésitât lui-même à se mouiller : à de multiples reprises, il plongea dans l'eau à la recherche du plan parfait. Il venait plutôt de ce qu'il s'attendait à ce que les autres adoptent la même attitude que lui. À l'un des membres de son équipe qui l'attaquait en déclarant : « Cameron adore souffrir », le réalisateur répondit : « Je n'adore pas souffrir. J'aime les résultats, et parfois les résultats exigent de la souffrance. »

Ses acteurs principaux ne l'auraient pas démenti. Kate Winslet se cassa l'omoplate et elle craignit à plusieurs reprises de se noyer dans l'énorme réservoir. Quant à DiCaprio, il s'en fallut de peu qu'il ne se fasse écraser par un cheval lors d'une séquence. Un jour qu'ils tournaient une scène de tempête, on les attacha l'un et l'autre au bastingage. Lorsqu'une véritable tempête éclata et que le reste de l'équipe abandonna le plateau, on les laissa ainsi ligotés pendant plus d'une heure. D'après des sources, cette épreuve bouleversa tellement l'actrice que le tournage fut interrompu pour le reste de la journée.

« Il est tellement passionné par ce qu'il fait, confiait Danny Nucci, qui interprétait l'ami italien de Jack, Fabrizio. Et puis, à ce stade de sa carrière, il a à la fois le pouvoir et l'argent. Il est capable de refaire une scène, de la changer, de la répéter ou de la tourner encore et encore s'il le faut. Oui, bien sûr, il criait, et il hurlait même, mais il hurlait simplement parce qu'il était frustré. Au bout de trois mois de tournage, je m'y suis habitué. »

Durant cette période, *Titanic* ne suscitait aucun commentaire élogieux dans la presse. Des rumeurs persistantes inondaient les journaux : on y évoquait la date de sortie sans cesse fluctuante, les conditions de travail abusives supportées par les acteurs et l'équipe, et surtout le budget du film qui explosait tous les pronostics. Cameron, qui se considérait victime de calomnie, développa un mental de guerrier assiégé. Pour couronner le tout, durant le tournage, un ouvrier du bâtiment fut sérieusement blessé lors d'une chute d'un échafaudage. Il dut subir une splénectomie (opération consistant en une ablation de la rate), et ce fut un médecin de la société cinématographique et non un médecin de l'entreprise de construction qui l'emmena à l'hôpital. Le récit de l'accident aurait pu mettre en avant la manière dont les conditions de sécurité déployées sur le tournage avaient sauvé la vie d'un homme. En lieu et place, il fournit une preuve supplémentaire du caractère incontrôlable du réalisateur.

Décembre arriva enfin. Tout le monde avait besoin d'une pause bien méritée et Cameron accorda à ses acteurs et à son équipe un repos de trois semaines. Pendant ce temps, le réalisateur fut une nouvelle fois confronté au directoire de la Fox, car les coûts ne cessaient d'augmenter : « Bill piqua une crise parce qu'il faisait les comptes et qu'il pensait qu'on ne gagnerait pas assez d'argent avec ce film, même si le succès était au rendez-vous. Alors j'ai dit : “O.K., on est dans la merde. C'est ma responsabilité, prenez mon salaire." » En disant adieu à ses honoraires et à sa part des profits, Cameron renonçait à des millions de dollars potentiels, et ce, même s'il conservait une part non négligeable en tant que scénariste. « Personne n'était prêt pour un film d'une telle ampleur, expliqua Mechanic. Le projet était pharaonique. Personne n'avait encore tenté un pari de la sorte. »

À mesure que les semaines passaient – il restait sept mois pour terminer le tournage –, les tensions étaient de plus en plus palpables sur le plateau. Les dépenses continuaient de croître jusqu'à atteindre les cent quatre-vingts millions de dollars. Une heure par jour, Kate et Leo devaient rester dans une eau froide avec des vêtements trempés. Alors que l'équipe travaillait en combinaison de plongée, le « beau gosse » du film devait se contenter de plonger dans un jacuzzi une fois sa scène terminée, sous peine de subir vraiment les effets de l'eau glacée : « Cette expérience était nouvelle pour moi, parce que je n'avais jamais fait de film de cette envergure avant. C'était tout à fait différent d'un film d'action normal : l'expérience allait beaucoup plus loin. On a fait certaines choses incroyables », se souvint Leonardo.

Il décrivit quelques-unes des situations qu'il avait dû endurer : « À certains moments, je me suis retrouvé assis à l'arrière du navire, sur une dunette hydraulique, attaché avec Kate ; il y avait une vingtaine de grues autour de nous et des projecteurs partout. James Cameron descendait en flèche, perché sur une grue, avec une caméra braquée droit sur mon visage. Alors je me disais : "Mais où est-ce que je suis ?"

« En dessous de nous, des gens s'envolaient, suspendus à des cordes élastiques, tandis que tout se balançait d'avant en arrière. Des cascadeurs tombaient les uns sur les autres. Ensuite, on devait dire nos répliques, et crier, et tout le reste. C'était dingue ! La plupart du temps, j'étais réellement terrifié. »

Si Leonardo avait finalement réussi à traverser toute cette épreuve, il le devait dans une large mesure à la complicité qu'il avait établie avec sa partenaire, Kate Winslet. Leur intimité ne se mua jamais en histoire d'amour, mais les jeunes acteurs avaient réussi à construire une amitié solide, de celles qui durent toute une vie : « Je pense que le film aurait été deux fois plus difficile s'il n'y avait pas eu Kate et une si bonne entente entre nous, confia-t-il. C'était important de prolonger l'alchimie en dehors de l'écran : nous nous aimons beaucoup tous les deux. »

Cependant, le stress et les tensions du tournage vinrent à bout des nerfs de Leonardo : « Très souvent, je me suis retrouvé en larmes. C'était le tournage le plus dur de ma vie, il a duré six ou sept mois. On nous a beaucoup poussés, Kate Winslet et moi, dans pas mal de scènes très difficiles qui se passaient dans l'eau. Ça ne servait à rien de se plaindre étant donné les conditions. On tournait dans un réservoir géant à Mexico et le film coûtait une fortune. Alors, on se racontait nos malheurs en secret, juste tous les deux. On n'avait pas à les partager avec qui que ce soit d'autre. Par moments, Kate était en larmes, à d'autres c'était moi. De temps à autre, on pleurait tous les deux. C'était ce genre de boulot. Kate est géniale. Elle est belle, extrêmement talentueuse, elle a un grand sens de l'humour et elle a la tête sur les épaules. Je ne suis pas sûr que l'Angleterre se rende compte encore qu'elle détient un trésor. »

Il confia plus tard à l'animatrice de *talk show* Oprah Winfrey : « Sans elle [Kate], faire ce film aurait été un vrai massacre. C'était le film le plus difficile que nous ayons eu à tourner. On était partenaires : on se tenait la main et on se soutenait mutuellement. »

Une fois le film terminé, Kate révéla avoir craint que Leo et elle ne partagent des liens plus forts en dehors du plateau. Elle redouta un instant que sa beauté juvénile ne la déstabilise, mais ses inquiétudes furent de courte durée : « On s'est tout de suite entendus, dit-elle. Ça n'a pas du tout été un problème. J'avais pensé que ça aurait pu en être un. Il aurait pu se faire une fausse idée de moi, parce que je suis anglaise. J'ai été aussi décontractée que possible quand je l'ai rencontré la première fois. Avant, je m'étais dit : “Ça va être difficile, qu'est-ce qui se passera s'il me plaît ?” Je pensais que ça se produirait parce qu'il est magnifique, c'est un fait. Beaucoup de mes amies m'envient à mort, à cause de notre proximité, mais pour moi, c'est seulement mon bon vieux Leo. »

Des rumeurs prétendirent que Leo et Cameron en étaient presque venus aux mains, mais, en public, l'acteur rendit hommage aux talents du réalisateur : « Il a déployé une quantité d'efforts et porté une attention aux détails surprenante. Il est passionné par ce qu'il fait, et si vous ne donnez pas le meilleur de vous-même il vous le dit tout de suite. Il exige que tout le monde soit concentré. Pour prendre d'assaut les plages de Normandie, pour commencer une bataille épique, et c'est ce que ce film représente pour moi, il faut aux commandes quelqu'un qui se comporte comme un général. »

Kate Winslet indiqua pour sa part avoir fait abstraction de tous les bruits négatifs durant le tournage : « J'ai fermé la porte à toutes les intrigues et je n'ai jamais rien voulu savoir du budget, fit-elle remarquer. Je trouve ça triste que, une fois le tournage enfin terminé – et oui, je suis d'accord, on a dépassé ce qui était prévu, et ça a duré sept mois, et tout ça –, les gens se focalisent sur cet aspect. C'est facile d'être négatif. Mais pour moi, cet argent a été dépensé pour une bonne raison et elle est là, sur les écrans. »

Les deux derniers jours de tournage eurent lieu les 21 et 22 mars 1997 et ils comptèrent parmi les plus dangereux. L'implosion sous-marine du pont du *Titanic* allait projeter des milliers de litres d'eau contre du verre trempé. Pour s'assurer que le plan se passe en douceur, Cameron se glissa dans une combinaison de plongée et tint lui-même la caméra.

La fin du tournage fut célébrée par une fête gigantesque. La satisfaction du travail accompli, alliée à un sentiment collectif de soulagement, déboucha sur une folle nuit de réjouissances. Personne ne fut surpris de voir Leo le fêtard se mettre à danser lascivement sur les tables.

Pour les acteurs, le calvaire était enfin terminé. Mais pour Cameron, en revanche, la bataille ne faisait que commencer. Il quitta le tournage avec environ douze jours de séquences enregistrées : trois fois la longueur du voyage d'origine. Entre-temps, les relations entre la Fox et la Paramount semblaient sur le point de se rompre comme la coque du paquebot. La quantité d'images imposa d'embaucher des monteurs supplémentaires, et les deux sociétés se disputèrent pour déterminer qui devrait assumer les surcoûts.

L'argent n'était pas le seul problème. Une énorme querelle éclata à propos de la date de sortie de *Titanic*, prévue à l'origine pour le 2 juillet (le week-end de la fête de l'Indépendance aux États-Unis). Quand il apparut impossible de finir le film à temps, la Fox pesa de tout son poids pour obtenir un report en août. De son côté, la Paramount estimait que c'était trop tard pour profiter du marché décisif des *blockbusters* de l'été et jugeait préférable de repousser la sortie au mois de novembre. Ce qui posait problème à la Fox : elle avait déjà deux films importants, *Alien, la résurrection* et *Anastasia,* prévus pour le week-end de Thanksgiving.

Outre la pression des studios qui étaient à couteaux tirés, Cameron dut faire face aux allégations constantes de la presse. De désespoir, il contre-attaqua en écrivant au *Los Angeles Times*, le 5 mai, pour les inciter à garder le sens de la mesure. Récusant les rumeurs et défendant sa méthode, il déclara, furieux : « Est-ce que je suis passionné ? Oui. Absolument. Incontrôlable ? Jamais. Dangereux ? Pas tant que ma responsabilité est engagée. »

Les studios parvinrent enfin à un compromis sur la date de sortie : ils optèrent pour le 19 décembre. La date permettait encore au film de figurer dans la sélection de l'Académie des Oscars. Mais la Fox et la Paramount continuaient de se chamailler à propos des territoires. Tandis que la Paramount usait de tout son pouvoir pour propulser la sortie en Amérique du Nord, la Fox la devança en programmant un lancement au Festival du film de Tokyo, le 1er novembre.

Le film faillit bien ne pas voir le jour. Aussi est-ce dans une véritable euphorie que furent accueillies les premières projections. Avec un coût total de plus de deux cents millions de dollars, l'attente pesait lourdement sur les épaules de Cameron. La presse, qui s'était gargarisée des échos négatifs du tournage, serra les rangs, prête à dégainer ses critiques acerbes sur le

« naufrage de *Titanic* », critiques dans lesquelles elle comptait bien dénoncer le gaspillage d'argent.

Toutes les personnes impliquées de près ou de loin dans le film retenaient leur respiration, et Leonardo ne fit pas exception à la règle. Rompant avec ses propres habitudes, il prit la précaution d'assister par deux fois aux projections avant la première, « seulement pour s'y habituer ». Il fut alors ébahi par ce qu'il découvrit : « La première fois, j'ai regardé ma propre performance. La seconde, j'ai été happé par l'excellent boulot que chacun avait fait. Pour la première fois, c'était plus qu'un film. C'était une immense expérience. »

Leonardo DiCaprio était impressionné. Restait à savoir si le public cinéphile le serait aussi, et ce n'était plus qu'une question de temps…

11

La « Leo-mania »

Côté à côte devant la glace, deux amies, Ashley et Katie, ajustaient une dernière fois leur coiffure avant de sortir. Il aurait pu s'agir de n'importe quelles jeunes filles sur le point de se rendre à un rendez-vous. Oui, mais voilà, elles n'avaient que douze ans, ne faisaient que se rendre au cinéma et n'avaient d'yeux que pour un seul garçon, le beau Leo : « Leo est siiii mignon ! » se pâmait Ashley, pressée de trouver un bon siège pour la projection de 16 h 15, au Four Star Cinema de Garden Grove, à Los Angeles : « Oui, confirma Katie. Il ne restait que des sièges au premier rang la dernière fois qu'on l'a vu. Mais peu importe, il en vaut tellement la peine ! »

On était au mois de février 1998. *Titanic* suscitait un tel engouement huit semaines après sa sortie, que le *Los Angeles Times* enquêtait pour comprendre les raisons d'une telle popularité. Alex O'Gorman, une admiratrice, avait vu le film cinq fois et avouait crier encore, à chaque fois que DiCaprio apparaissait à l'écran : « La dernière fois que je l'ai vu, au moment où Leo arrive en smoking, ma copine et moi, on a hurlé. »

Au début de l'année 1998, toute question relative au coût du film – même à deux cents millions de dollars – avait été balayée. Un investissement judicieux, voilà comment l'on considérait désormais l'engagement de la Fox et de la Paramount. Avec ses trois heures et quatorze minutes, on qualifiait déjà le film de *Autant en emporte le vent* des temps modernes. Quelques experts allèrent jusqu'à prétendre que le bateau lui-même – grâce aux effets spéciaux stupéfiants – était la véritable star. Toutefois, les adolescentes qui se ruaient en masse dans les salles obscures avaient une autre explication : « Il faut l'admettre, les moments sans Leo sont ennuyeux », affirmait une jeune fille de treize ans (qui avait vu le film plusieurs fois) avant d'ajouter : « Pour être honnête, je ne sais pas si ça intéresse une seule de mes copines de voir le *Titanic* couler encore. C'est Leo qu'on veut voir. » « Il est canon ! » renchérit Nicole, quatorze ans, retournée voir le film à cinq reprises, avec ses copines Christina et Samantha, quinze ans chacune. Elle était déprimée d'apprendre que les deux prochaines projections étaient déjà complètes.

Durant les premiers jours qui suivirent la sortie du film, peu nombreux furent ceux à parier sur ses bons résultats. David Thomson, critique renommé au *Guardian*, écrivait alors : « Quand le film a été montré à la presse en automne 1997, l'appréhension était grande. Les personnes en charge des projections croyaient qu'elles allaient perdre leur travail. Tout ça à cause de cet énorme boulet, pour lequel deux studios avaient finalement dû s'associer afin d'en partager la charge. »

Le critique de films du *Los Angeles Times*, Kenneth Turan, se montra particulièrement virulent. Il prétendit que le film serait un fiasco, non pas à cause des scènes de naufrage mais en raison de la piètre histoire d'amour au cœur de l'intrigue : « Le public se retrouve avec une pâle copie, dénuée de toute singularité, de vieux films d'amour hollywoodiens. Un film qui pue la fausseté et qui manque de la plus petite touche d'originalité. »

Barbara Shulgasser, du *San Francisco Examiner*, accorda pour sa part une seule étoile (sur quatre) à la superproduction : « Le nombre de fois dans ce scénario, incroyablement mal écrit, où les deux personnages principaux s'appellent par leur prénom montre à quel point les acteurs n'ont rien de plus intéressant à se dire. »

Certains critiques furent plus cléments envers les deux rôles principaux. Le critique de films en ligne James Berardinelli félicita Cameron d'avoir choisi « les deux meilleurs acteurs du moment ». Selon lui, Leonardo, qui avait « rarement fait un meilleur travail, s'était débarrassé de son image de prétentieux ». « Il est attachant et plein de vie dans ce rôle : deux caractéristiques primordiales pour asseoir Jack en tant que héros. » Gene Siskel[1] qualifia l'interprétation de Leo d'« envoûtante ».

L'animosité à l'encontre de Cameron était telle que David Thomson, du *Guardian*, pensait que les rares critiques qui se montraient gentils le faisaient par pure sympathie : « On est sortis des projections de presse et, pour tenter de communiquer un peu de réconfort, on a dit des choses comme : "Bon, c'est pas si mal. Quelques personnes vont aimer." » Mais, en dépit du pessimisme de la presse, le public apprécia d'emblée. Les recettes du premier week-end furent satisfaisantes pour un film de cette ampleur, mais pas encore massives. *Titanic* se plaça,

1. Membre d'un duo célèbre (Siskel & Ebert) de critiques cinématographiques.

dès les premiers jours de sa sortie, en tête du classement aux États-Unis avec 28,6 millions de dollars, rivalisant ainsi avec le dernier *James Bond*, *Demain ne meurt jamais*. Il ne parvint pas néanmoins à détrôner l'ancien premier du classement, *Scream 2*, qui avait atteint trente-trois millions de dollars lors du week-end de sa sortie.

Le week-end suivant, au lieu de chuter comme la plupart des nouveaux films, les recettes grimpèrent pour atteindre 35,4 millions de dollars. Le bouche à oreille fonctionnait à plein. La troisième semaine, le film totalisait 33,3 millions de dollars. Un mois après sa sortie, il empochait encore des recettes excellentes, de l'ordre de 29,2 millions de dollars. Le jour de la Saint-Valentin, il atteignit son plus haut score en une seule journée : treize millions de dollars, et ce, plus de six semaines après sa sortie. Il se maintint ainsi à la première place du box-office pendant quinze semaines. Un record ! En mars 1998, *Titanic* était devenu le premier film à rapporter plus d'un milliard à l'échelle du monde entier. Sur le plan international, il rencontra le même succès (1,2 milliard à l'étranger), ce qui permit d'atteindre un score monstrueux de 1,8 milliard de dollars. Il allait conserver ce record pendant douze ans, avant d'être détrôné par le film à grand spectacle du même réalisateur : *Avatar*.

Quelques pseudo-spécialistes furent prompts à repérer l'« effet Leo » dans le succès du film. De leur côté, les attachés de presse de l'acteur ne doutèrent pas un instant de l'influence du film sur sa cote de popularité : « Nous recevions un énorme sac de courrier par jour en provenance du monde entier, révéla Cindy Guagenti, son attachée de presse. Nous sommes assaillis. »

Cathee Sandstrom, rédactrice en chef de *BB* et de *BOP*, deux magazines destinés aux adolescentes, n'exprima, quant à elle, aucune surprise : « De tous les acteurs d'aujourd'hui, Leo est le plus attirant. On a reçu un accueil énorme à la suite de *Roméo + Juliette*, et maintenant, avec *Titanic*, elles n'en ont jamais assez. »

La journaliste déclara que certaines filles avaient vu le film dix-sept fois au cinéma. Elles avaient écrit au magazine qu'elles feraient « à peu près n'importe quoi » pour avoir la chance de rencontrer leur héros. D'après la journaliste, les fans pouvaient « faire preuve d'une certaine créativité » pour réaliser leur rêve : « Une fille nous a même envoyé une lettre disant que sa copine se tuerait si elle ne le rencontrait pas. » « Certaines y consacrent beaucoup d'argent et elles vont voir le film, encore et encore. »

Le Four Star Cinema de Garden Grove reflétait ce qui se passait dans les multiplexes de tous les États-Unis. Le directeur, Yaron Israel, confia au *Los Angeles Times* : « Nous voyons les mêmes visages chaque semaine, surtout les petites filles. Elles ont des mouchoirs, elles pleurent tout le temps. Je ne sais pas où elles trouvent l'argent, mais elles le trouvent. Elles adorent Leonardo DiCaprio. »

Les fans du film se ruèrent également sur la bande originale, qui demeura numéro un des ventes pendant trois semaines. La chanson phare de l'album, *My Heart Will Go On*, interprétée par Céline Dion, fit un tabac mondial, s'écoulant à plus de deux millions d'exemplaires. Sur les radios, à travers tous les États-Unis, la version la plus appréciée par les auditeurs était celle qui incluait des dialogues du film. Les phrases cultes qui touchaient les gens correspondaient au moment où Jack déclare son amour éternel à Rose tandis qu'il s'éteint, transi de froid, dans l'océan : « Promets-moi de ne jamais renoncer, prononçait DiCaprio dans un dernier souffle. Promets-le-moi maintenant, Rose. »

Même le premier flirt de Leo, Jennifer Faus, avoua sa fascination pour son amour de jeunesse après que son mari, Sergio, l'eut emmenée voir *Titanic* : « Voir Leo embrasser Kate Winslet, ça m'a rappelé quelques souvenirs. J'aurais aimé savourer un peu plus nos baisers à l'époque, mais c'était agréable de penser qu'il s'était, en quelque sorte, entraîné avec moi. Jusqu'à ce que je voie ce film, je ne pouvais pas comprendre pourquoi tant de filles étaient amoureuses de lui. Pour moi, c'était juste le petit Leo du lycée. »

Plus le film demeurait à l'affiche, plus le public retournait le voir. Certaines filles prétendirent l'avoir vu quarante fois. L'un des biographes de Leonardo, Douglas Thompson, déclara à propos de ces spectatrices : « Elles y retournent, encore et encore, uniquement pour voir la première moitié du film ; elles trouvent que, dans la seconde moitié, Leo n'est pas assez présent. »

La « Leo-mania » – un phénomène qui fit également beaucoup de bien à *Roméo + Juliette* – était de l'or en barre pour les patrons des studios. Mais, très vite, cela devint oppressant pour le jeune Leo.

L'effervescence ambiante autour de son petit ami commença également à peser sur Kristen Zang. Le couple sortait ensemble depuis la fin de l'année 1995. On disait qu'il avait projeté d'acheter une maison à Malibu Beach avant le début du tournage. D'après des amis communs, le mannequin avait compris qu'il lui fallait à présent partager Leonardo avec le reste du monde. Faisant preuve de beaucoup de maturité, elle entrevit un futur compliqué pour leur couple. À l'avenir, Leonardo devrait faire preuve d'une volonté de fer pour ne pas succomber aux tentations de toutes ces filles en admiration. À mesure que l'intérêt des médias s'intensifiait, ses sentiments pour Leo faiblissaient. Elle se décida à mettre le sujet sur le tapis. D'après des sources, Kristen invita Leonardo à dîner et elle lui dit : « Tu es sur le point de devenir le plus grand acteur au monde, et les femmes vont se jeter sur toi. Ce sera impossible de rester fidèle. Je pense que c'est mieux que l'on reste amis, on s'épargnera beaucoup de chagrin. »

Leo fut dévasté par la nouvelle. Jusque-là, il n'avait pas imaginé un seul instant que cet engouement puisse avoir des conséquences néfastes sur sa vie privée. Rapidement, il prit conscience du revers de la médaille. Une fois de plus, il s'interrogea sur cette pression médiatique et se demanda si cela valait la peine de continuer dans cette voie.

À la première de *Titanic* à Londres, le 18 novembre 1997, ce fut sa mère, Irmelin, et non Kristen, qui l'accompagna. Kate Winslet, quant à elle, n'assistait pas à l'événement. Elle était à l'hôpital, terrassée par des douleurs gastriques contractées lors du tournage au Maroc de son dernier film, *Marrakech Express*. Malgré son emploi du temps chargé, Leonardo prit le temps de lui rendre visite à l'hôpital. Kate n'y resta que deux jours, mais cet incident marqua pour elle le début de quelques semaines difficiles. Elle manqua également la première à Los Angeles, le 14 décembre. Elle assistait ce jour-là à l'enterrement de son ancien petit ami, l'acteur Stephen Tredre, décédé d'un cancer des os à l'âge de trente-quatre ans.

À Los Angeles, l'accueil du public, bien que très bon, ne fut rien au regard de celui reçu à Tokyo, le 1er novembre, pour la première mondiale. Là, trois mille fans s'étaient précipités dans le cinéma en hurlant : « Roméo ! Roméo ! » Deux cent cinquante policiers, vêtus de tenues antiémeute, avaient essayé de contrôler la foule et l'on avait évacué Leo en cachette par une sortie de secours. James Cameron avoua plus tard : « C'est la scène la plus incroyable à laquelle il m'ait été donné d'assister. »

Même s'il avait rompu avec Kristen, l'acteur poursuivit ses projets de quitter le foyer familial. Selon certaines sources, sa nouvelle maison était plutôt modeste, en tout cas au regard des standards hollywoodiens. Le *Sun* la décrivit pourtant comme « une demeure fabuleuse de deux millions de dollars, avec six salles de bains, trois chambres et une suite (parentale), aux sols recouverts de parquets en bois verni, avec des plafonds de plus de cinq mètres de haut, des lustres scintillants, cinq cheminées, un jacuzzi en marbre, une cabine de douche à vapeur, un sauna et une salle de gym ». Le home-cinéma comportait un écran de télévision de plus de deux mètres et plusieurs écrans de cinéma. Des logements séparés étaient réservés à l'usage des domestiques. Les jardins paysagers, avec vue sur l'océan Pacifique, abritaient un bassin avec des carpes *koï* ainsi qu'une grotte. Et la légendaire Elizabeth Taylor comptait au nombre de ses nouveaux voisins.

De son côté, Leo profitait de chacune de ses interventions pour affirmer combien il voulait garder les pieds sur terre : « Le principal pour moi, c'est de continuer ma vie avec ma famille et mes amis. Ils me considèrent comme Leo et non comme Leonardo, le comédien. C'est tout ce qu'il me faut pour garder mon équilibre. »

Sa grand-mère Helene rejoignit Leonardo en déplacement à Londres. Ce dernier s'évertuait à démentir les rumeurs selon lesquelles il écumait les fêtes nocturnes, et prétendait que les musées constituaient son principal centre d'intérêt. Sa grand-mère appréciait de mener la belle vie. Elle confia aux journalistes : « J'étais assise juste derrière le prince Charles, ensuite Leonardo et moi sommes allés dîner. C'était enivrant. Mais je suis certaine que toute cette gloire ne lui montera pas à la tête. Il sait qu'il sera toujours mon petit-fils et que je resterai sa Oma. »

Au mois de janvier 1998 vint le temps des récompenses, décernées par les gens du métier. Ces nominations aux Golden Globes ne constituaient qu'un avant-goût de la longue liste des honneurs qui allaient suivre. N'oublions pas que les Golden Globes sont, en règle générale, le signe précurseur d'un succès aux Oscars. *Titanic* remporta quatre prix : ceux du meilleur film (drame), du meilleur réalisateur, de la meilleure musique de film et de la meilleure chanson. Leo fut nominé, tout comme Kate Winslet et Gloria Stuart, mais il dut s'incliner face à Peter Fonda pour son rôle dans *L'Or de la vie*. Il décrocha cependant le Blockbuster Entertainement Award du meilleur acteur, le MTV Movie Award de la meilleure interprétation, ainsi que les MTV Awards du meilleur duo à l'écran et du plus beau baiser, récompense qu'il partageait avec Kate Winslet. Restait à savoir si sa performance serait également saluée par l'Académie des Oscars.

Le succès international poussa quelques critiques à modifier leur opinion. Au Royaume-Uni, le populaire *Empire magazine* s'emmêla les pinceaux et ne sut quel point de vue adopter. Au départ, il octroya cinq étoiles au film, puis il le rétrograda à deux pour finalement lui restituer sa note d'origine.

Certains, comme le cinéaste Robert Altman, se montrèrent intransigeants : « *Titanic* est l'œuvre la plus lamentable que j'ai vue de toute mon existence. »

De son côté, James Cameron espérait que son succès aux Golden Globes se poursuivrait aux Oscars. Durant cette période, il prit le temps de répondre aux critiques qui avaient vilipendé son film. Il se révéla particulièrement cinglant à l'encontre du critique Turan, du *Los Angeles Times* : « Ruminant sa propre bile, année après année, il s'est peu à peu éloigné du plaisir simple qui consiste à regarder un film et qui, paradoxalement, l'avait conduit à choisir ce métier au départ. »

Cameron s'efforça d'expliquer le succès phénoménal de son film : « *Titanic* n'est pas un film qui aspire les gens pour les broyer et les déverser ensuite sur le trottoir, déçus et avec la douloureuse impression de s'être fait arnaquer. Ils reviennent encore et encore pour revivre une expérience qui leur prend trois heures et quatorze minutes de leur vie. Ils emmènent d'autres personnes avec eux pour partager leurs émotions. Les parents viennent avec leurs enfants, les adultes avec leurs parents. Des gens de huit à quatre-vingts ans s'identifient au film. Le public du monde entier célèbre sa propre humanité en se rendant dans une salle obscure et en pleurant ensemble. »

Quand l'Académie des Oscars annonça sa sélection, il ressortit que *Titanic* dominait largement avec quatorze nominations – un record depuis *Ève* (1950), le film de Joseph L. Mankiewicz. Kate Winslet fut nominée dans la catégorie de la meilleure actrice et Gloria Stuart dans celle du meilleur second rôle féminin ; en revanche, dans la catégorie du meilleur acteur, Leonardo brillait par son absence. Par cet affront, somme toute assez cruel, l'Académie avait choisi d'ignorer l'impact que la performance de l'acteur avait eu sur des millions de fans. La nouvelle attisa la fureur de ces mêmes fans, dont certaines manifestèrent leur protestation par des lettres et des mails incendiaires. Cette réaction était d'une virulence sans précédent. Sherry Lansing, responsable des films à la Paramount, compara la notoriété de DiCaprio à celle de Franck Sinatra à ses débuts, cependant, selon elle, « cette frénésie ne concernait pas la seule beauté de Leo mais aussi son talent. »

On tenta alors de comparer la popularité de Leo à celle dont avaient joui autrefois John Wayne, Mel Gibson, Tom Cruise, Clark Gable, James Stewart, Henry Fonda, Cary Grant ou Paul Newman. Des spécialistes furent néanmoins prompts à souligner que, loin d'être un héros de film d'action, un dur à cuire, DiCaprio avait davantage l'image d'un poète sensible, d'un bel orphelin au grand cœur. Sa beauté androgyne rappelait David Bowie jeune. Par ailleurs, l'hystérie qu'il faisait naître chez les filles de quatorze ans appartenait plus au monde de la musique qu'à celui du cinéma.

Le critique Owen Gleiberman jugea que l'interprétation de Leo dans *Titanic* était « sous-estimée ». Selon lui, le personnage de Jack était « un ange romantique, capable de sacrifice, ce qui fait que tout le monde a supposé que DiCaprio était simplement un gentil garçon, un acteur en train de jouer son propre rôle ». Lindsay Doran, président des Artistes associés[1], fit le rapprochement avec les Beatles : « Les gens confondent sa beauté avec son talent, déclara-t-elle au *New York Times*. Regardez les

1. Une société américaine de production et de distribution de films.

Beatles. C'était le pouvoir de leur musique qui créait l'émotion. Mais ces types étaient tellement mignons que tout s'est mélangé. Rien ne changera ça. »

Leonardo avait donc réussi, malgré les obstacles, à se forger une carrière sans films d'action bourrés de clichés et de testostérone, à l'image de *Top Gun* ou de *L'Arme fatale*. En soi, c'était déjà un exploit, et ce, malgré le dédain de l'Académie.

Lors de la cérémonie des Oscars, et bien que Titanic concourût pour de nombreuses récompenses, DiCaprio refusa d'assister à la cérémonie. Il en avait informé James Cameron la veille de l'événement : « C'est pas moi, camarade. » Cameron le qualifia de « voyou gâté-pourri » et jugea son attitude « pleine de suffisance ». Plus tard, Leonardo se défendit : « Ça n'était pas de la suffisance. Mon raisonnement c'était que je ne voyais pas pourquoi je monterais les marches si je n'étais pas nommé : c'est aussi simple que ça. Se plier à tout le rituel, ça consiste à se montrer à une cérémonie dans le seul but de s'afficher. Ça n'est pas moi, ça. »

Les unes des magazines s'interrogeaient : « Est-ce qu'on a volé Leonardo ? » L'acteur choisit, quant à lui, de passer la soirée des Oscars dans un bar à sushis de Greenwich Village, à New York. Il rata donc le raz-de-marée *Titanic* qui ne rafla pas moins de onze Oscars, dont ceux, très convoités, du meilleur film et du meilleur réalisateur. Le film égala le succès de *Ben Hur* (1959) mais, aux Oscars 2004, il serait rattrapé par *Le Seigneur des anneaux : le retour du roi*.

En recevant son prix du meilleur réalisateur, James Cameron remercia son « casting mortel » avec une mention spéciale pour Kate Winslet et Gloria Stuart – deux des trois nominations à ne pas avoir remporté d'Oscar – puis, quand il en vint à Leo, il leva les deux mains vers le ciel comme pour suggérer : « Où qu'il puisse être... » Citant les deux actrices et les principaux membres de la distribution, il déclara : « Chaque jour, vous m'avez offert de l'or, et je le partage avec vous. » Il poursuivit en remerciant ses parents, venus assister à son heure de gloire. Il termina son discours par quelques mots qui firent grincer des dents : il déclara qu'il était le « roi du monde », en référence à la réplique, devenue culte, de Leonardo sur la proue du bateau.

Si l'Oscar avait échappé à Leonardo, ce dernier eut d'autres consolations. Kate Winslet et lui furent élus « couple le plus romantique de l'histoire du cinéma » lors d'un vote effectué auprès des spectateurs américains. La scène où Jack attrape Rose par la taille et la fait voler sur le pont du navire, avec, en fond sonore, la bande originale entêtante, fut considérée comme « l'une des scènes les plus romantiques de l'histoire du cinéma ». Elle rejoignit des scènes mythiques comme celle qui réunit Clark Gable et Vivien Leigh dans *Autant en emporte le vent*, ou la rencontre tant attendue entre Meg Ryan et Tom Hanks en haut de l'Empire State Building dans *Nuit blanche à Seattle*, sans compter l'adieu d'Humphey Bogart à Ingrid Bergman dans *Casablanca* ou encore la scène dans laquelle Patrick Swayze fait courir ses mains le long des bras de Demi Moore, tandis qu'elle façonne une poterie, dans *Ghost*.

Leo fit peut-être la fine bouche devant ces honneurs, mais il ne pouvait ignorer qu'il appartenait désormais à la conscience collective et qu'il avait participé à l'un des films cultes de l'histoire. À vingt-trois ans, il était la star la plus sexy d'Hollywood. Il fut élu l'une des vingt-cinq personnalités les plus fascinantes par le magazine *People*, et son visage s'affichait à la une des magazines parce qu'il faisait vendre.

Les recettes du film dépassèrent celles de *La Guerre des étoiles* et de *Jurassic Park*, et *Titanic* devint le plus gros succès au box-office de tous les temps. Parallèlement, l'intérêt porté à Leonardo DiCaprio ne faiblissait pas. De nombreux critiques furent contraints de reconnaître le rôle joué par DiCaprio dans le succès du film. John Burman, le responsable de l'information internationale du *Hollywood Reporter*, admit : « DiCaprio est sur le point de gravir l'échelon le plus élevé du pouvoir à Hollywood. Il va être capable de faire en sorte qu'un film se réalise, parce qu'il reposera sur son seul nom. »

La popularité de Leo allait toutefois se heurter à une nouvelle épreuve. La sortie de *L'Homme au masque de fer* (1998), un film pour lequel il s'était engagé tandis qu'il était encore au cœur de l'expérience *Titanic*, avait été reportée en raison du retard pris par le monstre de Cameron. Ce type de film se rapprochait sans doute davantage de ce qu'il aurait fait si sa carrière n'avait été interrompue par la superproduction. Écrit, produit et réalisé par Randall Wallace – le scénariste de *Braveheart* (1995), l'épopée écossaise avec Mel Gibson –, *L'Homme au masque de fer* n'avait rien d'un film à petit budget (trente millions de dollars). Leonardo y partageait l'affiche avec une belle distribution, composée d'acteurs confirmés : John Malkovich, Gabriel Byrne, Jeremy Irons et Gérard Depardieu.

Leonardo y jouait le double rôle du roi Louis XIV et de son frère jumeau, Philippe. Librement adaptée du roman d'Alexandre Dumas *Le Vicomte de Bragelonne*, l'histoire tournait autour des mousquetaires vieillissants, Athos, Porthos, Aramis et d'Artagnan, et présentait de nombreuses ressemblances avec le film de 1939. Leonardo devait donc à la fois incarner le roi Louis, un homme gâté, aux mœurs légères, et son frère Philippe, emprisonné sur ordre du roi, le visage recouvert d'un masque de fer afin de dissimuler sa véritable identité. Dans l'intrigue, les mousquetaires (déçus par le roi) tramaient un plan pour remplacer Louis par Philippe. Ils libéraient Philippe, et ce dernier devait se faire passer pour le roi sans éveiller les soupçons de son entourage. Mais il se révélait incapable d'adopter les sinistres manières de son jumeau et était donc démasqué par d'Artagnan, le seul mousquetaire à ne pas avoir participé au complot.

Pour Leo, la sortie du film ne pouvait survenir à un meilleur moment. Au lieu d'interpréter un personnage romantique dans un film où l'on sort les mouchoirs, il incarnait à la fois le méchant et le héros. Ce long-métrage constituait donc une belle opportunité de rappeler aux spectateurs son statut d'acteur sérieux : « Pour moi, ce fut une expérience géniale de jouer avec ces pointures et d'interpréter un double rôle. »

Bien que le tournage ait eu lieu à Paris, l'acteur n'avait pu échapper à la « Leo-mania ». Quelques-uns de ses amis les plus proches – Tobey Maguire, Jonah Johnson et Ethan Suplee – l'avaient rejoint en France. Quand, tous ensemble, ils avaient tenté d'apercevoir *La Joconde* lors d'une visite au Louvre, ils avaient été pourchassés par une meute de fans hystériques. Des hordes d'adolescentes avaient également découvert leur appartement près des Champs-Élysées et avaient élu domicile au pied de l'immeuble.

Sur le plateau, Leonardo s'était bien préparé à tourner aux côtés de ses partenaires chevronnés. Randall

Wallace indiqua d'ailleurs que, « dès le premier jour de tournage, il n'y avait aucun doute sur le fait que Leo jouait dans leur catégorie. C'était tout à fait un des leurs ».

La présence de DiCaprio dans ce drame historique ajouta du piquant à sa sortie, en mars 1998. Grâce à sa participation, on estimait que le film serait le premier vrai challengeur de *Titanic*, installé à la tête du classement depuis le mois de décembre. En termes cinématographiques, on l'annonçait comme « l'iceberg susceptible de faire couler le film de tous les triomphes ».

Wallace déclara : « Je présume que, grâce à la "Leomania", les gens sont attirés par les deux films. N'oublions pas que, quand il tournait *Titanic* et que je l'ai engagé pour *Le Masque de fer*, on s'attendait à ce que *Titanic* fût l'un des plus gros flops de l'histoire d'Hollywood. »

Il s'en fallut de peu que *Le Masque de fer* ne délogeât *Titanic* de son perchoir. Le week-end de sa sortie, il empocha presque 17,3 millions de dollars, soit à peine trois cent mille dollars de moins que *Titanic*, mais cela ne suffit pas à détrôner le plus gros succès de tous les temps. Pour DiCaprio, la somme de trente-cinq millions totalisée par les deux films ce week-end-là témoignait de son poids écrasant au box-office.

John Burman, du *Hollywood Reporter*, indiqua que, même dans le cas où *Le Masque de fer* n'aurait pas atteint la première place, cela n'aurait en rien entamé le statut de star montante de Leonardo DiCaprio : « La presse n'en a jamais assez de lui. L'acteur pourrait à présent tripler ou quadrupler les deux millions et demi qu'il a empochés pour *Titanic*, tant il est demandé. »

Des spécialistes d'Hollywood s'interrogèrent : fallait-il voir en lui un nouveau Brando ou un simple feu de paille ? Stephen Spignesi, historien du cinéma et auteur d'un ouvrage sur *Titanic,* affirma : « Je pense que c'est vraiment un bon. Quand j'ai vu *Gilbert Grape,* ça m'a scié. Je ne pouvais pas croire que c'était un rôle de composition. Dans *Titanic,* il est brillant. Même dans les deux ou trois moments où son personnage est un peu discutable, il réussit à s'en tirer. »

« Quand on le voit dans *Gilbert Grape* et dans *The Basketball Diaries,* on sait qu'il ne se contente pas d'observer la vie avec acuité, il l'aime vraiment », renchérit Randall Wallace. « C'est un acteur à la fois instinctif et intelligent, une combinaison fantastique. Il est assez malin pour ne pas laisser son intelligence dominer ses instincts. Quoi qu'il décide de faire, selon moi, il le fera bien. »

« Très tôt, il s'est révélé bon acteur », conclut Amy Paulse de *Teen People.* « Il détient sans aucun doute le pouvoir de durer. »

Dire que, à peine quelques mois plus tôt, certains critiques avaient jugé Leo trop jeune pour incarner un artiste sans le sou qui avait mené une vie de bohème à Paris, occupé à dessiner des prostitués ! Pour ces critiques, son visage n'était pas assez marqué pour suggérer une existence à la dure. Pour d'autres, ce n'était pas un homme mais un garçon. La critique Camille Paglia alla même jusqu'à écrire qu'il ressemblait à une « lesbienne de treize ans ».

Tandis que *Titanic* franchissait la barre du milliard de dollars, quelques analystes affirmèrent que la moitié de ce chiffre avait été générée par la seule présence de Leo. Bientôt, ses propres attachés de presse craignirent de perdre le contrôle et redoutèrent une éventuelle surexposition. Kerry Parnell, rédactrice en chef du magazine britannique *Bliss* (destiné aux jeunes filles de douze à dix-huit ans), confirma l'ampleur du phénomène quand Leonardo remporta de manière écrasante les élections du garçon *Bliss* 1998 : « Il a recueilli soixante-dix pour cent des voix des dix mille lectrices qui ont participé au vote. Il a tout raflé. L'an dernier, il était arrivé en vingt-huitième position. Tout est allé incroyablement vite. On n'a jamais connu un phénomène de la sorte. »

Que DiCaprio le veuille ou non, tout le monde semblait vivre au rythme de Leo. Le 20 mars, à Londres, huit mille fans prirent d'assaut Leicester Square pour la première britannique de *L'Homme au masque de fer*. Les fans étaient au bord du malaise, et ce, avant même l'arrivée de Leo. L'une des fans brandissait une affiche : « Leo, dieu du sexe », tandis que durant tout le film, certaines se mettaient à hurler dès que le masque porté par Leo apparaissait à l'écran. Au Japon, des écolières organisaient des « fêtes où l'on pleure ». Elles regardaient des vidéos de DiCaprio et pleuraient en groupe.

En mai, Leonardo choisit de ne pas assister au Festival de Cannes de peur d'être assailli par la foule. Quand l'hystérie atteignit son paroxysme, le magazine *Première* le classa à la vingt-cinquième place des cent personnes les plus influentes d'Hollywood, soit une place de mieux que Jeffrey Katzenberg, qui dirigeait le studio DreamWorks avec Steven Spielberg.

Spielberg lui-même alla jusqu'à déclarer : « N'importe quel père serait fier d'accueillir Matt Damon chez lui et de le présenter à sa fille préférée. Moi, je le serais. Mais voilà, *ma* fille a bien sûr craqué pour Leonardo DiCaprio. »

Pour Leonardo, la « Leo-mania » avait bien entendu ses bons côtés. Sa popularité avait des retombées très favorables sur ses anciens films. Le *Blockbuster Entertainment* rapporta que les locations conjointes de *Simples secrets, The Basketball Diaries* et *Roméo + Juliette* avaient augmenté de soixante et un pour cent pendant les trois semaines qui avaient suivi la sortie de *Titanic* au Royaume-Uni. Dans le même temps, *Rimbaud Verlaine* – son premier véritable flop, toutes proportions gardées – était devenu une denrée rare grâce à la scène qui montrait Leo nu.

En mai, au Royaume-Uni, le *Daily Telegraph* rapporta que Rupert Murdoch, dont la 20th Century Fox distribuait *Titanic* à l'extérieur des États-Unis, avait fait des pieds et des mains pour obtenir un rendez-vous avec DiCaprio. D'après le journal, « c'était la première fois que des patrons de studio couraient après un acteur de cette manière ». La rumeur prétendait que Murdoch veillait à ce que DiCaprio ne se sente pas « exclu » de la pluie d'acclamations qui avait arrosé *Titanic* aux Oscars. Et il lui aurait assuré que la Fox serait heureuse de financer son prochain film, quel qu'il soit.

Mais la « Leo-mania » n'avait pas encore atteint son apogée. Elle atteignit son paroxysme le jour où, lors d'un voyage en Europe, une adolescente de quatorze ans, mentionnée au début de cet ouvrage, saisit la jambe de l'acteur et s'y cramponna comme si sa vie en dépendait. Même des magazines à la réputation sérieuse perdirent la tête. *Time Magazine,* par exemple, sortit un article étrange qui détaillait les habitudes alimentaires de Leonardo : « Ils ont publié ma liste de courses. Ça donnait : "De la viande, du déodorant, du brocoli", raconte DiCaprio. Je suis passé pour un petit minable immature dans tous les articles qu'on a écrits sur moi. »

Au cœur de ce tapage médiatique, Leo s'efforçait de garder les pieds sur terre. En 1998, sa mère et lui firent un don de trente-cinq mille dollars à un « Centre informatique Leonardo DiCaprio » situé dans le quartier de Los Feliz – le lieu de sa jeunesse. Cette antenne de la bibliothèque publique de Los Angeles avait été reconstruite après le tremblement de terre de Northridge, en 1994, et rouverte au début de l'année 1999.

Il était l'acteur le plus en vue de la ville. Son agent, Rick Yorn, se vantait d'avoir quinze scénarios en attente sur son bureau, avec des propositions supérieures à quinze millions de dollars. De son côté, *Forbes Magazine* classa l'acteur à la trente-quatrième place des artistes les plus fortunés du pays. Tandis que l'argent continuait de remplir les caisses, Leonardo se lassait des discussions relatives au phénomène *Titanic* : « Je ne prends pas le succès ou l'échec comme un fait personnel. On m'a dit que c'est le film qui a rapporté le plus d'argent au monde, mais je déteste regarder les chiffres et les résultats. Combien ? À quelle vitesse ? C'est ennuyeux. J'ai aussi fait beaucoup de petits films dont je suis fier. Ils n'ont peut-être pas été vus par grand monde mais ils n'ont pas moins de valeur à mes yeux. »

Dans ses interventions publiques, il exprima de plus en plus son envie de faire une pause. La dernière chose que ses fans avaient envie d'entendre, c'était qu'il arrêtait les films pendant un an. Cependant, après onze films en cinq ans seulement, Leonardo se déclara fatigué.

Après *Titanic,* il avait enchaîné le tournage de *L'Homme au masque de fer* en France. Ces projets l'avaient « épuisé émotionnellement » : « Je ne pouvais pas refuser un film avec un tel casting. Je n'en ai aucun regret, mais c'était une expérience fatigante. » Il ajouta : « Je prends une année de congé. Je veux ralentir le rythme parce que j'ai travaillé dur. Il y a tellement de choses que je n'ai pas eu l'occasion de faire à cause du travail. Aller voir les lions, les éléphants et les zèbres en liberté, entre autres. Pour moi, le plus étrange à Hollywood, c'est de voir que les choses que je désirais et que j'espérais se réalisent. C'est un drôle de sentiment, même là je n'y crois pas vraiment.

« C'est pareil pour toutes ces histoires à propos de mon supposé sex-appeal. Je n'en suis pas conscient. Je vis l'expérience. Plus tard, je me réveillerai et je saurai ce que ça fait. »

Déplorant les sacrifices qu'il avait dû faire pour poursuivre ses rêves de cinéma, il se confia : « Mon problème, c'est que je n'ai pas eu la possibilité de vivre vraiment. J'ai commencé les films à seize ans et je les ai enchaînés depuis. J'ai dû laisser de côté tous mes autres centres d'intérêt. Je dois remettre de l'énergie, de la réflexion et de la sérénité dans ma vie. Ce métier a beaucoup d'attraits, mais il n'a pas que des avantages. L'anonymat est un bien précieux.

« J'aime aller dans les endroits où l'on ne me reconnaît pas. Si je dois aller au fin fond de l'Afrique pour ça, j'irai. »

Quand il évoquait ses projets de retour au cinéma, il était certain d'une seule chose : il ne voulait pas jouer un autre personnage romantique. « Je suis mort en Roméo, et en Jack Dawson dans *Titanic*. Ça veut peut-être dire quelque chose. Je sens que, pour le moment, j'en ai fini des rôles principaux de ce genre. Je ne veux pas jouer les super-héros non plus. En ce moment, j'aspire plus à aller voir un troupeau de gnous qu'une équipe de tournage. »

Si Cameron avait essayé de s'attribuer le titre de « roi du monde », force était de constater que, au milieu de l'année 1998, Leonardo DiCaprio lui avait ravi la vedette. Mais combien de temps allait-il garder sa couronne sur la tête ?

12

Un ange devenu démon

À l'image de *Titanic*, au début de l'année 1998, la popularité de Leonardo semblait inébranlable. Pour son armée de fans, c'était l'homme idéal : une beauté outrageuse, un gentil garçon, dont la fidélité allait d'abord à sa mère et qui veillait sur sa grand-mère préférée en s'assurant qu'elle puisse toujours bénéficier des meilleures places, à côté de la famille royale, lors des premières.

Pourtant, Leonardo DiCaprio, devenu icône planétaire, se dirigeait tout droit vers un iceberg. Le succès sensationnel de *Titanic* ne laissait nullement présager de ce qui attendait le jeune acteur. Certes, on lui avait prêté des aventures avec tous les top-modèles et actrices célibataires (ou non), d'Helena Christensen à Liv Tyler. Les articles relatant ses soirées déchaînées étaient monnaie courante. Même les rumeurs sur une beuverie à Miami Beach lors de la Saint-Sylvestre n'avaient pas refroidi l'opinion publique, toujours en admiration devant l'enfant prodige.

Quant à l'absence remarquée de Leo à la cérémonie des Oscars, on la mit sur le compte d'un coquard à dissimuler, dû à une altercation avec le petit ami de la star de *Showgirls*, Elizabeth Berkley. D'après les bruits de couloir, Leo – qui avait pour habitude de glisser son numéro de téléphone dans le sac des filles – était tombé sur un os quand le petit ami de la jeune femme, Roger Wilson, avait suspecté celle-ci de flirter avec l'acteur. Wilson avait retrouvé DiCaprio dans un restaurant new-yorkais et les deux hommes en étaient venus aux mains. L'attachée de presse de Leo, Cindy Guagenti, démentit les faits et expliqua que son œil au beurre noir résultait d'un choc avec une porte. Elle confirma néanmoins qu'un affrontement avait eu lieu : « Leo n'a jamais pris part à la bagarre. Il est resté à l'intérieur jusqu'à ce que tout soit terminé. » La police de New York avait enquêté sur l'incident mais les inspecteurs n'avaient pas poussé plus avant leurs investigations.

La star mondiale était donc progressivement devenue l'un des plus grands Casanova d'Hollywood. Les journaux rapportaient les propos d'« amis » – soucieux de rester anonymes – selon lesquels Leo, peu précoce en matière de conquêtes, avait adopté une nouvelle devise : « Trop de filles, si peu de temps. »

C'est dans ce contexte qu'une histoire commença à circuler. Après avoir découvert une photo du magnifique mannequin Amber Valletta dans un magazine, l'acteur aurait demandé à son équipe d'organiser un rendez-vous. Peu de temps après, le couple aurait été aperçu, déambulant dans les rues de New York. Certains de ses amis y allèrent de leurs commentaires : « Il faudrait qu'il se range et qu'il apprenne ce que c'est que l'amour » ; « Il court après toutes les jolies filles, qu'elles soient célèbres ou inconnues ». L'un d'eux alla même jusqu'à raconter : « Il a dit à une fille qu'elle deviendrait membre du Mile High Club[1] si elle faisait l'amour avec lui dans un avion. Il a loué un jet privé, il lui a servi du champagne avec des fraises et de la glace, et ils ont fait l'amour en regardant les étoiles. »

Pendant ce temps, l'actrice Nicole Becher affirmait haut et fort avoir été la première à l'embrasser, alors qu'ils étaient adolescents et copains de classe. Elle confia qu'ils s'étaient cogné le nez et qu'ils avaient éclaté de rire : « J'étais la première fille qu'il embrassait et on a tous les deux été très maladroits. » Cette anecdote, comme bien d'autres, venait ajouter au folklore qui entourait la star.

On unit ensuite le comédien à Vanessa Haydon, une jeune femme de vingt ans à la beauté renversante, pressentie comme un futur top-modèle. On aperçut le couple tendrement enlacé dans les rues de New York, puis flânant dans Central Park. L'équipe de Leonardo démentit pourtant l'existence d'une quelconque liaison. À présent, il devenait de plus en plus difficile de distinguer une véritable romance d'un coup monté par de jeunes femmes ambitieuses, qui voyaient là un moyen de tirer partie de la notoriété de Leo.

Lors d'une fête organisée à Paris après la sortie de *L'Homme au masque de fer*, on déclara que Leonardo avait ouvertement flirté avec l'ex-mannequin de la marque Wonderbra, Eva Herzigova, et ce, bien qu'elle fût mariée. Une autre fois, à La Havane, il serait descendu dans le même hôtel que les top-modèles Naomi Campbell et Kate Moss. Son ami Eric Donovan aurait alors confié que « Leo était vraiment intéressé par Naomi et qu'il finirait par l'avoir ». Selon ses dires, Leo et Naomi auraient fini par se retrouver dans un jacuzzi à

1. Club de ceux qui ont fait l'amour à plus de 10 000 mètres d'altitude.

l'issue d'une soirée : « C'était chaud et intense entre eux, et Leo avait très envie d'elle, mais d'après ce que j'ai compris, elle a refusé d'aller plus loin. »

Pourtant, Naomi aurait montré des signes de jalousie en apprenant qu'une certaine Sophie Dahl, mannequin à la silhouette voluptueuse, avait tenté de séduire son protégé lors d'une soirée parisienne. Naomi aurait alors lancé à sa rivale : « Arrête de parler à mon mec ! »

Sophie avait bien essayé de rejoindre le couple dans sa limousine, mais Naomi, qui ne l'entendait pas de cette oreille, avait claqué puis verrouillé la porte, laissant la jeune femme médusée sur le trottoir.

La légende rapporta ensuite que Leonardo s'était jeté sur son amie Kate Moss, rencontrée à Londres, à l'époque où il draguait une stripteaseuse nommée Karen. Leur rencontre avait été électrique. L'histoire ne dit pas si leur relation était allée plus loin. Tandis que les attachés de presse s'inquiétaient des spéculations sur la vie amoureuse de Leo, ce dernier jouait les blasés : « Est-ce que ce n'est pas ce que font tous les types de mon âge ? Nos hormones tapent du pied et, à part le sexe, on n'a pas grand-chose en tête. Non, sérieusement, je n'ai pas envie qu'on me voie comme un fêtard, comme le cliché du jeune acteur. Je ne suis pas comme ça. »

« Je me suis amusé », avait-il fini par reconnaître. Il souligna toutefois que l'affection était importante pour lui : « Tu te demandes toujours : "Est-ce que je pourrais tomber amoureux d'elle ?" Dans la vie, on recherche toujours une compagne. » « J'aime les filles intelligentes, drôles et jolies, avec une belle personnalité. Quand je suis seul avec une fille, je suis un vrai romantique. Je gazouille, je frotte mon nez contre le sien, la totale. Et voilà, je suis gêné maintenant… »

Pour se forger une image plus « sentimentale », il se mit à évoquer son animal domestique, un lézard, dont il prétendait que la compagnie lui manquait davantage que celle des femmes quand il était loin de chez lui. Blizz, son « dragon barbu », comme il l'appelait, l'accompagnait dans tous ses déplacements : « C'est mon lézard apprivoisé, un dragon barbu. Je l'avais avec moi sur le tournage de *Titanic.* »

Il cherchait avant tout à montrer qu'il restait un adolescent vulnérable, appréciant la bonne compagnie, mais jamais aussi heureux qu'avec ses amis lorsqu'ils jouaient au ping-pong ou à la PlayStation. Il aimait toujours autant faire des blagues, imiter les autres acteurs et jouer des tours à l'équipe de tournage (qui se résumaient surtout à des pets). Quant à sa mère, elle lui manquait terriblement depuis qu'il avait quitté la maison en novembre : « On ne peut pas se rendre compte à quel point une mère peut nous manquer jusqu'au jour où on la quitte. »

Mais, loin de se tasser, les rumeurs enflaient et continuaient de ternir la réputation de la star. On ne comptait plus les jeunes filles étalant leur vie sexuelle avec Leo pour se faire de l'argent facile. Quant aux anciennes partenaires de l'acteur, elles se répandaient dans la presse sur les prouesses supposées de DiCaprio.

Kate Winslet, qui avait confié que Leo et elle urinaient à tour de rôle dans l'eau durant les scènes de naufrage, révéla également comment, pendant les pauses, ils se réfugiaient dans la caravane de l'acteur pour échanger des secrets intimes : « On a confronté nos expériences sur des choses très, très personnelles, et ça pouvait devenir très cru. Il est très bon là-dessus, et beaucoup des tuyaux qu'il m'a donnés sur le sexe se sont révélés géniaux ! »

Ce fut ensuite au tour de son ex-amoureuse, Bridget Hall, de se confier. Elle ne résista pas à l'envie d'infliger une petite correction à celui qui lui avait brisé le cœur : « On était de bons amis avant de coucher ensemble, révéla-t-elle à une amie, qui s'empressa de relayer l'information au *Sun*. C'était ma première fois et je voulais que ce soit spécial. Ensuite, Leo m'a plaquée et ça m'a anéantie. » Selon le journal, après lui avoir pris sa virginité, Leonardo avait quitté Bridget sans ménagement : « Il n'a plus donné aucun signe de vie pendant des semaines. Puis, il a commencé à m'appeler depuis le plateau de tournage du *Titanic* à Mexico pour me demander de venir le voir. J'y suis allée, mais ça n'a plus été pareil. »

George Wayne, ami proche de Bridget et rédacteur à *Vanity Fair*, enfonça le clou : « Après un moment aussi important dans la vie d'une fille, il l'a plaquée comme une vieille chaussette. On devrait l'attaquer pour avoir eu le culot de déflorer une de mes meilleures amies. »

Leo avait donc grand besoin de redorer son blason et put compter sur le soutien providentiel d'une source inattendue : Kristen Zang choisit en effet ce moment précis pour rendre publique sa relation passée avec la star. Elle sortit de sa réserve pour décrire quel amoureux passionné et tendre il avait été. Leurs relations sexuelles étaient, selon ses propres termes, « l'expérience la plus merveilleuse au monde ». Elle conclut : « Être l'amoureuse de Leo, c'est comme vivre en vrai un rêve magnifique, c'est mieux que ce que ses millions de fans peuvent imaginer. J'en tremble encore quand je me souviens de son corps mince contre le mien. »

La description idyllique de leur romance de dix-huit mois alimenta les colonnes du magazine *Star*. Elle raconta que l'acteur, âgé de vingt-trois ans à l'époque, l'avait poursuivie avec obstination « comme Jack courtise Rose dans *Titanic* ». Et d'ajouter : « Il était déterminé à me mettre dans son lit, mais je ne voulais pas qu'il pense que j'étais une fille facile. Leo était mon chevalier en armure. C'est un amoureux plein de tendresse qui peut mettre n'importe quelle fille à sa merci. »

Les prouesses de Leonardo avec les femmes déteignaient même sur ses sosies. Oliver Martin, un étudiant de dix-huit ans, à Berkshire, en Angleterre, révéla à quel point sa vie avait été transformée par la sortie de *Titanic,* car il était le portrait craché de Leo. Il raconta comment les femmes prononçaient le nom de son *alter ego* durant les rapports sexuels. Nombreuses étaient les conquêtes à le supplier de rejouer certaines scènes de *Titanic* : « J'ai rencontré une belle blonde dans une boîte, le *Harpers*, à Guildford. Quand on s'est retrouvés seuls, elle m'a dit qu'on ne pouvait pas aller chez ses parents. Donc, on s'est déshabillés à l'arrière de sa Fiesta. Toutes les fenêtres se sont couvertes de buée comme dans *Titanic.* Sauf que la Fiesta était nettement moins spacieuse que la vieille auto du film ! »

DiCaprio, qui avait fait face patiemment, durant des mois, se décida à entamer un combat d'arrière-garde. En mars 1998, il intenta une action en justice contre le magazine *Playgirl* qui s'apprêtait à publier, dans le numéro de juillet, une photo de lui, nu, extraite du film *Rimbaud-Verlaine.* La précédente rédactrice en chef, Ceslie Armstrong, avait déjà dû quitter son poste pour atteinte à la vie privée de la star.

Quelques semaines plus tard, le *New York Magazine* se livra à une attaque en règle du mode de vie de l'acteur qui, selon le journal, formait avec ses amis du show-biz « un gang en maraude ».

Il qualifia de « Leo-maniaques » les hordes de filles prêtes à se donner et à répondre à tous les caprices du gang : « Quand il entre dans une boîte, les gens commencent à hurler et à bousculer les vigiles, ils donnent des coups de coude et ils poussent pour se rapprocher de lui », rapportait le *New York Magazine*.

Le noyau dur « des chasseurs de minous », comme les qualifiait le magazine, comprenait des copains de longue date de l'acteur : Tobey Maguire, Lukas Haas, acteur dans *Witness*, Harmony Korine, scénariste de *Kids* et réalisateur de *Gummo*, David Blaine, alors magicien de rue en herbe, mais aussi Sara Gilbert, qui avait vécu autrefois une idylle avec Leo. Et un grand nombre de jeunes acteurs encore inconnus avaient tout laissé tomber pour faire partie de la bande.

Toujours selon le *New York Magazine*, chaque nuit était une fête. Le gang de Leo se faisait appeler « le nouveau Rat Pack[1] ». À l'étage du *Moomba*, au sous-sol du *Veruka* ou dans la pièce VIP du *Life*, chacun voulait sa part de « Leo-mania ». « Les mannequins se jetaient sur lui », raconte Jeffrey Jah, directeur du *Life*. « Des stars du rock, Puff Daddy et Donald Trump, sont allés s'asseoir à sa table. Leo venait pour passer du temps avec ses amis. »

La démesure n'avait plus de limite. Le soir des Oscars, quand la clique s'était attiré des ennuis avec le compagnon d'Elizabeth Berkley, DiCaprio aurait, selon les dires d'un anonyme, hurlé les mots suivants : « Allez, on loue un avion ! Je veux aller en Inde ! »

Cette vie supposée de débauche n'était pas sans rappeler l'intrigue de *Don's Plum*, ce film indépendant pour

1. Dans les années 1950, ce « Club des rats » réunissait des stars parmi les plus célèbres de l'époque, parmi lesquelles Frank Sinatra et Dean Martin.

lequel Leo et Tobey Maguire avaient donné un coup de main quelques années auparavant. Dans ce court-métrage (qui sortit seulement à l'étranger, en commençant par le Festival du film de Berlin en 2001), leurs personnages « restaient assis à ne rien faire, à part fumer, parler, dire “mon frère” à tout bout de champ, insulter la serveuse, essayer de coucher avec des filles dans l'arrière-salle et se battre » (propos d'un spectateur qui confia ses impressions au *New York Magazine).*

La bande accompagnait Leo sur les plateaux de tournage, si bien que l'acteur se déplaçait toujours avec plus de dix personnes dans son sillage : « Ce n'est pas un entourage, s'exclama un observateur quand son gang arriva à Paris. C'est une délégation. » Le *New York Magazine* avança qu'ils faisaient office de gardes du corps et transportaient son argent liquide. « Il arrive ici avec tous ses amis et s'assied au fond comme un proxénète. Il ne laisse même pas de pourboire ! » confia une danseuse d'un bar à strip-tease, le *Ten.* « Tout ce qu'ils veulent, tous, c'est voir les filles », se moqua un photographe de mode dans le *New York Magazine.*

Gérard Depardieu, partenaire de DiCaprio dans *L'Homme au masque de fer*, qualifia ce dernier de « petit péteux ». Pendant les conférences de presse, Leonardo invitait les journalistes à sortir et les impressionnait par sa descente : il enchaînait cocktails à la tequila, vodka, champagne et vin sans rouler par terre. Ses amis l'encourageaient à profiter de l'alcool gratuit qui coulait à flots.

Leonardo eut beau contester l'expression « chasseur de minous » – « c'est la chose la plus dégradante à l'égard des femmes que j'ai jamais entendue, et je n'ai jamais utilisé cette expression de toute ma vie » –, le déballage allait bon train. Si certains journalistes pensaient que ce grand ramdam n'entacherait pas l'image de la star la plus chaude d'Hollywood, beaucoup y virent, à terme, une menace pour sa carrière d'acteur : d'après eux, s'il était incapable de mûrir, il sauterait directement de la case ado à celle de grossier personnage.

Et le retour de bâton ne tarda pas à se faire sentir. Sa réputation de *bad boy* et de coureur de jupons plaça bientôt Leonardo au centre des moqueries. Après sa victoire aux MTV Movie Awards, une vidéo parodique montra une équipe emmaillotée dans des bandages qui prétendait que l'acteur l'avait agressée. Aux Razzies, cérémonie annuelle équivalente des Gérard du cinéma, Leo récolta le Golden Raspberry Award du pire couple à l'écran pour son double rôle dans *L'Homme au masque de fer*.

Les exploits de Leo n'avaient plus rien de secret. Ici, il s'était fait expulser d'une boîte de nuit parce que ses amis et lui s'étaient pourchassés dans tout l'établissement. Là, face à un objectif, il était apparu ivre mort, tirant la langue tout en s'attrapant l'entrejambe. Quant à la fête organisée pour célébrer le succès de *Titanic,* il y avait fait des folies, ne reculant devant aucune dépense : caviar de béluga et champagne Bollinger à volonté.

Certes, il avait travaillé dur, mais son nouveau personnage de *bad boy* commençait sérieusement à mettre à mal ses talents d'acteur aux yeux de l'opinion. Il comprit qu'il lui fallait prendre un peu de recul.

Il ne figura que dans un seul film, cette année-là : *Celebrity,* de Woody Allen. Il y faisait une brève apparition. Étrange coïncidence : il incarnait un « jeune acteur hollywoodien, fier et présomptueux ». Il avait pris grand soin de choisir un rôle qui limiterait son exposition médiatique. Las ! Ce nouveau personnage ne fit que renforcer la perception que le public avait de lui. Dans ce film, la fiction rejoignait de trop près la réalité. Pourtant, impossible pour Leo de refuser le rôle : « Je ne veux pas voir mon visage partout. Pour mes choix, je veux faire confiance à mon instinct. Je souhaite aller vers des choses intègres, que je fais pour moi. C'était une petite apparition. J'y joue le stéréotype de l'acteur jeune et grossier », expliqua-t-il.

Le film ne rencontra aucun succès. Il rapporta seulement cinq millions de dollars et fut qualifié « d'insipide » par le *New York Times*. De son côté, *Variety* y voyait « une version réchauffée de la plupart des thèmes rebattus de Woody Allen ».

Après les succès étourdissants de *Roméo + Juliette* et de *Titanic*, Leonardo payait la rançon de la gloire pour la première fois de sa carrière. Se fiant à ses instincts, il refusa des rôles qu'il aurait peut-être envisagés en d'autres temps. Il fuyait surtout toute nouvelle superproduction. C'est donc sans aucune hésitation qu'il déclina le rôle d'Anakin Skywalker (Dark Vador) dans la dernière trilogie de *Star Wars*, et celui de *Spider-Man* (2002). Ce refus fit le bonheur de son meilleur copain, Tobey Maguire. Dans la foulée, il laissa échapper un autre film qui l'aurait beaucoup intéressé auparavant : *American Psycho*. Le personnage de Patrick Bateman, issu du roman culte de Bret Easton Ellis, lui aurait permis, une fois encore, d'explorer son côté sombre. En effet, le personnage principal, un homme d'affaires à la carrière florissante, est soudain pris d'une folie meurtrière en plein cœur de Manhattan. Le rôle échut à Christian Bale.

« Je n'ai jamais voulu que mon image fasse le tour du monde », déplorait Leonardo. Au même moment, en

Afghanistan, des coiffeurs étaient arrêtés par les talibans parce qu'ils proposaient des coupes de cheveux baptisées « *Titanic* », dans le pur style Leonardo DiCaprio...

Accablé par le succès et ses travers, Leonardo connut une sorte de « dépression post-*Titanic* ». Tout le monde désirait parler avec lui, mais personne n'était disposé à l'écouter réellement. Après la sortie du film, il se demanda à de nombreuses reprises s'il avait bien fait d'accepter ce rôle. S'il avait choisi de tourner dans *Boogie Nights,* comme c'était prévu à l'origine, à quel point sa vie aurait-elle été différente ?

Fatigué, DiCaprio annonça qu'il prenait un congé. Il envisageait d'étudier Shakespeare ou de s'ouvrir à de nouveaux projets : « Je prends des congés, j'en ai besoin. Avec un peu de chance, je vais avoir une année pour rattraper les choses que je n'ai pas pu faire depuis mes seize ans, comme voyager, lire ce que je veux, suivre des cours, rencontrer les gens que j'ai envie de voir. » Et d'ajouter : « Je dois entretenir ma passion pour mon métier. C'est la seule chose à faire en tant qu'acteur et artiste. Qu'importe le stade qu'on a atteint dans sa carrière, le milieu du cinéma est tellement versatile. L'espace d'une minute, on est un héros, et, à la minute suivante, on peut être mis à la porte comme un moins que rien. Si tu arrives à faire ce que tu fais le mieux et en plus à être heureux, alors tu es plus avancé dans la vie que la plupart des gens. »

Tout ce à quoi il aspirait désormais, c'était à un peu de tranquillité, mais parviendrait-il à l'obtenir ?

13

Bienvenue en enfer

La scène qui va suivre aurait pu être tirée de l'un des films de l'acteur.

On y voit un Leonardo jeune et hésitant, face à une femme plus âgée, sensuelle, qui l'attire sur son canapé. Pris de vertige, éperdu d'excitation, le jeune homme peine à réfréner son désir d'adolescent et froisse maladroitement les vêtements de la femme. Une telle scène d'initiation, déjà difficile à assumer pour un jeune homme encore puceau, se trouva aggravée par la présence, derrière la porte, de ses amis, qui observaient le spectacle par le trou de la serrure et qui ne manqueraient pas de faire leurs choux gras de la situation.

Cette séquence n'était donc pas tirée d'un film. Il s'agissait d'une description très précise, riche en détails crus et croustillants, de la manière dont Leonardo DiCaprio avait perdu sa virginité à l'âge de dix-huit ans. L'histoire s'était retrouvée en pleine page d'un journal, cinq ans après les faits, suite au témoignage de la protagoniste de la scène, une certaine Barbara Jane Rohling, alors âgée de trente-deux ans.

À cette époque, le jeune acteur, star montante, venait de signer son contrat pour le film *The Basketball Diaries*. Barbara était, quant à elle, une familière du petit monde hollywoodien ; elle était sortie auparavant avec Julian Lennon. Elle rencontra Leonardo et son groupe d'amis par hasard, dans une boîte sur Sunset Boulevard, et accepta leur invitation à une fête la semaine suivante. En référence à une chanson des Beatles, elle qualifiera d'ailleurs les deux jours de beuverie qui accompagneront le dépucelage de Leo comme son « week-end perdu ».

Dans le journal *News of the World*, Barbara Jane Rohling revenait en détail sur cette fête donnée par l'acteur et ses copains, tous encore ados : « Les autres invités ont annoncé qu'ils allaient se coucher ou rentrer chez eux. Soudain, il n'y eut plus que Leo et moi. Il a commencé à caresser mes cheveux. Il m'a dit qu'il avait envie de moi. J'ai craqué pour lui, même si ce n'était encore qu'un enfant. Il m'a embrassée et a saisi mes seins d'un geste maladroit. On sentait son hésitation, il ne savait pas clairement jusqu'où il pourrait aller ; il me testait et, curieusement, j'ai trouvé ça excitant. Il est clair qu'il ne s'est pas comporté ce jour-là en amant expérimenté, mais ça m'a plu quand même. Je me souviens qu'il n'était pas très musclé. Il m'a confié qu'il avait déjà flirté avec des filles mais qu'il n'avait jamais été jusqu'au bout. J'ai trouvé ça étrange qu'il soit encore puceau à dix-huit ans, surtout à Hollywood. »

Barbara ne se doutait pas que les amis du jeune homme assistaient à la scène, jusqu'à ce que la musique s'arrête et qu'elle entende des chuchotements provenant de derrière la porte. Le couple s'interrompit. Elle s'avança sur la pointe des pieds et ouvrit brusquement la porte. Les copains de Leo déguerpirent alors en riant. Sur le coup, Leo s'amusa aussi de ce comportement potache, avant de reprendre ses ébats.

« Après avoir fait l'amour, on est restés blottis l'un contre l'autre sur le canapé », poursuivit Barbara. « Ensuite, je lui ai demandé de me raccompagner chez moi. Mais il a dit qu'il avait bu trop de bières, et que de toute façon, il voulait que je passe la nuit avec lui. »

Brisant le rêve de quantité de filles, Barbara rapporta que, après leurs premiers ébats, Leo s'était rapidement endormi. La nuit suivante, il avait retrouvé toute sa vigueur et l'avait déshabillée avec fougue pour une nouvelle partie de jambes en l'air. Elle l'avait complimenté sur le fait qu'il apprenait vite. Avec humour, il lui avait répondu qu'il avait un excellent professeur. Le jour suivant, elle leur avait préparé un petit déjeuner, puis Leo l'avait raccompagnée chez elle.

Le jeune acteur prit goût à l'exercice et se mua en quasi-obsédé du sexe, capable de toutes les audaces. Dans la semaine qui suivit cette première étreinte, il parvint à convaincre Barbara de lui faire une petite gâterie dans la cage d'escalier d'une boîte de nuit bondée d'Hollywood : « J'étais à une fête au *Bar One*, un véritable repaire de célébrités », raconta Barbara au journal. « Leo m'a vue et il s'est précipité vers moi. Je me souviens qu'il portait, comme souvent, un bandeau en lamé or, qui lui donnait un air de minette.

« Il m'a chuchoté à l'oreille : “Tu es libre, là, tout de suite ?” J'ai pensé qu'il allait m'emmener sur la piste mais il m'a attirée dehors, près de la cage d'escalier, et il a commencé à déboutonner son pantalon. Je pouvais voir son boxer Calvin Klein noir, plutôt sexy. Quand il m'a dit ce qu'il attendait de moi, ça m'a choquée. Mais j'avais bu un cocktail, et j'étais tout étourdie parce que je bois très rarement. J'ai donc accepté de le faire, et une minute après, tout était fini.

« J'ai pensé : "Je ne peux pas croire que je suis en train de faire ça à un gars qui porte un bandeau en lamé or !" Quand ce fut terminé, il m'a remerciée avec un grand sourire. »

Ce fut leur dernière relation : « Depuis, je l'ai croisé à l'occasion de fêtes dans des boîtes et il est toujours très gentil avec moi », conclut Barbara.

Au moment où ces révélations s'affichèrent dans les kiosques, Leo se trouvait en Thaïlande, sur le tournage du film *La Plage* (2000). Sans doute s'estima-t-il heureux, à l'époque, de se trouver à l'autre bout du monde. S'il avait espéré qu'avec le temps, l'intérêt suscité par sa vie privée irait en s'estompant, il s'était lourdement trompé. Auréolé du mystère de la star précoce, l'acteur n'a jamais cessé de susciter la curiosité du public, désireux de comprendre les moteurs de son ambition.

La Plage était le premier vrai projet de la star après *Titanic*. Un succès bien difficile à égaler. À cette époque, il évoqua d'ailleurs la pression écrasante entraînée par un tel triomphe : « J'ai voulu prendre mon temps et ne pas me précipiter dans n'importe quoi. Les gens croyaient, à tort, que je me laissais aller, mais j'avais besoin de trouver un projet auquel m'identifier, qui m'interpelle vraiment. Pas une histoire que quelqu'un d'autre aurait trouvée brillante ou susceptible de faire un film génial. »

Le film s'inspirait du roman éponyme, paru en 1996, d'Alex Garland. Une œuvre devenue incontournable pour les routards occidentaux qui voyageaient à travers l'Extrême-Orient à la recherche d'un paradis sauvage.

Di Caprio toucha vingt millions de dollars pour jouer le rôle principal de Richard. Pour les besoins du film, le héros du roman – un routard britannique – devint donc américain.

Voici un bref rappel de l'histoire : le héros, Richard, part en Thaïlande en quête d'aventures. C'est là qu'il rencontre Daffy, un hippie un peu nomade, qui lui révèle l'existence d'une île secrète encore inconnue des touristes. Avant de se suicider, Daffy lui laisse une carte dessinée à la main. Richard rencontre alors un couple de Français, Étienne et Françoise, qui accepte de l'accompagner dans sa quête de « la plage ». Mais le voyage tourne rapidement au cauchemar et met leur vie en péril, puisqu'ils doivent tromper la surveillance de cultivateurs de marijuana, armés jusqu'aux dents. Ils atteignent finalement leur plage paradisiaque et découvrent l'existence d'une communauté, au premier abord idyllique. Comme on pouvait s'y attendre, le paradis se mue très vite en enfer, la présence des nouveaux venus faisant remonter les tensions à la surface. Lorsque, par mégarde, Richard invite d'autres personnes sur l'île, elles se font assassiner par les cultivateurs de drogue, fous de rage. Le jeune Américain doit alors mener une lutte acharnée pour sauver sa peau.

Le roman n'attendait plus qu'une adaptation. Aux manettes : Danny Boyle, un petit prodige de la réalisation. Ce dernier avait fait des merveilles avec ses films réalistes à petit budget, *Petits meurtres entre amis* (1994) et *Trainspotting* (1996), une adaptation géniale du best-seller d'Irvine Welsh, relatant l'histoire d'héroïnomanes vivant à Édimbourg.

Flanqué du même scénariste, John Hodge, et du producteur Andrew MacDonald, qui avait adapté

Trainspotting avec brio, le projet du film *La Plage* était donné gagnant. D'autant qu'à l'origine, Boyle voulait réunir les acteurs écossais Ewan McGregor et Robert Carlyle, qui avaient largement contribué au succès de son précédent long-métrage.

Mais la polémique éclata dès le départ, lorsque McGregor fut exclu du projet sans ménagement. La 20th Century Fox aurait en effet promis d'augmenter le budget du film si Boyle parvenait à engager un grand nom d'Hollywood. Ce dernier, qui avait déjà discuté avec Leonardo DiCaprio au Festival de Cannes d'une éventuelle collaboration sur un projet approprié, n'avait donc qu'un seul nom sur sa liste. « Oui, Ewan s'est fâché, se souvint le réalisateur. Mais nous avions besoin que le personnage devienne américain et Ewan ne correspondait pas au rôle. Le gars dans le roman est tellement britannique. Il est trop passif. Bien que l'écriture soit très cinématographique, elle est finalement trompeuse, parce que quand on résume le livre en vue d'une adaptation, il ne se passe rien en réalité. »

Dans une interview pour le *Times*, McGregor rompit enfin le silence sur le différend qui avait ouvert les portes du tournage à DiCaprio : « On ne traite pas ses amis comme ça. Ils m'ont laissé croire que je jouerais le personnage dans *La Plage*. On est allés jusqu'à établir un calendrier et prendre des rendez-vous. Pendant tout le temps qui a suivi, ils m'ont gardé sous le coude, juste au cas où Leonardo se désisterait, c'est lamentable ! Après ça, je n'ai plus entendu parler de Danny pendant des années. » Et de poursuivre : « Quand il me l'a annoncé, je voyais bien qu'il était déchiré et bouleversé. J'ai passé pas mal de temps à le réconforter sur le mode : "Non, pas de problème. Je comprends." Mais, une fois rentré chez moi, j'ai pensé : "Putain ! Ça ne se fait pas." Ma femme était furieuse. Alors j'ai téléphoné au producteur, Andrew. Je sentais qu'il était impliqué dans ce mauvais coup. Lorsque j'ai demandé des explications en lui précisant que je venais de déjeuner avec Danny et que je ne comprenais pas ce soudain revirement de position, sa seule réponse a été : "Arrête, c'est bon, ça devait arriver tôt ou tard." Depuis, silence radio. »

Pour Leonardo, travailler avec Danny Boyle, dont il était déjà un grand fan, constituait une opportunité à ne pas manquer. Même si la réputation du réalisateur n'était plus à faire, plusieurs proches du jeune acteur jugèrent ce choix insolite. Aux États-Unis, les critiques cinématographiques pensaient que DiCaprio prenait un énorme risque en acceptant d'interpréter le rôle principal d'un film sombre et dangereux, en totale opposition avec *Titanic*. C'était pourtant le caractère atypique et insaisissable du personnage de Richard qui attirait Leonardo, « l'un des personnages les plus complexes qu'il ait jamais rencontrés ». « Mon personnage porte en lui des traits de caractère propres, selon moi, à la génération actuelle, notamment une certaine incapacité à ressentir des émotions, à vivre des expériences dans le monde réel, en raison d'une immersion dès l'enfance dans le monde virtuel de la télévision, des médias et autres jeux vidéo... Je m'identifie à cela », confia-t-il à la presse.

Richard, le personnage incarné par Léo, s'adaptait en effet rapidement aux lois édictées par la communauté de l'île, pour découvrir très vite que ce mode de vie, en apparence si authentique, était lourd de menaces et de faux-semblants. D'après l'acteur, le personnage pouvait aussi susciter la compassion : « Selon moi, c'est un être profondément humain. C'est quelqu'un pétri de contradictions, à la recherche de sa vérité. Il est égoïste à de nombreux égards et pense toujours que l'herbe est plus verte ailleurs. Dès qu'il a atteint un but, il ne lui accorde plus aucune valeur et court après le suivant. Il s'est lancé dans la quête d'un idéal inconnu. Ce n'est ni un héros ni un méchant. Au détour d'une de ses errances, le personnage finit par découvrir cette utopie, une communauté surprotégée, loin des lois habituelles de la société. Il commence par y voir la réponse à tout ce qu'il avait espéré pour finir par comprendre que le paradis n'existe pas et qu'il s'est bercé d'illusions. »

Même si la façon cavalière dont DiCaprio avait intégré le projet avait porté atteinte à la relation quasi fraternelle qui unissait Ewan McGregor et Boyle, ce changement de casting fut loin d'être le souci majeur du réalisateur, qui n'était pas au bout de ses ennuis.

Pour restituer le décor idyllique du roman, l'équipe de production s'était installée à Maya Bay, sur l'île tropicale de Koh Phi Phi Leh, au large des côtes thaïlandaises. À peine arrivée, elle fut confrontée à des manifestations visant à stopper le tournage. Apprenant que les autorités locales commençaient à négocier avec la 20th Century Fox, *The Nation*, un journal de langue anglaise, avait déclaré dans son éditorial que la réalisation de ce film allait violer les lois destinées à préserver l'île des atteintes environnementales. « La préservation de l'île impose une totale discrétion et doit fuir cette médiatisation hollywoodienne, source d'un tourisme de masse », affirmait *The Nation*.

Les écologistes affirmèrent également que l'écosystème fragile de Maya Beach serait, à terme, détruit par les cocotiers que l'on projetait de planter et par la création de dunes artificielles.

Le feu vert fut finalement accordé pour le tournage sous réserve que la production s'engage à réparer tous les dégâts causés à l'environnement.

Dans une déclaration, Leonardo s'exprima sur le sujet : « La protection de l'environnement a toujours été une préoccupation extrêmement importante pour moi et je ne participerai jamais à aucun projet qui pourrait, de quelque manière que ce soit, nuire à la nature. J'ai vu les mesures extraordinaires qui ont été prises pour protéger l'île et je promets de rester vigilant et de veiller à ce que tous les efforts nécessaires de protection soient consentis. » Il ajouta qu'on lui avait garanti que l'île retrouverait son état naturel après le tournage.

Plus tard, il confia : « Quand nous sommes arrivés, cette île était dévastée. Nous l'avons aménagée pour qu'elle retrouve son état vierge, mais il était presque impossible de se défendre contre des accusations qui relevaient en grande partie d'une propagande politique. »

Les quatre mois de tournage en Thaïlande furent constamment interrompus par différents aléas. Tantôt l'équipe fut piquée par des méduses, tantôt le mauvais temps fut de la partie. Lorsque des vagues de trois mètres firent chavirer les bateaux utilisés pour le tournage, Boyle, DiCaprio et quinze membres de l'équipe tombèrent à la mer, à quelques kilomètres au large de la côte de Koh Phi Phi Leh. « Toutes les caméras, la pellicule et les boîtes en acier tourbillonnaient dans l'eau autour de nous, raconta Boyle. On a cru qu'on allait mourir. Mais Leo, très bon nageur, a réconforté les membres de l'équipe, moins à l'aise que lui au milieu des flots. Lorsque, au bout d'un quart d'heure environ, des bateaux sont arrivés pour nous porter secours, j'ai vu les gars de l'équipe, des mecs virils – des accessoiristes, des éclairagistes –, sangloter sans pouvoir se contrôler. Leo, lui, a plutôt gardé son sang-froid tout du long. »

Quand le film sortit enfin, en février 2000, il reçut un accueil mitigé. Les adeptes du roman étaient déçus par certaines modifications de l'histoire, notamment la liaison entre Richard et Françoise, incarnée par la séduisante « Frenchie » Virginie Ledoyen. Dans la version filmée, Richard était également victime d'un chantage qui le poussait à coucher avec Sal, chef de la communauté, jouée par Tilda Swinton, s'il voulait rester sur l'île.

Même si le magazine *Empire* jugea le film « captivant », lui décernant quatre étoiles sur cinq, l'ensemble de la critique fut majoritairement négative : « décervelé », « sérieusement embrouillé », déclarèrent certains critiques. D'autres y virent « Quand Benetton rencontre *Sa majesté des mouches* ». Rupert Mellor, chroniqueur au *Times*, dénonça « un fiasco, un naufrage au style ampoulé ». Selon lui, « les nombreuses références, plus creuses les unes que les autres, à la pop culture, tendance du moment, avaient déformé le personnage déjà maladroit du roman. Dans sa recherche acharnée d'un peu de profondeur, la plongée de DiCaprio dans la folie était spectaculaire par son atrocité. La brève apparition d'un Leslie Nielsen, chauve en colonel Kurtz gaffeur, aurait à peine juré. »

Leonardo, déçu, répliqua : « Je ne pense pas que les gens lui aient vraiment donné une chance, mais je m'attendais de toute façon à ce que n'importe quel film [tourné après *Titanic*] soit scruté à la loupe. »

Pour faire oublier les piètres critiques, Leonardo recourut à la seule méthode qu'il connaissait : susciter un nouveau mystère autour de sa vie sexuelle.

La première du film, à Londres, le 11 février 2000, fut un grand événement dans le monde du show-biz. Dix mille fans, adolescentes hystériques lâchées dans Leicester Square, jouèrent des coudes pour apercevoir Leo au soir de son grand retour sur les écrans. Pourtant, d'après le *Sun*, l'acteur n'avait d'yeux ce jour-là que pour Nicole Appleton, la chanteuse blonde du groupe les All Saints, qui avait interprété la chanson du générique de *La Plage*, déjà en tête des ventes. L'artiste comptait déjà à son tableau de chasse quelques célébrités, notamment Robbie Williams, auquel elle avait été fiancée.

Des sources prétendirent qu'ils étaient restés « collés l'un à l'autre » durant toute la soirée de cette première londonienne. Une quarantaine d'invités avaient pu assister à l'événement. Leo avait ensuite convié la jeune femme dans sa suite de grand standing à mille six cents livres la nuit.

Une véritable frénésie médiatique entoura cette liaison. Les journalistes *people* britanniques suivirent Leonardo jusqu'à Berlin, où il fit une apparition à la première du film. Alors qu'on l'interrogeait sur sa liaison avec Nicole, Leo parut troublé : « Nicole Appleton ? » Quand on lui rappela avec délicatesse que c'était la fille de la suite privée, il déclara plutôt honteux : « Oh ! *Elle !* » avant d'ajouter avec diplomatie : « Nicole, oui, c'est une fille très gentille. »

Cette liaison vint s'ajouter au palmarès féminin, déjà très fourni, de la star. Ce fut Nicole qui vint refroidir les ardeurs de la presse quelques mois plus tard. Dans une interview au magazine *Esquire*, elle réfuta toutes les allégations concernant une aventure avec DiCaprio. Elle commença par rendre hommage à Leo en disant que c'était un « type adorable » avant d'attaquer l'acteur de manière plus acerbe, suggérant ainsi qu'il avait peut-être commis un acte susceptible de l'avoir blessée : « En fait, on était tous dans ce bar VIP à la première de *La Plage*. Un de mes amis me l'a présenté et Leo m'a dit : "J'ai entendu ta chanson. C'est vraiment bon et j'ai vu deux fois le clip. Viens, on va prendre un verre." C'est un mec gentil. Il n'a pas été désagréable avec moi. Il a examiné la pièce et il a observé les filles et la manière dont elles se comportaient avec lui. C'est ce qui m'a vraiment foutu en rogne, parce que j'ai compris qu'il allait me planter là et trouver une fille pour coucher avec lui. Et que ça allait me retomber dessus. » Elle ajouta : « Il était déjà soûl quand je l'ai rencontré. Ce n'est pas du tout mon genre, ça. Je ne veux pas être mêlée à ces histoires. » Mais elle n'en avait pas terminé : « C'est une sorte de gamin. Un grand enfant immature. Il est entouré par une bande d'idiots. Pour être honnête, il se comporte en enfant gâté. Un grand enfant, il est vrai. Il est très grand. »

S'exprimant sur la bande de Leo et sur sa famille, Appleton ne mâcha pas ses mots : « Ils ont tous l'air de gamins. » Rappelons que Nicole, âgée de vingt-six ans à l'époque, avait un an de plus que DiCaprio. « Un de ses copains n'arrêtait pas de me tirer les cheveux. J'ai fait remarquer à Léo : "Mon Dieu, ton copain est flippant ! » Ils s'amusaient comme des écoliers. Ça a complètement changé ma perception de Leonardo DiCaprio. Ma nièce ne se comporte plus comme ça, et elle n'a que sept ans ! »

Malgré les critiques épouvantables et les commentaires cinglants des femmes qu'il rencontrait, Leonardo jouissait toujours d'une cote de popularité très élevée auprès du public, qui avait patienté deux ans depuis *Titanic*. Le film rapporta cent quarante-quatre millions de dollars à l'échelle mondiale et fut amorti grâce aux seules recettes générées aux États-Unis. Mais les bons résultats au box-office ne parvinrent pas à faire oublier la terne interprétation de Leonardo, qui lui valut d'être à nouveau nominé aux *Razzie Awards* (celui du pire acteur).

Sur un autre plan, le film récolta toutefois des éloges, bien que de courte durée. Après les protestations initiales, le tourisme thaïlandais avait connu une forte croissance aux retombées économiques significatives. Mais, quatre ans plus tard, le 26 décembre 2004, un gigantesque tsunami devait dévaster la région. À Koh Phi Phi Leh, deux cents bungalows furent balayés par les eaux et de nombreux touristes étrangers furent portés disparus.

Leonardo fut tellement affecté par la nouvelle qu'il fit un don discret à l'Unicef pour contribuer aux efforts de soutien à la Thaïlande. À cette époque, il ajouta aussi un lien sur son site Internet pour permettre aux internautes de participer aux efforts de l'Unicef : « C'est une situation atroce pour tous ceux qui sont impliqués », déclara-t-il avant de dépeindre Koh Phi Phi Leh comme « l'un des plus beaux endroits au monde, l'un des plus vierges qu'il ait visités de sa vie ». « J'ai vécu une expérience merveilleuse là-bas, et les gens ont été adorables avec moi. »

L'acteur pouvait également se targuer d'être la star qui avait contribué à rendre Hollywood plus écolo. Il était revenu de Thaïlande avec la ferme intention de se soucier davantage de l'environnement. Il fut la première personnalité du show-biz à conduire une voiture hybride, la Toyota Prius, un véhicule moins polluant. Son comportement fit des émules et il fut bientôt imité par George Clooney, Harrison Ford ou Cameron Diaz.

Il modifia également ses habitudes de voyage. Fini les jets privés, il empruntait désormais les compagnies aériennes commerciales : « Je suis un fana d'écologie et j'aime soutenir les innovations technologiques. Nous devons trouver une alternative au pétrole qui se tarit. C'est seulement une question de temps. C'est en réfléchissant au futur que j'ai pris un nouveau départ. »

Certes, Leo n'avait pas toujours été aussi préoccupé par le sort de la planète : sa première voiture, achetée quand il avait seize ans, était une Ford Mustang de 1969. Mais, comme il l'expliqua par la suite, travailler sur *La Plage* lui avait ouvert les yeux sur les problèmes environnementaux qui affectent la planète : « Il m'est apparu que l'homme endommage tous les endroits où il va. Ce qui fut un paradis ne dure jamais longtemps. Cet épisode [le tsunami] a été important pour moi : j'ai dû affronter la vie de plein fouet. »

Mais à peine Leo semblait-il avoir redoré son image, que le paradis retrouvait déjà un petit goût d'enfer.

14

Rencontres décisives

« Leo et la fille de l'hôtel » : c'est en ces termes sibyllins que la presse présenta la nouvelle petite amie de Leonardo en mars 2000, juste après la sortie sur grand écran du film *La Plage*. L'identité de cette conquête fut accueillie avec beaucoup d'incrédulité : il s'agissait de Paris Hilton.

Paris, âgée d'à peine dix-huit ans à l'époque, débutait sur la scène des soirées new-yorkaises. Leonardo fit sa connaissance dans une boîte de Manhattan, lors d'une sortie habituelle avec sa bande de copains. L'héritière – débordant d'une confiance en soi que seul un héritage de plusieurs millions de dollars peut offrir – marcha alors jusqu'à sa table, balança ses longs cheveux blonds dans sa direction et lui demanda avec assurance une coupe de champagne. Il fut aussitôt sous le charme !

D'après la rumeur, cette liaison aurait en fait débuté quelques mois plus tôt, avant même qu'on ne les repérât ensemble. La jeune héritière s'était en effet installée à Los Angeles, où elle était rapidement devenue une habituée des nuits branchées hollywoodiennes. C'est dans ce contexte, propice aux rencontres privées, que leur relation aurait vu le jour.

Mais cette nouvelle liaison n'était pas la seule actualité de l'acteur à l'époque. Son entourage proche, en l'occurrence Adam Farrar, son demi-frère, fut confronté à de graves problèmes. Accusé d'avoir menacé de mort sa petite amie, il fut soupçonné de tentative de meurtre et arrêté.

Sa mise en détention, après une descente de police dans le quartier chic de Marina del Rey, avait été provoquée par l'appel d'urgence d'une jeune femme qui affirmait avoir été sauvagement agressée. Face à la confusion qui entourait l'arrestation de son demi-frère, on rapporta que Leonardo était très abattu, tandis que sa famille s'efforçait de comprendre les circonstances de l'incident et de réunir le montant de la caution, fixé à un million de dollars.

Ash Baron-Cohen, qui avait dirigé Adam à ses débuts dans *Pups* (1999) avec Burt Reynolds, doutait de la véracité des accusions : « La jeune femme a lancé des allégations contre lui, mais je ne suis pas sûr de ce dont elle l'accuse. » D'après le shérif adjoint de Los Angeles, Jim Tatreau, la situation n'était pas claire : « Nous ne connaissons pas encore les circonstances exactes de la tentative de meurtre ou des menaces, qui se traduisent en général par des violences verbales du type : "Je vais te tuer." Nous ne connaissons pas encore la personnalité de la victime présumée. »

Même si les faits n'étaient pas encore avérés, Leo était sous le choc. D'autant que son frère n'en était pas à ses premiers démêlés avec la police. En 1998, quelques semaines avant la sortie de *Titanic*, Adam avait accompagné Leo dans un lieu branché d'Hollywood, l'*Hôtel*

Argyle. La police était déjà intervenue ce jour-là et l'avait arrêté en public, car il avait craché à la figure d'un photographe. Des photos de lui, menotté et torse nu, avaient fait la une de la presse. À l'époque, un témoin avait déclaré : « Quand Leo, son frère et quelques types ont quitté l'hôtel, il y a eu une bousculade dehors et Adam a craché sur un caméraman. Le type l'a signalé, la police a débarqué et elle a passé les menottes à Adam. »

Cette fois-ci, la situation d'Adam semblait plus grave encore, puisqu'il était accusé de tentative de meurtre. Or, contre toute attente, il fut subitement libéré. La police argua du fait qu'elle avait reçu de nouvelles informations. Selon la loi américaine, elle ne dispose en effet que des premières quarante-huit heures suivant une arrestation pour retenir les charges portées contre l'accusé. Si les preuves viennent à manquer à ce stade de la procédure, la personne arrêtée est automatiquement libérée. C'est ce qui se passa pour Adam : le manque manifeste de preuves tangibles ne permettait pas de soutenir les accusations de la jeune femme.

Si l'affaire finit par se tasser, l'agitation qu'elle suscita dans la presse eut des conséquences désastreuses pour Adam, qui se battait désespérément pour sortir de l'ombre étouffante de son frère cadet.

Quelques années auparavant, il avait abandonné tout espoir de devenir acteur, mais la réussite de Leo avait relancé sa motivation. Il démentit néanmoins avoir sollicité l'aide de son frère pour percer dans le métier, comme il l'affirma au sujet de son rôle dans *Pups* : « Je n'ai pas profité de l'influence de Leo. J'ai eu ce boulot par mon seul mérite et j'obtiendrai mes futurs rôles de la même façon. Je ne m'affiche pas en tant que frère de Leo. Je n'ai aucune raison de m'en vanter. Si j'avais obtenu le rôle grâce à mon nom, et que je me sois révélé par la suite un très mauvais acteur, je n'aurais jamais pu décrocher d'autres rôles. Je suis un bon acteur, donc je vais y arriver par mes propres moyens et je me ferai un nom. » Et de poursuivre : « Bien sûr, l'ascension fulgurante de Leo au fil des années m'a encouragé à continuer, et il m'a soutenu tout au long de mon parcours. D'ailleurs, il voulait venir à la première de *Pups* au Festival du film de L. A., mais il était encore en Thaïlande, où il tournait son nouveau film, *La Plage*. »

Adam raconta que Leo l'avait convié sur la plupart des plateaux de tournage, et admit qu'il avait beaucoup appris en le regardant jouer. Il émit également le souhait de travailler un jour avec son frère. Souhait qui semblait de plus en plus illusoire après cette affaire d'accusation de meurtre, même si elle n'avait donné lieu à aucune inculpation. « Leo et moi, on a évoqué l'envie de travailler ensemble dans le futur, si le bon projet se présente. Ce serait génial de bosser avec lui, c'est un acteur fantastique. Mais il faudra que ce soit un film intéressant, qui sache exploiter nos talents respectifs. »

Leo avait alors bien besoin d'un dérivatif pour prendre un peu de distance avec ses soucis familiaux. Cette bouffée d'air frais prit la forme d'une femme, considérée par le magazine *Rolling Stone* comme « la plus belle femme du monde ». Le top-modèle brésilien Gisele Bündchen – numéro un mondial des podiums, avec des cachets à sept mille dollars de l'heure – repoussa la première tentative d'approche de Leo, qui l'avait repérée lors d'un défilé et lui avait fait livrer des fleurs. À cette époque-là, elle entretenait une liaison avec le mannequin Scott Barnhill, mais dans les mois qui suivirent, elle fit plus ample connaissance avec l'acteur par l'intermédiaire d'un ami commun. Insensiblement, Leo et Gisele se rapprochèrent, tandis que la relation de celle-ci avec son petit ami se détériorait. La belle finit par craquer pour DiCaprio, qui s'était lui aussi rendu disponible en prenant ses distances avec Paris Hilton.

Au début, il leur fut difficile de passer beaucoup de temps ensemble : elle vivait à New York et lui habitait à environ quatre mille kilomètres de là, à Los Angeles. Assez tôt, Gisele révéla, dans l'une de ses rares interviews, ce qui l'avait attirée chez la star millionnaire : « Je l'ai rencontré grâce à un très bon ami à moi. J'ai trouvé que Leo était un mec gentil, détendu. Il est intelligent et il a de la conversation. Après ça, nous sommes devenus amis. Nous avons beaucoup d'amis en commun. On a tous passé du temps ensemble. Il vit à Los Angeles et j'habite à New York, mais quand on est dans la même ville, on se voit. »

Il devint évident que Leo et Gisele étaient faits l'un pour l'autre. Aux dires de la jeune femme, seule sa chienne Vida aurait pu s'interposer dans le couple. « Ma seule compagne du moment, c'est ma chienne Vida. Où que j'aille, je l'emmène avec moi, même lorsque je travaille. »

Comme Leo, Gisele était très mûre pour son âge et très riche : à dix-neuf ans, elle était déjà millionnaire. Elle descendait d'immigrés allemands. Comme lui, elle avait échappé à son milieu modeste et avait adopté des principes stricts dans la pratique quotidienne de son métier. Ce qui était loin d'être chose aisée dans le microcosme si particulier du mannequinat.

Quand ils commencèrent à sortir ensemble, Gisèle s'efforçait de percer au cinéma. Leo était idéalement placé pour lui prodiguer des conseils éclairés. Elle avait passé une audition pour *Charlie et ses drôles de dames* (2000), tourné l'année précédente, mais on lui avait préféré Lucy Liu : « Le métier d'actrice est merveilleux, dit-elle. Mais je ne me sentirais pas à l'aise d'entreprendre quelque chose à moins d'être prête, et je ne l'étais pas. Si on fait un film, il faut le faire bien et se donner à cent pour cent. Je ne dispose pas de ce temps-là pour le moment. Je préfère ne pas m'engager du tout plutôt que de travailler mal. » « Je veux apprendre le métier d'actrice pendant quelques années ; comme ça, je pourrai faire du bon boulot. Aujourd'hui, je travaille dur dans le mannequinat. »

La légende voulait que la magnifique Gisele ait été découverte dans un restaurant McDonald's de Sao Paulo, mais la jeune femme démentit : « J'ai quitté le minuscule village, au sud du Brésil, où mes parents habitaient. J'ai déménagé à Sao Paulo où j'ai fait mes études. Je travaillais pendant les week-ends. J'étais en train de faire du shopping dans un centre commercial quand on m'a proposé de devenir mannequin. J'ai tout de suite dit : "Pas question, pas question." Mais ensuite, j'ai pensé que ça serait *cool* de pouvoir subvenir à mes besoins. »

À son arrivée à Londres, la styliste Stella McCartney lui offrit sa chance. Mais c'est en défilant pour Alexander McQueen, sur des talons vertigineux au printemps 1998, que Gisele s'imposa comme la nouvelle star des podiums. McQueen la surnomma « the Body » – surnom déjà attribué à Elle Macpherson par le magazine *Time* en 1986. La top-modèle brésilienne croula très vite sous les propositions. En moins d'un an, elle devint le mannequin le plus demandé au monde en posant pour les campagnes de Missoni, Dolce & Gabbana, Valentino, Gianfranco Ferré, Ralph Lauren et Versace. Sa beauté voluptueuse et son mètre quatre-vingts, furent considérés comme un antidote à la mode incarnée par Kate Moss depuis sa première couverture de *Vogue* en 1993.

En 2000, les superlatifs continuaient d'affluer. Anna Wintour, la rédactrice en chef du magazine *Vogue*, pourtant réputée pour son intransigeance, la proclama « mannequin du millénaire ». Le mannequin Zoolander lui rendit également hommage pour avoir initié une nouvelle démarche sur les défilés : la « *horse walk* », qui consistait à monter les genoux et à projeter le pied vers l'avant. À la même époque, elle décrocha un contrat de vingt-cinq millions de dollars pour représenter la marque de sous-vêtements Victoria's Secret. Malgré sa notoriété, Gisele demeurait une fervente chrétienne, qui s'appliquait à prier chaque jour. Prompte au repentir, elle demanda publiquement pardon à l'acteur Josh Hartnett, son ex-petit ami, pour lui avoir brisé le cœur.

Son grand sens de la morale s'exprimait également sur les podiums, où elle refusait systématiquement toute exhibition à caractère sexuel. Bien qu'elle ait inspiré trente-six mille implantations mammaires dans son pays natal, celle que l'on surnommait « les nichons du Brésil » refusait catégoriquement de porter des vêtements transparents ou de découvrir ses seins. En réaction, plusieurs photographes qui couvraient les défilés de mode parisiens fondèrent avec humour un groupe pour « libérer la paire de Gisele ».

Comme Leo, Gisele avait déjà goûté aux revers du succès. Elle avait subi les foudres de son ancien patron chez Elite, John Casablancas, qui l'avait qualifiée de « monstre d'égoïsme » lorsqu'elle avait quitté l'agence pour rejoindre le concurrent IMG. Son nouveau contrat fut également sujet à polémique : on prétendit qu'il renfermait une clause de « célibat », ce qui contraignit Gisele à démentir : « Comme si j'allais renoncer à ma vie et signer un contrat stipulant que je ne peux pas me marier et avoir des enfants ? S'il vous plaît, soyons sérieux. C'est la chose la plus dingue que j'aie jamais entendue ! »

Au début de leur relation, Gisele confia être impatiente d'affronter Leo au basket, car elle faisait construire un terrain chez elle à Woodstock, en dehors de New York. « Je suis une fanatique. À l'âge de dix ans, mon rêve était de devenir joueuse professionnelle. Leonardo aime jouer et il recevra une invitation. Il va prendre une vraie raclée sur le terrain. »

Vu de l'extérieur, Leonardo semblait avoir trouvé en Gisele la femme qui lui correspondait : quelqu'un qui réussissait aussi bien que lui professionnellement, qui gérait sa carrière de manière indépendante, et ne se laissait pas influencer, parfois au risque de se faire des ennemis. Très vite, ils formèrent le couple le plus tendance du show-biz.

On les aperçut en train de flirter dans une boîte à New York, le *Saci*, fréquentée par une foule de célébrités. Des personnalités comme Sean « Puffy » Combs, Carmen Electra, Jayson Williams ou Tommy Hilfiger en furent notamment témoins. Ce soir-là, Leonardo confirma aussi sa brouille avec David Blaine, un ancien membre de sa bande de copains. Depuis que le gang avait été vilipendé dans les médias, Blaine – qui avait délaissé son activité de magicien de rue pour se produire dans des spectacles – avait pris de la distance par rapport à Leonardo et ses amis. Au *Saci*, Gisele à son bras, Leonardo snoba son ancien complice. C'était là son deuxième affront en moins d'un an, puisqu'il s'était déjà abstenu de se rendre à la fête d'anniversaire de Blaine au *Joe's Pub.*

Sur le plan de la vie privée, Leonardo donnait donc l'impression de se caser. Sur le plan professionnel en revanche, il n'avait pas encore convaincu la critique qu'il pourrait survivre aux retombées de *Titanic.* C'est à ce moment précis que l'un des réalisateurs les plus expérimentés et les plus respectés d'Hollywood, Martin Scorsese, choisit de solliciter l'acteur. Fan de la première heure, DiCaprio était prêt à tout de son côté pour travailler avec cette légende, mais l'occasion ne s'était encore jamais présentée.

Et voilà qu'aujourd'hui, Scorsese voulait qu'il participe à son prochain projet. Il s'agissait de concrétiser une idée que le réalisateur avait nourrie pendant vingt ans : tourner un film sur le quartier de Five Points, à New York, au milieu du XIXe siècle. La collaboration de Scorsese et De Niro avait donné lieu à des films légendaires tels que *Mean Streets, Raging Bull* et *Les Affranchis.* En 1979, le réalisateur avait acquis les droits d'un ouvrage historique, *Gangs of New York,* écrit par Herbert Asbury. Pendant des années, la force de persuasion et l'argent lui firent tour à tour défaut pour le réaliser.

C'était précisément pour se rapprocher de Scorsese que Leonardo avait pris Rick Yorn pour nouvel agent. Quant au réalisateur, il gardait un œil sur le jeune acteur depuis que Robert De Niro lui avait vanté son talent. Il contacta Leo en plein tournage de *La Plage :* « Je me souviens que j'étais en train de manger mon *pad thaï* et que ça m'a rendu fou de joie », se souvient l'acteur.

Pour lui, incarner un pauvre immigré irlandais dans *Gangs of New York* était un rêve qui devenait réalité : « Quand Martin m'a dit que j'étais pris dans le film, ça a été l'un des plus grands moments de ma vie. » Leo était un inconditionnel de Scorsese depuis qu'il avait découvert son chef-d'œuvre de 1976, *Taxi Driver*.

Gangs of New York témoignait de l'amour du réalisateur pour le quartier dans lequel il avait grandi, Little Italy à Manhattan, lui-même bâti sur l'ancien territoire de Five Points. Ce dernier s'était construit au rythme des vagues d'immigration et des affrontements entre les différentes communautés. En 1970, Martin Scorsese lut l'ouvrage d'Asbury (publié pour la première fois en 1928) et, neuf ans plus tard, il en acquit les droits. *The Gangs of New York* regorgeait de détails sanglants à propos des gangs tels que les Bowery Boys, les True Blue Americans, les Plug Uglies, les Shirt Tails et les Dead Rabbits (ainsi surnommés parce qu'ils portaient un lapin mort sur une pique en guise d'étendard). Il était aussi question de gangsters notoires comme Bill le Boucher, Red Rocks Farrell, Slobbery Jim, Jack McManus « Eat-'em-Up » et Hell-Cat Maggie, qui limait en pointe ses dents de devant et qui portait de faux ongles en cuivre pour mettre en pièces ses adversaires lors des combats de rue.

Scorsese fit quelques rappels historiques : « New York était une poudrière. Ce n'était pas l'Amérique de l'Ouest avec ses grands espaces mais celle de la claustrophobie, où tous les gens étaient entassés les uns sur les autres. D'un côté, il y avait la première grande vague d'immigration – les Irlandais, qui étaient catholiques, fidèles au pape, et parlaient gaélique. De l'autre, les descendants des premiers immigrants anglais et hollandais. Ces derniers considéraient que leurs familles s'étaient battues, avaient saigné et étaient tombées pour construire la nation américaine. En voyant les flots d'Irlandais descendre des bateaux, ils les interpellaient : “Qu’est-ce que vous faites ici ?” C’était le chaos, un chaos tribal. Puis, petit à petit, rue après rue, pâté de maisons après pâté de maisons, la démocratie s’est construite, les gens ont appris à vivre ensemble. Si la démocratie ne s’était pas concrétisée à New York, elle n’y serait parvenue nulle part ailleurs. »

À l’époque, la réputation de Scorsese, réalisateur ambitieux, n’était plus à faire. Ses films *Mean Streets* (1973) et *Taxi Driver* s’étaient déjà attachés à montrer la violence qui régnait dans les rues de New York. Mais ce n’était rien au regard de l’ampleur qu’il souhaitait donner à son film *Gangs of New York*. C’est pourquoi il fallut attendre 1999 et l’association avec le patron de Miramax, Harvey Weinstein, pour que le projet se concrétise.

Au regard des standards de la réalisation de l’époque, la vision de Scorsese paraissait titanesque. Il prévoyait de reconstituer des quartiers entiers du New York du milieu du XIXe siècle. On bâtit donc des immeubles sur un terrain de six hectares dans les vastes studios de Cinecitta à Rome, sous la direction du chef décorateur Dante Ferretti, un protégé de Federico Fellini. Pour les besoins du film, on érigea un ensemble de cinq pâtés de maisons du Lower Manhattan, y compris les bas quartiers de Five Points, une partie du front de mer de l’East River (avec deux navires à voile grandeur nature), une trentaine d’immeubles du Lower Broadway, une belle demeure aristocratique, des reproductions du Tammany Hall, une église, un saloon, un théâtre chinois et un casino. « Rien n’a été inventé ; l’ensemble est fidèle à ce qui existait à l’époque, déclara Ferretti. Quand je fais un film, je ne cherche pas seulement à recréer le passé, je l'imagine comme si j'avais vécu dans cet univers-là. »

On porta également une attention toute particulière aux manières de l'époque, ainsi qu'au large éventail d'accents qui se faisaient entendre dans les rues de Five Points. De nombreux personnages furent directement repris de l'ouvrage d'Asbury, comme par exemple le personnage phare de Bill le Boucher, largement inspiré du chef du gang des Natifs, Bill Poole. Mesurant plus de 1,80 mètre et pesant plus de quatre-vingt-dix kilos, Poole était un « roi de la bagarre et un arracheur d'yeux » (*dixit* Asbury) qui louait ses muscles aux candidats immigrants de vieille souche lors des élections locales. Il dirigeait un gang de malfrats installé aux alentours de Christopher Street, dans le cœur de l'actuel Greenwich Village. Poole entretenait une rivalité faite de brutalité avec John Morrissey, champion de boxe irlandais et joueur compulsif.

Bill le Boucher finit abattu d'une balle tirée par l'un des truands de Morrissey (Lew Baker), mais selon la légende, avant sa longue agonie, il avait réussi à s'emparer d'un couteau à découper et à bondir sur Baker en lui hurlant qu'il allait « lui ôter le cœur » avant de mourir. Bientôt, on joua cet épisode tragique au théâtre : on y voyait toujours Poole, drapé dans le drapeau américain, déclarant dans un dernier souffle : « Au revoir, les gars. Je meurs en véritable Américain. »

Initialement, Scorsese avait envisagé de confier le rôle de Bill le Boucher à Robert De Niro. DiCaprio, lui, devait interpréter Amsterdam Vallon, le fils de Père Vallon, chef des Dead Rabbits. Dans le récit, il est témoin du meurtre de son père par Bill le Boucher et jure de le venger. L'intrigue principale est donc centrée sur la tentative d'Amsterdam de venger la mort de son père. Parallèlement à ces destins individuels, la grande histoire poursuit son cours. Les émeutes provoquées par la conscription durant la guerre de Sécession menacent de bouleverser la vie du quartier et de ses gangs. Le film, tel que Scorsese l'imaginait alors, aurait mis les deux acteurs parfaitement en valeur et leur aurait permis de retravailler ensemble pour la première fois depuis les débuts de DiCaprio sur grand écran.

Au grand désappointement de Scorsese, des problèmes de décor et de tournage ralentirent le projet de façon spectaculaire. De Niro, comprenant que son engagement dépasserait de beaucoup les six mois prévus au départ, fut contraint de se retirer du film. Un acteur expérimenté, Willem Dafoe, renonça également. Scorsese se tourna alors vers l'acteur Daniel Day-Lewis, récompensé aux Oscars. Il réussit à l'extraire de la retraite qu'il s'était imposée pour lui faire endosser le rôle de Bill. Cette victoire n'attestait pas seulement de l'immense pouvoir de persuasion de Scorsese, elle était aussi gage de la qualité du rôle : un rôle dans lequel, comme à son habitude, Day-Lewis se jeta à corps perdu. De son côté, Leonardo n'avait pas non plus ménagé ses efforts pour se préparer.

Dans le même temps, avant le début du tournage, Leo s'était engagé dans son prochain projet. Il incarnerait Frank Abagnale, le célèbre escroc, dans le *biopic* adapté de son autobiographie, *Arrête-moi si tu peux* (2002). Il allait donc enchaîner les six mois de tournage de *Gangs of New York* et le projet suivant (sous la houlette du réalisateur pressenti alors, Gore Verbinski). Au vu du retard pris par le premier film, le second allait devoir attendre un moment…

Mais, pour l'heure, la priorité de DiCaprio était de se préparer au rôle du jeune malfrat Amsterdam Vallon. L'intensité avec laquelle il se coula dans le personnage n'était pas sans rappeler celle de De Niro sur le tournage de *Raging Bull,* dans lequel il interprétait le rôle de Jake LaMotta. Il transforma son physique de jeune routard, adopté pour les besoins du film *La Plage*, en celui d'un authentique combattant de rue : « Quand je suis arrivé dans ce film-là, je ressemblais à un jeune bouc. »

Pour se préparer aux scènes de combat avec Day-Lewis, il avait dû faire de la musculation. « On voulait se battre réellement, alors on se bagarrait pendant cinq minutes un peu avant. On se cassait la gueule et, ensuite, on essayait de rendre les coups réalistes. On avait des tonnes de cuir sur le dos, et des courroies, du maquillage. Le sang giclait, il formait des croûtes sur nos visages. Ensuite, la terre se mélangeait au sang, on en avait partout dans les yeux. On faisait ça toute la journée. »

Les délais de tournage s'allongèrent encore et les coûts de production augmentèrent de vingt-cinq pour cent, pour atteindre les cent millions de dollars. Harvey Weinstein imposa à Scorsese de réaliser une version plus rentable, moins complexe que celle initialement prévue. D'après le *New York Times*, le réalisateur tenta de résister. Saul Zaentz, producteur du *Patient anglais,* qui s'était opposé à Weinstein pour une question d'argent le confirma : « La seule chose qui intéresse Marty, c'est de réaliser son projet de film. Peu importe ce qu'il doit faire pour cela. Il a assez de force de conviction pour défendre son point de vue. Évidemment, l'intérêt de Harvey n'est pas le même que celui de Marty : pour lui il s'agit d'abord de faire de l'argent. »

Finalement, DiCaprio et Scorsese s'associèrent pour financer les surcoûts engendrés par le dépassement des délais de tournage. Ils déboursèrent la somme de sept millions de dollars, ce qui n'empêcha pas *Gangs of New York* d'être le film le plus coûteux des vingt-deux ans d'histoire de la Miramax. Quand Scorsese présenta à la maison de production une version du film qui durait trois heures et quarante minutes, Weinstein sortit de ses gonds. Il y avait tellement de rebondissements entre les éléments de l'histoire qu'elle en devenait impossible à suivre.

Craignant un échec commercial, Weinstein demanda à Scorsese de couper le film au montage, ce qui braqua le réalisateur : « Il s'est montré très brutal avec Marty et ce dernier n'a pas apprécié », raconta un confrère de Scorsese au *Times*.

DiCaprio ne prit pas part au conflit. Il déclara au sujet du film : « Tout ce que je sais, c'est que je n'ai jamais consacré autant de temps, de réflexion et d'efforts à un film et que je n'ai jamais été attaché à un projet comme je le suis à celui-ci. »

Une fois le tournage terminé, il fallut résoudre d'autres problèmes. Le film devait initialement sortir en décembre 2001. Or, certains passages mettaient en scène des pompiers corrompus qui participaient à une émeute, ainsi qu'un officier de police pendu à un réverbère. Si peu de temps après le traumatisme du 11 Septembre, ces scènes risquaient de heurter l'opinion. Un compromis fut trouvé : Miramax accepta de repousser la sortie en juillet 2002, ce qui laissait plus de temps à Scorsese pour effectuer des coupes. Mais, même ainsi, le montage représentait un travail de titan. Le film prit encore du retard et fut reporté à Noël 2002. Problème : *Gangs of New York* se retrouvait à l'affiche en même temps qu'un autre film, dont la vedette n'était autre que... DiCaprio.

Le temps que Scorsese achève son épopée historique, Steven Spielberg avait en effet pris les rênes d'*Arrête-moi si tu peux*, et DreamWorks envisageait de sortir son long-métrage le même jour que Miramax. On avait deux films de Leonardo pour le prix d'un !

L'acteur se retrouva lui aussi face à un choix cornélien lorsqu'il dut décider d'assurer la promotion d'un film plutôt que l'autre. Cruel dilemme... Leonardo n'avait pas du tout imaginé se retrouver dans cette situation lorsqu'il avait signé son contrat en juillet 2000.

15

Un cruel dilemme

Le chemin tortueux qui amena les frasques du faussaire Frank Abagnale sur grand écran rappelait celui de *Gangs of New York* de Scorsese. Abagnale, escroc devenu célèbre dans les années 1960, avait réussi à écouler l'équivalent de deux millions et demi de dollars, sous la forme de chèques falsifiés, à travers vingt-six pays sur une période de cinq ans.

Il avait alors tout juste seize ans et devint le plus jeune des individus recherchés par le FBI. Il endossa huit identités différentes au cours de sa courte carrière, parmi lesquelles pilote de ligne, médecin et procureur général. Il joua au chat et à la souris avec la police et le FBI pendant au moins cinq ans. Arrêté à deux reprises, il réussit les deux fois à s'échapper de prison. Incarcéré de façon définitive, il passa moins de cinq ans en prison car il s'était révélé si compétent en matière de criminalité que le FBI décida de l'embaucher pour collaborer avec le gouvernement.

En 1980, Abagnale publia son autobiographie, *Arrête-moi si tu peux*, dont il vendit les droits cinématographiques la même année au producteur Michel Shane pour la Paramount Pictures. Le projet resta dans les tiroirs jusqu'en décembre 1997, date à laquelle Barry Kemp acquit les droits pour DreamWorks, qui venait de célébrer ses premières productions. Jeff Nathanson était chargé du scénario. Il avait eu jusque-là une carrière en dents de scie et comptait à son actif des films comme *For Better or Worse* (1995) – somme toute assez peu vu – avec Jason Alexander, une des stars de *Seinfeld*, et *Speed 2 : cap sur le danger* (1997), décrié à l'unanimité. Le scénariste voulait mettre en scène l'histoire d'Abagnale de 1964 à 1974. Il souhaitait en effet évoquer sa prime jeunesse à New Rochelle, dans le New Jersey, avant d'exposer son parcours de faussaire le plus recherché de la nation. L'histoire devait s'achever au moment où « the Sky Way Man[1] » – comme le surnommaient les médias – acceptait la proposition du FBI, peu de temps après son emprisonnement en France.

David Fincher fut le premier réalisateur associé au projet, mais au début de l'année 2000, il se désista, lui préférant *Panic Room* (2002), avec Jodie Foster et une certaine Kristen Steward. Leo fut approché pour le rôle principal au mois de juillet 2000, alors que Gore Verbinsky était aux commandes. Ce dernier avait réalisé le premier film familial de DreamWorks, *La Souris*, ce qui faisait de lui le candidat idéal puisqu'il semblait capable d'ajouter la touche légère indispensable à l'histoire loufoque d'Abagnale. Steven Spielberg en personne devait le superviser en tant que producteur. Après vingt et un ans d'attente, le tournage débuta enfin, en mars 2001.

Aux côtés de DiCaprio, Verbinski avait engagé plusieurs comédiens : James Gandolfini, la star des *Soprano*,

1. Littéralement « l'homme de la ligne aérienne ».

interprétait Carl Hanratty, l'agent du FBI qui poursuit sans relâche Abagnale à travers le monde ; Ed Harris incarnait Frank Abagnale Senior ; quant à l'actrice Chloë Sevigny, qui avait le vent en poupe depuis sa nomination aux Oscars pour *Boys Don't Cry* (où elle jouait Lana Tisdel), elle avait le premier rôle féminin. Au moment précis où tout semblait sur les rails, Leonardo dut s'éloigner momentanément en raison du tournage tourmenté de *Gangs of New York*. De son côté, Verbinski dut faire de même à cause du retard pris dans le tournage. En mai 2001, Lasse Hallström, qui avait dirigé Leo dans *Gilbert Grape*, entreprit des négociations pour s'associer au projet, mais il renonça en juillet.

Ed Harris et Chloë Sevigny avaient également quitté l'aventure pour répondre à d'autres engagements. Seul Gandolfini continuait de s'accrocher. Steven Spielberg proposa d'abord à Milos Forman (célèbre pour son film *Vol au-dessus d'un nid de coucou*) de passer derrière la caméra, avant de s'adresser à Cameron Crowe. En définitive, il décida d'entreprendre lui-même la réalisation du projet. Bien entendu, ce choix impliquait qu'il mît de côté ses propres réalisations, *Big Fish* et *Mémoires d'une geisha*. En août 2001, le célèbre réalisateur, deux fois primés aux Oscars, s'engagea officiellement à tourner *Arrête-moi si tu peux*. À ce stade, le rôle d'Hanratty, l'agent du FBI, revint à l'acteur Tom Hanks, également détenteur de deux statuettes. Hanks poursuivait ainsi un parcours sans faute, qui l'avait placé à la tête de six films à succès en quatre ans, parmi lesquels *Il faut sauver le soldat Ryan* (1998), *Seul au monde* et *Les Sentiers de la perdition*.

Steven Spielberg avoua n'avoir jamais entendu parler de l'histoire d'Abagnale avant que DreamWorks n'en acquière les droits : « Je n'avais même pas jeté un œil à ce film avant que les droits en soient acquis, expliqua-t-il. Je ne connaissais pas l'intrigue et je n'étais pas au courant des incroyables péripéties qui avaient accompagné le lancement du projet. Je ne savais pas que Frank avait en fait vendu son livre à quatre reprises. Du Frank tout craché ! »

En prenant connaissance du récit autobiographique d'Abagnale, Steven Spielberg fut stupéfait par son ingéniosité et ses talents d'escroc. À aucun moment cependant, il ne craignit de véhiculer une image positive de la criminalité. « Je ne pense pas que l'on puisse s'en faire une fausse idée. Frank Abagnale est la seule personne à avoir fait tout ça, à un tel degré, et puis, c'était il y a trente-sept, trente-huit ans. Le jeune homme avait à peine seize ans. Il faut bien avoir ça en tête. Il n'y avait pas les sécurités électroniques que nous avons aujourd'hui. C'est beaucoup plus difficile de faire passer un chèque sans provision aujourd'hui que ça ne l'était il y a huit ans. Frank était en quelque sorte un génie du XXIe siècle qui évoluait dans le monde insouciant du milieu des années 1960, quand les gens se montraient moins méfiants qu'aujourd'hui. Donc je ne pense pas que les spectateurs vont se dire : “Génial ! Voilà mon plan de carrière.” »

Afin d'adapter l'intrigue à son idée, Spielberg modifia l'histoire de départ et changea quelques éléments de la vie d'Abagnale. En particulier, il amplifia le rôle du père d'Abagnale, interprété par le virtuose Christopher Walken : « Toutes les arnaques sont véridiques, mais la licence poétique se situe dans les détails, expliqua Spielberg. Par exemple, j'ai prolongé la présence de son père dans l'histoire plus longtemps qu'il n'est resté dans la vie de Franck en réalité. Quand Frank s'est enfui de chez lui, il n'a jamais revu son père. Je voulais conserver ce lien, je souhaitais que Frank s'efforce de lui plaire, qu'il le rende fier de lui quand il l'apercevrait en uniforme, l'uniforme de la Pan American Airways. »

Abagnale approuva les modifications et alla jusqu'à déclarer au réalisateur : « Il est vrai que je n'ai pas revu mon père, mais toutes les nuits, après avoir vécu des journées exceptionnelles, rencontré de nombreuses femmes et gagné beaucoup d'argent, je rentrais seul dans une chambre d'hôtel, et là je ne pensais qu'à ma maman et à mon papa. J'imaginais alors qu'ils se remettaient ensemble et je pleurais. C'est ce qui explique pourquoi tu as introduit ces éléments-là. »

Même avec Spielberg aux commandes, le film prit encore du retard. Le début du tournage, prévu initialement en janvier 2002, fut reporté en février. Quand il commença enfin, les scènes s'enchaînèrent pour retracer la vie d'Abagnale : cent quarante-sept endroits visités en cinquante-deux jours. En comparaison de ce qu'il venait d'endurer pour *Gangs of New York*, Leo jugea l'expérience efficace : « Des scènes qui, selon nous, allaient demander trois jours étaient bouclées en un après-midi. »

Pour parfaire son interprétation, Leo fut amené à rencontrer Frank Abagnale. Il se reconnut incapable de rivaliser avec le flegme de l'imperturbable faussaire : « La vérité, c'est que je n'ai pas l'enthousiasme de Frank Abagnale. Je serais incapable, par exemple, d'entrer dans un aéroport qui fourmille d'agents du FBI, accompagné de dix hôtesses, en sachant que tout le monde a une photo de moi et est à ma poursuite. Mais ça, il l'a vraiment fait. »

De son côté, Steven Spielberg reconnut avoir eu certains *a priori* sur le comportement de Leo. Il avait prêté foi à l'appareil médiatique qui le présentait comme un fêtard invétéré et incontrôlable. Il fut en revanche impressionné par son sens de la famille car, comme à l'accoutumée, Leonardo avait convié ses parents et sa « Oma » sur le lieu de tournage : « Leo est un fêtard, déclara le réalisateur, mais j'ai appris à bien le connaître avec ce film, à connaître sa mère, son père et sa grand-mère. Ils étaient sur le plateau presque tous les jours. Il aime tellement la vie de famille ! J'ai pris conscience de certaines choses à son sujet, dont je ne m'étais pas rendu compte avant parce que je croyais la presse *people*, je croyais à ces histoires. » Il ne fallait donc pas accorder trop de crédit aux rumeurs qui faisaient de Leo un garçon déchaîné : « Il est allé à des fêtes. Il est jeune. J'allais à des fêtes aussi quand j'avais son âge. Seulement je n'étais pas aussi beau et je ne pouvais pas avoir toutes les filles. Mais je suis allé à autant de fêtes que Leo. Personne n'a écrit un mot sur qui je draguais lors de ces soirées », confia le réalisateur.

Le réalisateur espérait aussi qu'*Arrête-moi si tu peux* constituerait un nouveau tremplin pour DiCaprio après le blocage dû à *Titanic* : « Je pense qu'en réalité *Titanic* a empêché Leo de travailler. Et je crois que c'est une renaissance pour lui. Il va se remettre au boulot à présent. Je crois que *Titanic* a créé un fossé dans la carrière de Leo, parce qu'il ne pouvait aller nulle part : il était trop au cœur de la rumeur, des insinuations. »

Steven Spielberg décrivit l'acteur comme « très inventif ». Il fut aussi impressionné par la capacité de Leonardo à être son « meilleur juge ». « Parfois, je me serais accommodé d'une prise, se souvint-il, et Leo disait : "Non,

non, je pense qu'il manque quelque chose, je ne l'ai pas encore trouvé. Laisse-moi la refaire." Et, à chaque fois, sa proposition était tout simplement géniale. »

Si le réalisateur avait d'abord été un peu refroidi par les ragots qui salissaient Leo, un détail l'avait convaincu de choisir la star pour incarner Franck. Le jeune acteur et le faussaire avaient en commun le même regard malin : « À cause de ces histoires de fêtes, je n'envisageais pas Leo pour le rôle. Mais il avait une telle intelligence dans le regard, une telle allure. Frank s'est tiré de tous ses tracas à quatre-vingts pour cent grâce à son attitude, il ne doit que vingt pour cent à son imagination. Tout est une question d'apparence. »

Et l'apparence, DiCaprio la soignait déjà. Las de sa réputation de Don Juan, il espérait que sa relation stable avec Gisele Bündchen le mettrait à l'abri des commérages. Mais, une fois encore, il se trompait : les magazines *people* décortiquaient avec soin chaque détail de sa relation avec la Brésilienne, sacrée premier « *Über Model* » au monde.

En novembre 2000, on rapporta que Leo avait demandé la main de sa dulcinée. Alors qu'elle travaillait à Milan, il s'était faufilé dans sa chambre d'hôtel et l'avait remplie de fleurs. De retour dans sa chambre, la belle avait trouvé Leonardo, genou à terre, une bague en diamant d'une valeur de cent vingt-cinq mille dollars dans une main et une bouteille de champagne dans l'autre.

Quelques semaines plus tard, on annonça que les fiançailles étaient finalement rompues. D'après des sources proches du couple, l'acteur avait contrarié Gisele en gâchant ses projets de week-end romantique en tête à tête. À la place, il avait préféré se rendre à Las Vegas avec ses copains pour assister à un combat de boxe.

Gisele lui aurait alors lancé sa bague à la figure en déclarant : « C'est soit la fête avec tes amis, soit moi. » Leo aurait eu l'imprudence d'opter pour le combat du champion britannique Lennox Lewis. À son retour, il aurait trouvé un message laconique : « C'est fini. » Selon une amie de Gisele, cette dernière « avait pris des dispositions en vue d'une séance photo près de chez Leo, exprès pour passer du temps avec lui. Quand Leo lui avait dit qu'il allait à Vegas, ça l'avait rendue folle de rage. Il avait promis de revenir directement dans ses bras après le combat, mais tout ce qui l'attendait à son retour, c'était ce mot. Des millions d'hommes tueraient pour sortir avec une fille aussi belle que Gisele ».

Leo tenta désespérément de recoller les morceaux et la supplia de lui demander pardon. Ses efforts furent payants puisque les colonnes des journaux *people* se répandirent bientôt sur la réconciliation des tourtereaux les plus célèbres au monde.

Alors qu'ils avaient repris leur rythme effréné – lui en plein tournage de l'exigeant *Gangs of New York*, elle sur les podiums du monde entier –, les conjectures allaient bon train sur leur futur mariage. Leur relation prit fin en juin 2002, juste après que Leo eut fini de tourner *Arrête-moi si tu peux.*

Cette fois-ci, la raison invoquée pour leur rupture était que Leo se révélait d'une humeur trop sombre pour sa jeune et lumineuse fiancée. De nouveau, on prêta à l'acteur des liaisons avec toutes les actrices ou mannequins qui se trouvaient dans un rayon de trois kilomètres. Les rumeurs décrivaient ses étreintes torrides avec Cameron Diaz. En octobre, Leonardo se rendit à la fête d'Halloween organisée par Hugh Hefner à la villa Playboy. En fin de soirée, il aurait quitté les lieux bras dessus, bras dessous avec Jennifer Paulsen, une assistante de production de la chaîne E ! Entertainment.

Sur le plan professionnel, il préparait le terrain pour la promotion de ses deux films importants qui devaient sortir en même temps. Il confirma sa rupture avec Gisele mais refusa de céder à la pression et d'évoquer les causes de leur séparation. Il exprima simplement ses doutes sur la possibilité d'une relation viable avec une femme connue : « C'est plus difficile de sortir avec une célébrité, reconnut-il. Les chances de réussite sont plus faibles. Beaucoup plus de gens courent après cette femme-là. Combien de relations ont marché à Hollywood ? [Spencer] Tracy et [Katharine] Hepburn... Je ne sais pas. »

Quand il envisageait l'avenir, Leo aspirait à la stabilité d'un foyer : « J'aimerais avoir un enfant un jour. J'adorerais avoir une femme avec laquelle je me sente à l'aise, la bonne personne, celle avec qui on est sur un pied d'égalité. Quelqu'un d'aussi indépendant que moi. Quelqu'un qui ne ferait pas toute une histoire si je décidais de partir pour l'Alaska à l'improviste avec des amis et d'y rester pendant deux semaines. C'est une façon de vaincre la monotonie. Alors, on n'a pas l'impression de gâcher sa vie en traînant tout l'après-midi avec sa femme. Vous comprenez ce que je veux dire ? »

En attendant, il n'était pas encore prêt à renoncer à son désir de conquêtes : « Je ne vais pas m'asseoir ici, reconnaître que je me suis comporté comme un Don Juan dans le passé mais que c'est de l'histoire ancienne. Je ne suis pas en train de dire que je suis prêt à me caser. »

Concernant son métier d'acteur, Leo savoura le nouveau rythme apporté par *Arrête-moi si tu peux* après l'expérience longue et éprouvante de *Gangs of New York* :

« *Arrête-moi si tu peux* ressemble un peu à un film indépendant, observa DiCaprio. C'était plus amusant à tourner parce que le rythme était frénétique. Pour moi, *Gangs* a représenté un effort de trois ans. C'est une pure coïncidence que les deux films sortent en même temps. » Le jeu du chat et de la souris avec Tom Hanks en agent du FBI avait redonné un coup de fouet au jeune acteur : « On ne s'est donné la réplique que dans une petite poignée de scènes. Mais ces jours comptent parmi les plus fascinants pour moi. »

Au premier abord, les deux personnages incarnés par Leo dans les deux films ne semblaient pas avoir grand-chose en commun : d'un côté, un immigrant irlandais, adepte des combats de rue ; de l'autre, un faussaire rusé dans les années 1960. Toutefois, Leo établit une comparaison entre les deux longs-métrages : « Plus je parle de ces films, plus je me rends compte à quel point ces deux histoires sur le passage à l'âge adulte sont semblables, expliqua-t-il. Ce sont des films aux genres différents, des histoires différentes, des personnages différents, des époques différentes. Pourtant, au cœur des deux films, un personnage se découvre un père de substitution en la personne de son pire adversaire. »

Cette relation père-fils faisait bien sûr écho au lien qui unissait Leo à son propre père. Et l'acteur de poursuivre : « Plus on est exposé dans les médias, plus les spectateurs ont du mal à vous trouver crédible dans des rôles différents. Je ne veux pas révéler trop de détails sur ma vie. Si les gens connaissent toutes les subtilités de ma personnalité, ils vont me regarder à l'écran et se dire : "Il n'est pas crédible en pauvre immigrant irlandais." »

De son côté, Spielberg salua l'« incroyable naturel » du comédien. Scorsese, quant à lui, loua son authenticité :

« J'ai eu la chance de collaborer avec De Niro quand j'étais jeune, à présent je ressens la même intensité avec Leo. Leo possède cette vérité en tant qu'acteur. »

Gangs of New York et *Arrête-moi si tu peux* faillirent sortir sur les écrans le même jour, le jour de Noël 2002. Les studios *Miramax* et *DreamWorks* entamèrent des négociations délicates pour trouver une solution et différer l'une des sorties. Miramax céda le premier. Estimant que le climat violent de *Gangs* rendait le film moins propice à la période de Noël, le studio accepta de retarder la sortie de cinq jours.

Malgré des avis mitigés sur *Gangs of New York,* tous les critiques s'accordèrent sur l'importance du rôle de Leonardo, bien que l'opinion soit partagée sur son interprétation. *Variety* salua « une force physique et émotionnelle dont le dynamisme tenait la longueur », tandis que Todd McCarthy, journaliste pour le même magazine, estimait que « ce film n'est pas un grand film, mais c'est tout de même une œuvre impressionnante qui ouvre les yeux et l'esprit sur des aspects ignorés de l'histoire américaine ». Quant au *Boston Globe,* il décrivait un Leonardo « dépassé même par les décors ». Le *Los Angeles Times* jugea le film « ennuyeux et violent », mais le *Chicago Tribune* claironna qu'« on ne s'y ennuyait pas un seul instant ».

Un seul point fit l'unanimité : l'interprétation de Daniel Day-Lewis, considérée par tous les critiques comme un tour de force. Elle lui valut d'ailleurs une nomination aux Oscars et un Golden Globe.

Malgré les critiques dithyrambiques, Day-Lewis dut s'incliner face à Adrien Brody, récompensé pour son rôle dans *Le Pianiste*. Scorsese, nominé comme meilleur réalisateur, fut également évincé par Roman Polanski pour *Le Pianiste*.

Sur le plan commercial, le film fut un succès. Il amassa dix millions de dollars durant le seul week-end de sa sortie et rapporta près de cent quatre-vingt-quatorze millions de dollars à l'échelle planétaire, le double de l'investissement initial. Mais ce ne fut rien, en comparaison de *Arrête-moi si tu peux*.

Ce long-métrage fit l'unanimité auprès de la critique et généra trente millions de dollars de bénéfice dès le week-end de sa sortie. Spielberg avait excellé à la réalisation avec – fait rare dans sa filmographie – une touche de légèreté. Les louanges saluèrent l'interprétation de Leonardo. Roger Ebert, dans le *Chicago Sun-Times*, le décrivit comme « enjoué et charmant, interprétant un garçon qui découvre ce dans quoi il excelle, et qui se met à l'ouvrage. On décèle une sorte de génie dans la scène où il fait son entrée dans une nouvelle école. Il entre dans la salle et y découvre qu'on attend un professeur remplaçant. Sans l'ombre d'une hésitation, il inscrit son nom au tableau et demande aux élèves de se taire, de s'asseoir et de lui dire à quel chapitre ils en sont ».

Stephen Hunter, du *Washington Post*, souligna la performance de l'acteur : « La révélation, c'est DiCaprio qui montre ici le répertoire, la facilité et l'ingéniosité que Martin Scorsese avait sous-exploités dans *Gangs of New York*. Le petit Leo y forme un gang à lui tout seul, et sa présence est impressionnante dans ce film, qui figure parmi les plus divertissants de l'année. »

Le film récolta plus de trois cent cinquante millions de dollars à l'échelle mondiale et constitua le plus gros succès cinématographique de Leo depuis *Titanic*. Ce rôle lui valut d'être nominé aux Golden Globes, même s'il fut une nouvelle fois ignoré par l'Académie des Oscars.

Christopher Walken reçut, pour sa part, un Oscar pour sa performance dans le rôle du père de Frank.

Une chose était désormais claire : Leonardo DiCaprio était bien de retour. Il lui fallait rester en haut de l'affiche.

16

Dans la peau de l'aviateur

« Franchement, c'est difficile pour moi de vraiment réaliser ce qui m'arrive. Travailler avec Scorsese, à deux reprises, c'est incroyable pour n'importe quel acteur et à n'importe quel âge. Je n'ai jamais imaginé que ça pourrait m'arriver. » Tels furent les propos de Leonardo DiCaprio à l'issue du tournage de ses deux derniers films. Il enchaînait à présent sur un autre projet dont il était l'instigateur, un *biopic* sur la vie de Howard Hughes, l'énigmatique magnat d'Hollywood et de l'aviation.

Dans le même temps, il était pressenti à la fois pour incarner le premier rôle du film réalisé par Robert De Niro – *Raisons d'État* (2006) – sur la création de la CIA, et pour camper Alexandre le Grand dans une épopée historique de la 20th Century Fox. Tout le gratin voulait jouer avec DiCaprio et, pour la première fois depuis bien longtemps, l'acteur paraissait serein et bien dans sa peau. Il avait pris un peu de recul avec l'hystérie qui avait suivi *Titanic* : « L'après *Titanic* a été une expérience plutôt vide de sens pour moi, admit-il. Être à ce point exposé et épié par les médias. Je ne veux pas me cantonner à un seul genre. » Il n'avait pas été préparé à cette surmédiatisation : « Je n'avais pas été initié à l'univers d'Hollywood. J'étais un jeune homme qui tentait de comprendre. Dans la vie, la plupart du temps, si on a un problème, on peut aller en librairie et trouver un ouvrage qui aborde la question. Mais il n'existe pas de bouquin sur la manière de gérer le succès, sur l'accueil du public, sur ce qu'il faut faire et ne pas faire. »

Steven Spielberg avait affirmé en son temps que Leo « vivait dans une bulle, si méfiant de se montrer en public qu'il partait toujours en reconnaissance avant de s'aventurer au-dehors ». À présent, l'acteur avait gagné en confiance : « Je peux aller où bon me semble. Je me fonds. Je m'habille comme tout le monde parce que je me sens comme tout le monde. Je porte ce que j'ai envie de porter. En temps normal, je ne mettrais pas un pantalon en peau de serpent. Les gens peuvent me reconnaître dans la rue, mais quand tu t'habilles comme tout le monde, ils ne te sautent pas dessus. »

C'est Robert De Niro qui lui avait un jour donné un tuyau pour se fondre dans la masse. Il lui avait conseillé de s'acheter une paire de lunettes ordinaire : « C'est la clé, dit-il. Leonardo, achète-toi une paire. – Qu'est-ce que tu veux dire ? – Une paire de lunettes. N'en change même pas, porte-les constamment. »

Leo avait aussi dû faire face à quelques désillusions : certains membres de son entourage, ceux en qui il avait le plus confiance, avaient trahi sa confiance et ses intérêts. Tandis que l'acteur tournait *Gangs of New York*, son conseiller financier, Dana Giacchetto, avait fait l'objet d'une enquête pour fraude et avait reconnu le détournement d'une somme de 17,2 millions de dollars auprès de ses clients célèbres, dont DiCaprio. Leo en ressentit une grande amertume, car il avait accordé sa confiance et son amitié à Giacchetto. Il lui avait laissé une grande latitude dans la gestion de ses intérêts. Cameron Diaz, Matt Damon, Ben Affleck, Courteney Cox et The Smashing Pumpkins étaient les autres victimes de l'escroc. Giacchetto fit bien ses excuses, mais le courtier des stars, âgé alors de trente-huit ans, fut condamné en février 2001 à cinquante-sept mois de prison et au remboursement de la somme de 9,9 millions de dollars.

L'épisode Giacchetto expliquait en partie pourquoi DiCaprio avait réduit son cercle rapproché à un noyau de dix amis. Bien qu'il aimât toujours se rendre en boîte de nuit, il avait limité le périmètre de ses sorties : « C'est le revers de la gloire, reconnut-il, remettre en question les intentions des gens qui t'entourent. Interroger la manière dont ces personnes sont entrées dans ta vie. Pour moi, aujourd'hui, les gens sont coupables jusqu'à preuve du contraire. Avant, c'était l'inverse. Je suis entré dans ce milieu en aveugle, ne sachant pas qui m'utilisait ou avec qui je pouvais m'impliquer. C'est assez difficile pour moi, voire dévastateur. Il est certain que beaucoup de gens toxiques sont entrés dans ma vie. »

« J'ai un noyau d'amis géniaux, dix amis super avec qui j'adore passer du temps, poursuivit-il. Traîner avec mes potes, faire des tours dans ma voiturette de golf électrique [sa voiture hybride électrique, une Toyota Prius] et hurler sur les gens, voilà ce qu'on fait. C'est hilarant. Pour un de mes potes et moi, c'est devenu une blague. On est dans la voiturette, et il apostrophe les conducteurs des autres véhicules : “Vous n'êtes qu'une bande de pollueurs. Vous empoisonnez l'environnement !” À pleins poumons… Trop drôle ! »

En 2003, Leo prévoyait de devenir la bête noire des Américains bouffeurs d'essence. En marge de son nouveau projet avec Scorsese sur Hughes, il envisageait de produire et de commenter son propre documentaire sur l'environnement : « Acteur et écologiste, je vais être les deux à la fois. Mon projet à venir est un documentaire inédit sur PBS. Je vais le produire et je serai, en quelque sorte, le présentateur. Mon point de vue sur notre comportement par rapport à l'environnement sera féroce, je montrerai à quel point l'attitude des États-Unis est épouvantable à cet égard. Parce que nous sommes les pires, les pires de tous. »

« Prenez les grenouilles, ajouta-t-il. La grenouille est un véritable baromètre sur les conditions de son habitat. En tant qu'amphibiens, elles sont sensibles aux forces de la nature. Je me souviens que, quand j'étais gosse, j'allais à la chasse aux grenouilles à Malibu. Aujourd'hui, elles ont été décimées, il n'y en a plus. »

Cette cause allait constituer l'un des thèmes de prédilection de l'acteur dans les années futures. C'est aussi sur la question environnementale qu'il apporta son soutien à John Kerry, candidat démocrate lors de l'élection présidentielle de 2004. Il espérait ainsi évincer George W. Bush.

Si la sauvegarde de l'environnement passionnait Leo, ce n'était rien en comparaison de Hughes, un personnage en qui, assurément, il se reconnaissait. Leo avait nourri le souhait d'interpréter ce génie reclus quand il avait lu pour la première fois la biographie écrite par Peter Harry Brown, *Howard Hughes : le milliardaire excentrique,* alors qu'il tournait *Titanic.* Il n'avait pas choisi de se concentrer sur le côté sombre de Hughes. Ce dernier était parfois présenté comme un raciste, un maniaque obsédé par les microbes, un type qui se déplaçait en traînant des pieds, avec des boîtes de Kleenex en guise de chaussures, dans les suites obscures d'hôtels de Vegas, un type enfin qui conservait son urine dans des bocaux. DiCaprio, lui, voulait axer son film sur le jeune millionnaire des années 1930, aux airs de vedette, sur le garçon qui dessinait et pilotait ses propres avions et battait des records de vitesse, sur le garçon qui tapait sur les nerfs des producteurs hollywoodiens avec ses projets démesurés.

Quoique Leonardo s'approchât à grands pas de la trentaine, sa ressemblance avec Hughes, au sommet de sa gloire, était plus que frappante. De la même façon que Scorsese avait surnommé DiCaprio « le gosse » sur le plateau de *Gangs of New York,* Hughes était las d'être appelé « junior » et avait exigé le respect dû à sa réussite professionnelle.

Pour la première fois de sa carrière, Leonardo n'avait pas eu à se battre ou à accepter une proposition pour décrocher le rôle. Il avait lui-même apporté le projet à Michael Mann, réalisateur de *Heat* et de *Révélations,* et sans doute plus connu encore pour la série télé *Deux flics à Miami* (1984-1990). Mann fit appel au scénariste John Logan, à l'origine du succès phénoménal de *Gladiator* avec Russell Crowe. Le temps que le projet se concrétise, Mann exprima des réticences à réaliser un autre *biopic* si vite après sa fresque sur Muhammad Ali (2001). C'est ainsi que DiCaprio et Mann unirent leurs forces, en tant que producteurs, pour convaincre Scorsese de diriger le projet. « Quand j'ai vu le titre, j'ai cru que ça parlait d'aviation, avoua le réalisateur. Et je déteste prendre l'avion. Mais plus quelque chose m'effraie, plus j'ai envie de l'explorer. » Par ailleurs, la présence assurée de Leonardo finit par le convaincre : « Il ne joue jamais aussi bien que lorsqu'il est complètement habité par le rôle. C'est fascinant à regarder. »

Leonardo ne pouvait être plus heureux : « Quand j'ai lu le livre sur Howard Hughes, je ne savais pas qu'il avait été pilote. Cet homme volait dans des avions et en avait fracassé à quatre reprises. J'ignorais également son côté rebelle. Reniant les studios hollywoodiens, il a produit le film le plus cher de son époque, *Les Anges de l'enfer*. Quatre millions de dollars qu'il a entièrement financés de sa poche. Il a ensuite produit *Scarface*, le film le plus violent jamais réalisé, avant d'initier *Le Banni*, le film le plus sexuellement explicite. »

Scorsese et DiCaprio choisirent de centrer leur film sur les jeunes années de Hughes : depuis le début du tournage des *Anges de l'enfer*, en 1927, jusqu'à son témoignage au Sénat en 1947, alors qu'il était accusé d'avoir profité de la guerre pour s'enrichir. Il sombra ensuite dans la drogue, la paranoïa, et céda face à la CIA, à Nixon et à ses troubles obsessionnels compulsifs.

Leo consacra une année entière à se préparer pour le rôle. Il fit des recherches minutieuses sur la personnalité de Hughes. Il dévora les ouvrages sur le personnage, passa des jours entiers à écouter les enregistrements des auditions devant le Sénat.

Hughes ne réussit jamais en réalité à mettre un avion sur ses chaînes de fabrication. Son célèbre *Spruce Goose* (« l'Oie en épicéa ») – un avion en bois, le plus imposant de son époque – ne vola qu'une seule et unique fois avec Hughes aux commandes. Quant à son avion de chasse, il ne décolla jamais pendant la Seconde Guerre mondiale.

« Les enregistrements, c'était le plus intéressant, confia Leo. Entendre Hughes, ce bouledogue féroce, attaquer le Sénat. Cet homme, qui était son propre patron, luttait contre le gouvernement, s'en prenait au système, se bagarrait avec la Pan Am pour obtenir le monopole, se battait bec et ongles. Il a renversé les rôles en fait, en déclarant : "Je dispose des mêmes droits." Cet homme était tellement gonflé, tellement puissant, qu'il pouvait dire : "J'ai assez de ressources personnelles, c'est à moi de vous interroger maintenant." »

« Il faut ajouter autre chose sur Howard Hughes, poursuivit-il. Les avis sur lui sont aussi nombreux que contradictoires. Certains pensent qu'il était homosexuel ; d'autres qu'il était mégalomane ; d'autres, enfin, le voient comme un milliardaire timide, réservé. Personne ne sait vraiment, quoique certains sachent mieux que d'autres. Mais chez tous ceux qui ont tenté de cerner cet homme et que j'ai rencontrés – Jane Russell, ses mécaniciens –, il y a une constante : tous l'adoraient et le trouvaient gentil. »

Leo souhaitait également accorder une attention toute particulière à un autre aspect de son personnage : les troubles obsessionnels compulsifs chroniques (TOC) dont il souffrait. Hugues ressentait le besoin constant de se laver les mains, vivait dans une peur panique de la saleté et des germes, et se sentait obligé de répéter sans cesse les mêmes phrases. « C'était la chose la plus intéressante à jouer. Howard Hughes ne savait pas ce qu'il avait. On n'était pas en mesure de diagnostiquer un trouble obsessionnel compulsif à l'époque. Il n'y avait pas de traitement. Et même si l'on avait pu identifier l'origine des troubles, Hughes aurait refusé les soins : il n'aimait pas parler aux médecins. »

L'acteur pouvait se reconnaître dans ces TOC, comme il le confia à Oprah Winfrey lors de sa première apparition dans son show en juillet 2005 : « Je me souviens que, quand j'étais petit, je faisais des choses comme ça tout le temps. Par exemple, sur le chemin de l'école, si je voyais une fissure dans le bitume, je devais rebrousser chemin sur une vingtaine de mètres puis toucher la fissure et je me disais : "Non, je ne peux pas aller à l'école tout de suite."

« Pour le rôle, j'ai laissé tous ces TOC resurgir. Pour venir jusqu'au plateau, ça me prenait dix minutes parce qu'en marchant, je me disais : "Tiens, il y a cette foutue trace de chewing-gum collée", et je faisais demi-tour pour la toucher. Pendant ce temps, les types au micro déclaraient : "On attend encore Leo sur le plateau." Avant d'enchaîner : "Merde, ça y est, c'est reparti." »

Leonardo n'admirait pas seulement la ténacité de Hughes, mais il enviait aussi, peut-être, sa capacité à occulter ou étouffer les mauvaises nouvelles. Un talent que l'acteur aurait aimé avoir eu au cours de ces dernières années : « Il y a cette histoire géniale sur Howard Hughes et *Life Magazine*, ou peut-être *Life*, mais qu'importe... », raconta-t-il. J'aurais aimé faire un truc pareil, une chose aussi grandiose. Le journal a publié une histoire sur lui, qu'il n'a pas aimée. Il a dit : "Supprimez cette histoire", mais ils n'ont pas enlevé l'article. Alors il s'est rendu sur place, il a acheté tous les exemplaires de *Life Magazine* (ou peu importe le nom du magazine) et il les a stockés dans un entrepôt pendant dix ans. »

Pendant qu'il dirigeait la TWA, Hughes avait aussi courtisé quelques-unes des femmes les plus *glamour* d'Hollywood, dont Katharine Hepburn, Ava Gardner et

Jean Harlow. Le rôle de Katharine Hepburn revint à l'actrice australienne Cate Blanchett. Elle entreprit aussi des recherches approfondies pour se préparer. « Je me suis beaucoup amusée à fouiller dans ses films, se souvint-elle. C'est une chose que d'incarner à l'écran celle qui fut considérée comme une icône, mais c'en était une autre que de jouer dans le milieu même qui avait fait sa réputation. La vérité, c'est que je ne pense pas que je me serais risquée à une telle interprétation pour quelqu'un d'autre que Martin Scorsese. »

Leonardo ajouta : « Marty possède une connaissance encyclopédique du cinéma, surtout des vieux films. On doit connaître son personnage sur le bout des doigts, sinon il vous fait savoir que cela ne va pas. »

L'amour des belles femmes, une approche obstinée du cinéma et une exaspération face à ce qu'il considérait comme un intérêt malsain pour sa vie privée : autant de raisons qui poussaient Leonardo DiCaprio à s'identifier à Howard Hughes, même s'il tint à souligner quelques différences notoires : « Selon moi, Howard pensait aux femmes comme il pensait aux avions. Il voulait le modèle le plus rapide, le plus récent ; ce n'est pas ma façon de considérer les femmes que je fréquente. »

Leonardo était bien différent en effet. Depuis que Gisele et lui avaient rompu, il semblait faire de son mieux pour lui montrer qu'il s'était assagi. Même si elle avait un temps mis leur relation aux oubliettes, en se consolant auprès du riche homme d'affaires Ricardo Mansur, l'acteur n'excluait pas une réconciliation. Au mois de mai 2003, il saisit la chance qu'il attendait depuis longtemps quand il rencontra son ancienne amoureuse dans une boîte new yorkaise.

D'après le *Sun*, la beauté brésilienne assistait à la fête annuelle du coiffeur des stars, Harry Josh, avec ses consœurs top-modèles Eva Herzigova et Heidi Klum. Leonardo se trouvait là par hasard entouré d'un groupe d'amis. D'après des témoins, Gisele se métamorphosa dès qu'elle aperçut Leo et se lança dans un numéro de danse sexy pour attirer son attention, puis, au cas où cette démonstration sensuelle n'aurait pas suffi, elle renversa plusieurs cocktails. Quelqu'un qui assistait à la scène raconta : « Gisele s'amusait tellement sur la piste qu'elle a renversé plusieurs cocktails. Leo la regardait bouche bée, de l'autre côté de la pièce, et il ne pouvait détacher son regard. Après quelques minutes, elle l'a rejoint là où il était assis, lui permettant ainsi de la voir de plus près.

« Il était soufflé. Manifestement, elle avait réussi son coup puisqu'ils ont passé le reste de la nuit à bavarder et à boire. Aux alentours d'une heure du matin, ils sont partis ensemble mais ils sont montés dans des voitures séparées sans révéler où ils allaient. »

Le jour suivant, le couple fut aperçu en train de flâner dans New York avec Vida, le chien de Gisele. « Il avait un bras autour de sa taille et ça n'avait pas l'air de la déranger du tout, raconta un badaud. Ils sont à nouveau ensemble apparemment. »

Pour les médias du monde entier, qui depuis des années avaient désespéré d'unir Leonardo à une fille sublime, le rêve devenait enfin réalité. En quelques semaines, on annonça que le couple planifiait un mariage dans le Brésil natal de la belle. Ses cinq sœurs avaient été choisies pour demoiselles d'honneur.

Les bans n'étaient pas encore publiés, mais Leo et Gisele appréciaient de s'être retrouvés. Mansur, plaqué sans grand ménagement, confia dans la presse la difficulté d'entretenir une relation saine avec un top-modèle connu dans le monde entier et perpétuellement au centre des rumeurs à propos de son ex-petit ami. « Pour rester avec Gisele, un homme doit être très solide et sûr de lui, parce qu'il va lire et entendre sans arrêt des choses qui peuvent le rendre fou, soupira-t-il. Bien sûr que Gisele va me manquer. Notre relation était merveilleuse le temps qu'elle a duré, mais personne n'est irremplaçable. La première femme au monde sera toujours pour moi celle qui restera à mes côtés et qui me traitera avec le plus grand respect. »

Tout à la joie de ses amours renaissantes, Gisele rejoignit Leo sur le plateau d'*Aviator*. À Montréal, lieu du tournage, ils profitèrent d'une intimité rare. On aperçut les tourtereaux en train de s'embrasser et de se câliner entre les scènes ; ils donnaient l'image d'un couple uni. L'auteur Ian Halperin, qui avait réussi à se frayer un chemin jusqu'au plateau en se faisant passer pour un figurant, raconta dans son livre *Hollywood Undercover*, combien Leo se montrait accessible. Il loua son talent d'acteur et sa modestie : « C'est un type très sympa. Quand on sait que c'est une star mondiale, numéro un au box-office... Il a pourtant l'air d'un gars tout à fait normal.

« Il m'a raconté qu'il préférait sa vie avant *Titanic*, quand il pouvait encore se rendre dans une épicerie sans se faire accoster. »

Leo et Gisele terminèrent l'année par un voyage. Ils passèrent leurs vacances en Amérique du Sud, dans le pays natal du mannequin, ainsi qu'au Chili et au Pérou. Si en faisant du trekking dans la forêt tropicale amazonienne ou en grimpant jusqu'à la cité inca du Machu

Picchu ils avaient espéré échapper à la foule et aux médias qui traquaient leurs moindres faits et gestes, ils s'étaient lourdement trompés. Leo raconta : « Je suis allé au Brésil, en pleine forêt vierge, à des milliers de kilomètres de toute ville ou de quoi que ce soit d'approchant. J'ai visité un village indien et j'ai rencontré une tribu. Là, j'ai fait la connaissance de leur chef, qui ne parlait pas un mot d'anglais. Il était nu et son visage était recouvert de peintures.

« Je me suis dit : "Ouah, je vais enfin réussir à passer inaperçu ! C'est extraordinaire de communier avec la nature." Son fils était assis à côté de moi et nous avions un interprète. Il nous parlait de son village et de sa vie.

« Le fils m'a regardé et il a dit : "Leonardo ?" J'ai répondu : "Oui." Il a continué : "DiCaprio ?" J'ai répondu : "Oui." Il a dit : "*Titanic*, c'est ça ? – Oui, c'est moi."

« J'ai commencé à réaliser que le village entier avait vu *Titanic*. J'ai regardé dans un coin. Dans la hutte en paille, il y avait un minuscule téléviseur couleur, avec une petite antenne parabolique. En fait, ils regardaient des films américains depuis des années. Je n'en revenais pas ! »

Au Machu Picchu, le site inca érigé à deux mille quatre cent trente mètres d'altitude, Leonardo fut, une fois encore, confronté à la réalité. Les deux amoureux avaient d'abord souhaité que leurs mères respectives les rejoignent, mais toutes deux avaient été frappées par le mal de l'altitude et avaient dû attendre les tourtereaux dans un hôtel à Cuzco.

À la place, Gisele et Leo furent rejoints par une horde de touristes. C'était un samedi après-midi pluvieux, peu après Noël ; ils se dissimulèrent sous des parapluies et tentèrent de se fondre dans la masse. Malheureusement, leur espoir d'un pèlerinage tranquille dans les ruines incas fut gâché. Le couple fut finalement forcé de repartir lorsqu'une fan repéra Leo et lui demanda un autographe avant de prévenir toutes ses amies.

La période de Noël allait être le moment de vérité pour DiCaprio et Scorsese. Un grand soin avait été apporté au film pour le rendre aussi réaliste que possible. Afin d'éviter de recourir aux effets spéciaux pour les scènes d'aviation, comme il l'avait fait pour *Pearl Harbor* (2001), Scorsese avait fait réaliser deux maquettes pour les deux avions les plus révolutionnaires de Hughes : le *Spruce Goose* et l'avion de reconnaissance XF-11.

En hommage aux premiers films en Technicolor bichrome – procédé utilisé par Hughes –, le réalisateur colorisa de nombreuses scènes du début en rouge et bleu cyan : il voulait leur donner le rendu d'un film des années 1930. Au fur et à mesure de la progression du film, la couleur adoptait un Technicolor aux couleurs éclatantes.

En ayant investi cent millions de dollars, Miramax faisait peser une lourde pression sur les épaules de Scorsese, bien supérieure à celle de *Gangs of New York*. De son côté, DiCaprio se félicita de ne pas avoir joué *Alexandre*, tant l'épopée laborieuse d'Oliver Stone se révéla un fiasco au box-office. Tous les yeux étaient à présent rivés sur l'avènement d'*Aviator*.

Après les premières projections, les spécialistes virent dans ce film la « meilleure œuvre » de Scorsese depuis *Les Affranchis* en 1990. On parla aussi beaucoup de l'influence bénéfique que le réalisateur et DiCaprio exerçaient l'un sur l'autre : « Marty a contribué à mettre en lumière l'homme qui sommeillait en Leo, déclara le critique de cinéma Emanuel Levy, auteur de *All About Oscar*. Personne ne croyait Leo capable d'incarner Howard Hughes, qui a toujours été considéré comme un homme, un vrai. Mais tout a changé. Leo a toutes les clés désormais pour obtenir le titre de meilleur acteur. »

« Quant à Dicaprio, il semble avoir fait vibrer le gamin qui sommeillait en Scorsese », dit-il, avant d'ajouter que le film « rappelait davantage les œuvres brillantes de ses débuts comme *Taxi Driver* et *Raging Bull*, en plus commercial et distrayant ».

Scorsese salua lui aussi l'effet positif que Leo avait sur lui : « La réalisation c'est un véritable casse-tête, mais Leo vous oblige à parler et reparler de vos films ; c'est très stimulant pour le projet qu'on est en train de faire. »

Avant de rentrer dans le vif de la promotion d'*Aviator*, avant sa sortie en décembre 2004, Leo devait mener une campagne d'une nature bien différente. Dans une dernière offensive pour rallier des voix en faveur de John Kerry, avant les élections présidentielles du 2 novembre, il s'exprima lors de meetings en Oregon et en Floride. Il pesa de tout son poids pour inciter les votants à ne pas choisir le président Bush : « George Bush a fait les mauvais choix, des choix désastreux en matière d'environnement. Le temps du changement est venu », annonça-t-il à Tampa en Floride. Il participa également à un spot de campagne, sur Internet, aux côtés de nombreuses célébrités, dont Justin Timberlake et Samuel L. Jackson. Il s'agissait de prendre part à « Rock the Vote », une campagne organisée par MTV pour encourager le vote chez les jeunes Américains. Leo y vit une nouvelle occasion de s'exprimer sur la cause environnementale.

Le film sortit le jour de Noël et reçut des louanges unanimes. David Ansen, journaliste à *Newsweek*, résuma les sentiments de nombreux critiques : « DiCaprio est stupéfiant : rusé, impétueux, paranoïaque, il alterne entre des hauts frénétiques et des bas paralysants. Je ne pouvais pas l'imaginer dans ce rôle mais, après avoir vu le film, impossible d'imaginer qui que ce soit d'autre à sa place. »

Le critique de *Time Magazine*, Richard Corliss, félicita DiCaprio d'avoir « porté ce grand film avec grâce », tandis que le magazine *Empire* lui décernait quatre étoiles en déclarant : « Leonardo DiCaprio dissipe toutes les craintes et montre qu'il a indéniablement les épaules pour porter un rôle aussi complexe et percutant que celui-là. Sa présence est magnétique quand il rattrape un Hughes au bord de la folie et le fait se cabrer pour une dernière offensive contre un sénateur corrompu (incarné par le superbe Alan Alda) à propos d'allégations prétendant qu'il aurait trompé l'U. S. Air Force. »

À la même période, *Aviator* se trouvait en concurrence avec un film moins ambitieux, mais d'une grande importance pour Leo. Une semaine après l'épopée de Scorsese sortait en effet *The Assassination of Richard Nixon*, qui relatait le complot de Samuel Byck pour tuer le président en 1974. Ce film, avec Sean Penn et Naomi Watts dans les rôles principaux, était le premier de Leonardo en tant que producteur (même s'il avait été producteur délégué sur *Aviator*) au sein de sa jeune société, Appian Way. Comme *Aviator*, ce long-métrage fut bien accueilli par la critique, mais il n'y eut, malgré tout, qu'un seul gagnant au box-office.

Le film sur Hughes rapporta jusqu'à deux cent treize millions de dollars à travers le monde. Les éloges et les gains consacraient le triomphe personnel de l'acteur qui avait travaillé dur pour que le projet voie le jour.

Comme à l'accoutumée, à mesure que l'effervescence des Oscars grandissait, on s'interrogeait pour savoir si le retour de l'acteur au sommet de son art serait récompensé par la précieuse statuette ou si, une fois encore, il allait être dédaigné par l'Académie.

17

Le paria

« J'ai grandi dans ce métier. Aussi loin que remontent mes souvenirs, je voulais faire partie du monde du cinéma, c'est donc pour moi un réel privilège de pouvoir me tenir devant vous aujourd'hui... » C'est en ces termes que s'exprima Leonardo en janvier 2005, lors de la cérémonie des Golden Globes qui le consacra meilleur acteur pour son rôle dans *Aviator*.

Ce fut un grand moment de fierté pour Leo. Il recevait là sa première récompense de la part de l'Association hollywoodienne de la presse étrangère. Il profita de l'occasion pour rendre un hommage appuyé au réalisateur qui avait donné un nouveau tournant à sa carrière : « Je dois dire que travailler aux côtés de celui qui a certainement le plus apporté au cinéma mondial, le génial Martin Scorsese, est pour moi un couronnement. »

Aviator reçut également le prix du meilleur film. Le triomphe de DiCaprio et du film de Scorsese aux Golden Globes était prometteur pour les Oscars. Mais cette année-là, la compétition était rude. Jamie Foxx avait livré une interprétation fascinante de Ray Charles dans le *biopic* à succès intitulé *Ray*. Il avait reçu le Golden

Globe du meilleur acteur dans un film musical ou une comédie et il avait donc toutes les chances de remporter l'adhésion de l'Académie des Oscars, au détriment de Leo.

Laissant les spécialistes et les critiques à leurs spéculations, Leonardo reconnut toutefois que remporter un Oscar concrétiserait un rêve : « Celui qui prétend qu'il ne veut pas que son travail soit reconnu par ses pairs est un menteur. J'adorerais voir ce film reconnu par l'Académie, surtout pour Marty. Qu'il n'ait toujours pas gagné d'Oscar demeure un mystère pour moi. Après un certain temps dans ce métier, on apprend que la véritable récompense n'est pas que votre visage soit reconnu, mais plutôt que l'on se souvienne de votre film, et cela tient avant tout au génie de la mise en scène. »

Pour les Oscars, cette année-là, DiCaprio et Scorsese figuraient tous deux sur une longue liste de prétendants au titre, dont *Ray* et *Million Dollar Baby,* le mélo signé Clint Eastwood qui retraçait le parcours d'une boxeuse.

Dans les semaines précédant la cérémonie, le mariage supposé de DiCaprio alimentait tout autant les tabloïds que son éventuelle victoire aux Oscars. Lors de la réception des Golden Globes, on lui demanda s'il savait pourquoi son mariage avec Gisele suscitait un tel intérêt ; il se contenta d'un laconique : « Je n'en ai aucune idée. »

De son côté, le mannequin de vingt-quatre ans démentait dans la presse les rumeurs d'éventuelles fiançailles, tout en reconnaissant vouloir fonder une famille : « Je veux trois enfants, mais je veux faire un mariage heureux. Personne ne m'a jamais proposé de l'épouser. »

Quant à Leonardo, s'il reconnaissait dans toutes ses interviews l'importance de la fidélité – « je suis avec Gisele depuis quatre ans maintenant et nous sommes heureux ensemble. Quand j'étais plus jeune, je me suis beaucoup amusé. J'ai eu plus que ma part de mannequins » –, il affirmait dans le même temps à *Daily Variety* : « Je n'ai pas de projets de mariage. »

Tandis que les Oscars approchaient, les spéculations allaient bon train, mais elles portaient surtout sur l'identité de celle qui accompagnerait Leo à la cérémonie. « Je verrai », dit-il à la journaliste de télévision Diane Sawyer. « Peut-être ma grand-mère Helene que j'adore. Si elle est par ici, je pense qu'elle m'accompagnera. Bien qu'elle se moque éperdument de ces mondanités, j'adorerais qu'elle soit à mes côtés, elle sera ma critique privée pendant toute la soirée, elle va commenter la soirée, ses participants et qui mérite quoi. »

Helene avait déjà rejoint Irmelin et Leonardo aux Bafta de Londres, où ce dernier avait dû s'incliner devant Jamie Foxx. Un signe de mauvais augure pour les Oscars. La réussite n'avait pas non plus été au rendez-vous pour Scorsese, le Bafta du meilleur réalisateur ayant échu à Mike Leigh pour *Vera Drake*.

Leo et Martin avaient toutefois bien fini la soirée, puisque *Aviator* avait remporté le convoité Bafta du meilleur film.

Les Oscars 2005 étaient le premier événement public auquel Leo et Gisele assistaient ensemble depuis le début de leur relation, quatre ans auparavant. Le mannequin apparut très en beauté, drapée dans une longue robe de soirée signée Christian Dior. Si sa tenue blanche et bouffante ne fit pas l'unanimité, elle créa indiscutablement le *buzz* dans les nombreuses chroniques de mode. DiCaprio, très élégant dans son costume Prada et les cheveux légèrement gominés, était aussi accompagné d'Irmelin et de Vânia, la mère de Gisele.

Malheureusement, cette soirée ne fut pas, une fois encore, celle de sa consécration. Comme lors des Bafta, ce fut à Jamie Foxx que revint la précieuse statuette. Déçu, Leo se montra néanmoins bon perdant : « Je n'ai pas été surpris que Jamie remporte l'Oscar. Comme je savais que les caméras seraient braquées sur mon visage, j'ai maîtrisé ma réaction. Celui qui prétend qu'il ne se prépare pas est un menteur. »

Même si la victoire n'était pas au rendez-vous, Gisele rayonnait de fierté au bras de son compagnon. Avant la soirée, des rumeurs avaient prétendu que leur relation battait de l'aile, mais leur démonstration d'affection fit taire toutes les conjectures, au moins pour une semaine ou deux.

Quand on demanda à Gisele ce qu'elle pensait de la décision du jury, elle ne donna pas dans la langue de bois : « J'étais là pour soutenir Leo. Il n'est pas seulement mon compagnon, c'est aussi un acteur extraordinaire. Il a un vrai talent et je suis fière de lui. Je ne pense pas qu'il s'attendait à gagner. J'étais sans doute plus peinée que lui parce que je pensais vraiment qu'il méritait cet Oscar. Pour moi, il a fait un meilleur boulot que Foxx ! »

Aviator rafla cinq Oscars sur les onze nominations, dont l'Oscar de la meilleure actrice pour Cate Blanchett qui avait incarné de manière convaincante Katharine Hepburn. Pour l'Oscar du meilleur réalisateur, Scorsese s'inclina devant Clint Eastwood, récompensé pour *Million Dollar Baby*.

Mais DiCaprio n'avait pas attendu la cérémonie des Oscars pour se lancer dans une nouvelle aventure avec son réalisateur fétiche, Martin Scorsese.

Son nouveau projet, *Les Infiltrés,* était le remake hollywoodien d'un thriller hongkongais, *Infernal Affairs,* sorti en 2002. Ses principaux thèmes étaient l'imposture et la trahison au sein de la pègre. L'intrigue avait été relocalisée à Boston, où DiCaprio incarnait un flic infiltré, chargé de rassembler des preuves contre un parrain de la Mafia. De son côté, Matt Damon avait accepté d'interpréter l'homme de main du milieu qui infiltrait la police.

En acceptant la proposition, Leonardo prit le risque de contrarier Robert De Niro, car cet engagement le contraignait à décliner un rôle dans *Raisons d'État* (2006) – rôle qui échut à la place à Matt Damon.

Les Infiltrés était coproduit par la société de Brad Pitt et de Jennifer Aniston, Plan B, et le début du tournage commença au printemps suivant, un mois à peine après les Oscars. La distribution réunissait Jack Nicholson, Ray Winstone et l'ancien partenaire de Leonardo dans *The Basketball Diaries,* Mark Wahlberg.

Scorsese était ravi de reprendre du service aussitôt après *Aviator* et de retrouver Leo, bien que cela se fasse aux dépens de De Niro : « Je me dis souvent à la fin d'un tournage : "Ouah, c'était un boulot infernal ! Pourquoi diable est ce que je me donne tout ce mal ?" Mais avec un acteur comme Leo, se projeter sur le scénario d'un nouveau film, c'est toujours un défi excitant qui m'incite à me replonger tout de suite dans un nouveau projet. »

À Boston, le tournage fut vite compliqué par plusieurs incidents, dont l'agression de Leonardo. L'acteur assistait à une fête lorsqu'une femme, armée d'une bouteille de bière, le frappa violemment. Blessé à la tête et au visage, il dut recevoir douze points de suture. DiCaprio ne connaissait pas cette femme. Elle était arrivée à la fête à quatre heures du matin et disait rechercher son ex-petit ami. Pour l'anecdote, l'hôte de la soirée n'était autre que Rick Salomon, propriétaire d'un restaurant à Hollywood et célèbre pour la vidéo de ses ébats avec Paris Hilton, qui avait fait sensation sur le Net.

Témoin de la scène, Jonah Blechman, autre invité, qui jouait aux côtés de DiCaprio dans *Blessures secrètes*, s'était écrié lors de l'agression : « Putain, elle lui a entaillé le visage ! » Couvert de sang, Leo était en état de choc. Blechman et un autre ami le conduisirent immédiatement aux urgences de l'hôpital le plus proche, le Cedars Sinai.

Il s'avéra qu'avant de passer à l'action, la femme qui avait agressé Leo avait manifesté des signes d'agitation et avait refusé de quitter la fête malgré des injonctions réitérées. On pouvait supposer qu'elle était sous l'emprise d'un cocktail de drogue et d'alcool, et que Leonardo l'avait involontairement provoquée en lui tenant des propos déplaisants.

Le porte-parole de DiCaprio, Ken Sunshine, confirma l'incident aux médias : « Tandis qu'il était sur le point de quitter une petite fête privée, Leo a été agressé par une femme entrée clandestinement et à qui l'on avait demandé à plusieurs reprises de quitter la propriété. L'agresseur l'a frappé avec un objet en verre avant d'être maîtrisée par des témoins. D'après les sources, elle cherchait son ex-petit ami, qu'elle avait apparemment agressé physiquement à de précédentes occasions. »

À sa sortie de l'hôpital, Blechman raccompagna Leo chez lui, au-dessus de Sunset Strip. « Leo a été agressé. Elle lui a démoli le visage. On est venus à son secours », confia ensuite Blechman à *News of the World*. « Bien sûr, il est encore en état de choc. La minute d'avant, il s'amusait à une fête, l'instant d'après, il était frappé à la tête. On a du mal à croire ce qui s'est passé. Il se remet mais il souffre toujours. »

D'après la description des blessures, il apparut que Leonardo avait échappé au pire. Un médecin, Victor Storey, déclara que si la bouteille avait sectionné une artère principale, il aurait pu « mourir en quelques secondes ». « Il est presque impossible d'arrêter une blessure comme celle-là. Juste à côté, c'est la veine jugulaire. Si elle vient à être sectionnée, vous devez être soigné aussitôt, sinon vous vous évanouissez et vous mourez en quelques minutes d'une hémorragie », expliqua-t-il, avant d'ajouter : « Douze points couvrent jusqu'à cinq centimètres du visage de Leonardo et cela prouve qu'il doit avoir été frappé avec une grande violence. »

Les services de police de Los Angeles entamèrent une enquête sur l'agression, tandis que Leo reprenait le chemin des plateaux. Sa patience fut à nouveau mise à rude épreuve par le légendaire perfectionnisme de Scorsese : « Scorsese est un perfectionniste, révéla une source au *Boston Herald*, mais c'est une icône, alors le studio ne peut pas dire grand-chose. »

Il y avait ainsi une scène de soixante-dix secondes dans le film, où l'on voyait la partenaire de DiCaprio, Vera Farmiga, le poursuivre devant le palais de justice Edward Brooke. Cette prise de vue nécessita à elle seule six heures de tournage, dix à douze répétitions, et plus de quinze prises. La minutie de Scorsese était telle qu'il alla jusqu'à demander le remplacement d'un réverbère par un autre, légèrement différent.

Quant à Jack Nicholson, il compliquait régulièrement la situation en réécrivant quotidiennement le script, obligeant le réalisateur à tourner un scénario modifié avant de filmer sa propre version, dans l'unique but de contenter la star. « Le plateau ne baigne pas dans l'euphorie », confirmèrent les témoins qui précisèrent que DiCaprio était « excédé ».

De leur côté, les patrons de la Warner Bros misaient sur le génie de Nicholson, le talent de Scorsese et l'interprétation de Leo et de Matt Damon, deux acteurs au sommet de leur art, pour offrir au réalisateur son premier gros succès depuis *Les Affranchis*, seize ans plus tôt.

Indiscutablement, la présence de l'immense Nicholson, même si elle ne dura que vingt-cinq jours sur les quatre-vingt-dix-neuf que compta le tournage, fit la différence. Scorsese lui-même reconnut : « Avec Jack, il en faut peu. »

Le comportement fantasque et les excentricités de l'acteur chevronné déconcertèrent ses jeunes partenaires. « Quand Jack arrivait sur le plateau, il faisait des choses dingues, se souvint Damon. Si vous nous regardez bien, Leo et moi, dans toutes nos scènes avec Jack, on ressemble à des lapins pris dans les phares d'une voiture. »

Dans le film, Nicholson interprétait Frank Costello, un parrain de la Mafia à moitié dément, qui faisait preuve d'une rare violence. Il décidait d'envoyer une taupe pour infiltrer la police, sans réaliser que sa propre organisation était elle-même infiltrée. « C'est le jeu des faux-semblants, expliqua DiCaprio. Qui est intègre ? Quelle est votre véritable identité ? En fin de compte, à quel point est-ce important ? »

Quand Warner Bros envoya le scénario à Scorsese, le réalisateur se montra d'abord circonspect, car il hésitait à s'engager dans un remake, d'autant qu'il s'agissait encore d'un film sur le crime organisé. Puis, il finit par accepter : « Peut-être que c'est ce qu'il me faut. J'ai tenté d'épouser divers milieux et différentes sortes d'histoires. Je me suis même essayé aux films musicaux, avec *New York, New York,* mais je me sens plus à l'aise avec des histoires comme celle-ci. C'est peut-être parce que j'ai grandi dans un petit village sicilien en plein cœur de New York, un village qui n'existe plus aujourd'hui. »

Aussi étonnant que cela puisse paraître, c'était la première fois que Scorsese collaborait avec Nicholson, bien que leur rencontre remontât à plus de trente ans. « Je voulais quelqu'un dont la présence pourrait imprégner l'intégralité du film, même s'il ne figurait que dans deux ou trois scènes, quelqu'un dont l'aura, quasi divine, persisterait au-delà de ses apparitions », expliqua le réalisateur avant d'ajouter : « Jack et moi, nous nous connaissons depuis trente ans, mais pour une raison que j'ignore, nous ne nous sommes jamais retrouvés sur un film. Alors j'ai trouvé intéressant de voir s'il serait partant pour incarner le rôle de Costello. Je voulais qu'il me livre du pur Nicholson. Ça nous a demandé pas mal de temps, mais ça valait le coup d'attendre. »

Jack Nicholson, de son côté, s'était pris au jeu et ne cessait, comme à son habitude, d'enchaîner les improvisations tout au long du tournage, au risque de dérouter les autres membres de l'équipe, notamment le scénariste, William Monahan. Ainsi, alors qu'il tournait une scène avec Matt Damon dans un cinéma miteux qui projetait des films pornos, Nicholson sortit un sex-toy et l'agita sous le nez de son protégé. Plus tard, il expliqua : « J'ai pensé que la scène serait meilleure avec un gode. »

Pour la première fois de sa carrière, Leo eut ainsi l'opportunité de voir à l'œuvre le seul acteur à avoir obtenu trois Oscars. Il reconnut que Nicholson avait un jeu d'acteur bien particulier, à la fois motivant et paralysant, qui obligeait ses partenaires à rester sous tension : « C'est une force de la nature et on doit se tenir prêt à encaisser les coups. Par moments, je ne savais vraiment pas ce qui allait se passer. Si vous engagez Jack Nicholson pour jouer un gros bonnet de la Mafia irlandaise dans un film de genre réalisé par Martin Scorsese, il va évidemment s'approprier le rôle. Ce qui implique d'arriver chaque jour sur le plateau comme on se jette dans le vide. Avec lui, l'improvisation est constante. Je ne savais jamais quelle facette de Costello il allait jouer. C'est terrifiant pour un acteur et ça place la barre très haut », raconta Leonardo.

Cette analyse se vérifia tout particulièrement lors du tournage d'une scène-clé du film, celle où Nicholson, le parrain, soupçonne le personnage de DiCaprio d'être une taupe et entreprend de le faire parler. Après la première prise, Nicholson dit à Scorsese : « Il n'a pas assez peur de moi. Il faut que je sois plus effrayant. »

Leonardo rapporta la suite de l'histoire : « Quand je suis arrivé le jour suivant, il y avait des cheveux de Jack partout. Il marmonnait dans sa barbe et l'accessoiriste m'a averti qu'il avait un extincteur, une bouteille de whisky, quelques allumettes et une arme planqués quelque part. Là, je me suis assis à la table sans savoir à quoi m'attendre. Soudain, il a mis le feu à la table après avoir versé du whisky partout et il m'a collé une arme sur le visage.

« Ça a complètement transformé la dynamique de la scène. C'est là tout son génie : il sait obtenir de son partenaire le meilleur et le conduire au sommet de ses capacités d'acteur. J'avais soudain plus de chances d'être vrai parce que j'avais à faire à un maniaque meurtrier. »

Il est vrai que le jeu insaisissable de Nicholson eut sur Leonardo une influence positive. Il livra dans ce face-à-face sous tension l'une de ses interprétations les plus convaincantes à ce jour. « Leo est incroyable, s'extasia Scorsese. Il exprime à la perfection le conflit intérieur de ce jeune type qui s'est mis dans une mauvaise situation et qui se demande ce qu'il fout là. Vous pouvez le voir à son visage ; vous pouvez le voir dans ses yeux. Il sait comment exprimer un choc émotionnel sans prononcer un seul mot. C'est assez extraordinaire à regarder. »

Pour finir de compliquer le tournage, des incidents, devenus routiniers, se produisirent. Ainsi, lors du tournage d'une scène de nuit dans le centre de Boston, aux environs d'une boîte de strip-tease, vingt filles vêtues d'un simple string envahirent le plateau à l'affût d'un seul homme : Leo !

À la fin du tournage, celui-ci fit un point sur sa vie privée. Qu'allait-il advenir de sa relation avec Gisele ? En public, le jeune couple semblait plus amoureux que jamais, mais quelques signes laissaient penser que chacun espérait autre chose de cette relation – ou la même chose, mais avec un partenaire différent.

En juillet, Gisele fêta ses vingt-cinq ans. Quand on lui demanda quel serait son cadeau idéal pour célébrer son quart de siècle, elle réitéra des propos déjà maintes fois mentionnés : « Je veux un bébé. C'est le rêve de ma vie, mais ça ne dépend pas que de moi. Le père a aussi son mot à dire. Mais je ne sais pas ce qu'il en pense. J'aimerais avoir une boule de cristal. »

Une boule de cristal lui aurait sans doute révélé que, à peine quelques mois plus tard, elle se retrouverait célibataire. Après cinq ans de vie commune, le couple annonça sa rupture en novembre. Cette fois, la décision semblait sans appel. La soudaineté de l'événement – qui ne donna lieu à aucune déclaration publique – obligea la presse *people* à en deviner les causes. Certains supposèrent que Gisele avait pris l'initiative. Elle n'aurait pas apprécié d'apprendre par la presse que Leo s'était rapproché de l'actrice du film *Layer Cake*, Sienna Miller, dans une boîte de Los Angeles.

On prêta aussitôt à la belle Brésilienne une relation avec le champion de surf Kelly Slater, un ancien compagnon de Pamela Anderson. Dans *Newsweek Magazine*, l'agent de Gisele confirma : « Oui, ils ont rompu », mais réfuta la rumeur selon laquelle la jeune femme se serait consolée si vite dans les bras d'un autre. Les amis de DiCaprio, pour leur part, ne manquèrent pas de rappeler la rapidité avec laquelle Gisele avait jeté son dévolu sur Rico Mansur lors de leur précédente rupture.

La séparation de Leo et Gisele eut des conséquences inattendues sur l'univers du spectacle. On rapporta que Mick Jagger, séducteur légendaire, s'était empressé d'offrir une épaule consolatrice à la belle au cœur brisée, et ce, au grand mécontentement de sa compagne officielle, L'Wren Scott. Aux dires de témoins, le leader des Rolling Stones avait emmené Gisele dans un endroit tendance de Manhattan, *The Big Cheese*, pour lui prodiguer des « conseils paternels, en toute innocence », selon les mots de l'intéressé.

Leo, lui aussi, se retrouvait disponible. Les starlettes se bousculèrent bientôt au portillon, désireuses de tirer partie d'une liaison avec l'artiste pour promouvoir leur carrière naissante. Mischa Barton, jeune actrice en pleine ascension grâce à la série *Newport Beach*, dénonça l'attitude douteuse de certains manageurs en révélant qu'on lui avait suggéré de coucher avec l'icône de *Titanic* pour attirer l'attention. Ainsi, à l'occasion d'une séance photo à Malibu, son imprésario l'avait encouragée : « Dans l'intérêt de ta carrière, couche avec cet homme-là. »

Mais Mischa, encore adolescente, trouvait l'acteur bien trop vieux : « Est-ce que Leo n'a pas trente ans ou quelque chose comme ça ? » avait-elle confié au magazine *Harpers & Queen.*

Leo, de son côté, avait repris le jeu de la séduction. Son amitié avec l'actrice de *Spider-Man*, Kirsten Dunst, avait évolué, semble-t-il, puisqu'on les avait surpris collés l'un contre l'autre dans une boîte de nuit de Los Angeles. Le *New York Daily News* rapportait ensuite que l'acteur avait été aperçu, entouré de sa cour, dans un club hyper-tendance, le *Bungalow 8*, à Manhattan, jusqu'aux petites heures du jour, « flirtant avec tout ce qui passait ».

Le bref séjour que fit Leo à Londres pour assister à une fête organisée par le groupe irlandais U2 échappa cependant à la vigilance de la presse. C'est là que Bar Refaeli, un mannequin israélien, attira son attention. Quoique de onze ans sa cadette, la ravissante blonde aux yeux bleus avait immédiatement séduit l'acteur par sa beauté et sa silhouette pulpeuse aux proportions parfaites.

Leonardo mit tout en œuvre pour faire connaissance avec la séduisante jeune femme. Mais leur idylle devrait attendre car, sitôt de retour à Hollywood, Leonardo dut se précipiter au chevet de son père. George avait été percuté par une voiture alors qu'il conduisait sa moto dans Los Angeles et il avait sombré dans le coma.

Un moment, Leo imagina le pire et veilla son père, deux jours durant, terrifié. Par chance, ce dernier n'avait qu'une commotion passagère. Il reprit connaissance et, malgré ses soixante-deux ans, se rétablit rapidement. « Leo est un peu secoué », confia un proche aux journalistes. « Mais son père est hors de danger. »

Cet accident rappela à Leo la fragilité de l'existence. Tandis qu'il ouvrait un nouveau chapitre de sa vie, il sut d'instinct ce qu'il voulait. La vie n'offrait pas toujours plusieurs prises ; il ne fallait pas laisser passer sa chance.

18

De l'or en Bar et des diamants

À bien des égards, la scène qui suit avait des airs de déjà-vu : DiCaprio était attablé dans un bar, cerné de gens à l'affût, prêts à lui soutirer quelque chose. Mais l'action se déroulait au Mozambique et, en lieu et place de mannequins *glamour*, l'acteur était entouré de mercenaires africains.

Leonardo avait découvert ces soldats de fortune lors de sa préparation pour son dernier rôle en date, celui d'un trafiquant de diamants dont les activités contribuaient à financer une guerre civile sanglante en Sierra Leone. Ce rôle dans *Blood Diamond* allait se révéler l'un des plus exigeants de sa carrière. Ce long-métrage tourné au Mozambique, dans lequel il incarnait un sale type, susciterait bien des polémiques à son retour à Hollywood.

Leo était déjà connu pour s'intéresser aux problèmes de la planète, mais à l'époque où il s'engagea dans le thriller réaliste d'Edward Zwick, le trafic de diamants était un sujet méconnu. Dans ce film, il campait un ancien mercenaire à la peau dure qui devait s'associer avec une victime de la guerre civile en Sierra Leone, interprétée par Djimon Hounsou. Pour des raisons différentes, les deux hommes entamaient alors la quête d'un diamant d'une valeur inestimable. L'action, située au début des années 1990, montrait comment les soldats rebelles (rétribués par la vente des diamants) enrôlaient de force des enfants et terrorisaient les populations civiles à coups de massacres et de mutilations. C'était loin d'être la première fois que Leo approfondissait son rôle, mais *Blood Diamond* lui demanda des « recherches » d'un genre nouveau : « Je n'avais jamais vraiment passé de temps avec des mercenaires sud-africains auparavant. Donc il m'a fallu dénicher quelques-uns de ces hommes, écouter leurs histoires, passer autant de temps que possible avec eux et les soûler. » Et de poursuivre : « Il n'y a pas beaucoup de "métrosexuels" par là-bas, vous savez. Ce sont tous des mâles dominants : durs, directs, aux manières abruptes. Je me situais quelque part entre les deux : pas aussi brute que certains de ces mecs, mais pas tendre non plus. J'ai dû écouter leurs histoires, je ne connaissais pas la situation. Pour construire mon personnage, mes conversations avec eux m'ont beaucoup servi. »

Un autre challenge consista à maîtriser l'accent sud-africain, réputé « extrêmement difficile » : « J'ai passé des semaines et des semaines à demander aux gens de m'apprendre des gros mots, des façons de s'insulter. De me dire comment on demandait un verre ou une cigarette. Je les ai aussi questionnés sur leur perception de l'Amérique et sur leurs relations entre eux. Le processus a été long, très long. »

Le Mozambique représentait l'endroit idéal pour tourner le film, car l'histoire de ce pays africain est presque aussi tourmentée que celle de la Sierra Leone. De nombreux rôles furent attribués à des acteurs locaux qui ne connaissaient que trop bien les conflits liés au trafic de diamants, ces pierres sorties en contrebande des pays en guerre dans l'unique but de financer des armes.

Cette expérience marqua profondément Leonardo, qui fut le témoin direct des problèmes rencontrés par les pays africains en difficulté : « Au Mozambique, il y avait une petite fille qui travaillait avec nous sur le film. J'ai appris que ses deux parents étaient morts du sida et qu'elle vivait dans un orphelinat. Dans une situation comme celle-là, où ces enfants ont tout perdu, comment ne pas apporter son aide ? »

Émus par cette détresse, Leonardo et les producteurs de *Blood Diamond* s'efforcèrent d'apporter leur contribution. Ils levèrent des centaines de milliers de dollars en faveur des amputés, des orphelins ainsi que des autres victimes de la guerre et de la maladie dans le pays. « Ce film m'a changé », poursuivit l'acteur. « C'est indiscutable. On doit agir, on doit donner en retour. »

Il n'y avait là aucune visée marketing. Leo et son équipe furent sidérés par le courage des gens qu'ils rencontrèrent, des personnes déterminées à ne pas laisser les circonstances ruiner leur existence : « Ce qui m'a le plus impressionné c'était que, malgré toutes les atrocités qui ont eu lieu en Afrique, malgré la pauvreté et les privations, ils gardaient une attitude positive envers la vie. On pouvait rouler à travers le Mozambique et voir des gens qui dansaient dans la rue, ils étaient simplement heureux d'être en vie. »

De son côté, DiCaprio avait fait du chemin depuis la période troublée de l'après *Titanic.* Plus le temps passait, plus il appréciait les opportunités qui s'offraient à lui : « Ça m'a donné beaucoup plus d'opportunités en tant qu'acteur, à des niveaux très différents, expliqua-t-il. Ça m'a permis de devenir pilote, en quelque sorte, dans des films importants et de faire en sorte que beaucoup de ces films bénéficient d'un financement, ce qui est très difficile à obtenir. »

Leo considérait *Blood Diamond* comme un film « important ». Il l'espérait divertissant, car même s'il portait un message, il ne le faisait pas ingurgiter de force aux gens.

Le réalisateur, Edward Zwick, s'était inspiré du combat mené par une association caritative britannique qui dénonçait la façon dont les diamants attisaient les conflits en Afrique. Global Witness avait commencé sa lutte dans une arrière-boutique de Londres une vingtaine d'années plus tôt. Deux de ses trois fondateurs – Patrick Alley, un patron dans le bâtiment, et Simon Taylor, biologiste – avaient quitté leur métier pour mener une campagne contre le pillage des ressources naturelles dans les pays en voie de développement. Leur associée, Charmian Gooch, cadre dans les relations publiques, fonda et finança l'organisation sur son propre salaire. Ils s'assurèrent ensuite l'aide financière de la fondatrice de The Body Shop, Anita Roddick, qui leur permit d'ouvrir des bureaux à l'ouest de Londres. Dans *Blood Diamond*, l'enquête de l'organisation caritative en Angola fut adaptée pour les besoins du film. La star d'*Un homme d'exception*, Jennifer Connelly, incarnait le personnage de Charmian Gooch, qui se faisait passer pour une journaliste chargée de collecter des preuves montrant que les diamants, dits « diamants de sang », servaient bien à financer la guerre.

Oxfam et Amnesty International apportèrent également leur contribution. Alors que le tournage du film s'achevait, pour une sortie programmée pour décembre 2006,

En haut à gauche : DiCaprio examine des prises sur le plateau de *La* 11e *heure, le dernier virage*, un documentaire sur le réchauffement climatique qu'il a coécrit et dont il a assuré la narration.

En haut à droite : Avec Russell Crowe, son partenaire dans *Mensonges d'État*, lors de la première à New York en octobre 2008.

En bas : Leonardo DiCaprio et Kate Winslet, sa partenaire de *Titanic*, à nouveau réunis dans *Les Noces rebelles*. Avec le reste de la distribution lors de la première à Los Angeles à la fin de l'année 2008.

Passionné d'écologie, DiCaprio s'exprime dans le cadre des concerts organisés pour Live Earth dans le New Jersey en juillet 2007. À cette occasion, cent cinquante performances musicales furent réalisées en onze endroits de la planète, accompagnées des discours d'invités influents dans différents domaines, dans le but de sensibiliser les consciences aux enjeux environnementaux. L'événement fut mondialement diffusé.

En haut : Avec le fondateur de l'événement Live Earth, Al Gore, et le musicien Bon Jovi, lors de la soirée organisée par *Vanity Fair* après la cérémonie des Oscars en 2007.

En bas : Poursuivant son soutien à la cause environnementale, DiCaprio au vingtième anniversaire du Natural Resources Defense Council en avril 2009.

En haut : DiCaprio avec sa petite amie de l'époque – et aujourd'hui amie –, Bar Refaeli, à un match de basket NBA des Lakers de Los Angeles, en 2010.

En bas : La distribution de *Shutter Island* avec Martin Scorsese, le réalisateur, au Festival international du film de Berlin en février 2010.

À gauche : Lors de la première d'*Inception* à Londres, avec Marion Cotillard et Ellen Page, ses partenaires à l'écran, en juillet 2010.

À droite : DiCaprio sur le plateau de *J. Edgar* avec Clint Eastwood, le réalisateur, en février 2011.

En haut à gauche : DiCaprio, le regard perçant, au gala d'ouverture du AFI Festival où avait lieu la première mondiale de *J. Edgar,* le 3 novembre 2011.

En haut à droite : Sur le tournage de la nouvelle adaptation très attendue de *Gatsby le Magnifique*, d'après F. Scott Fitzgerald, à Sydney en octobre 2011.

En bas : DiCaprio présente une légende de la musique, et l'un de ses artistes préférés, Stevie Wonder, lors de la soirée d'ouverture organisée à l'hôtel *The Darling* et au casino *The Star* à Sydney, en octobre 2011.

Tour à tour charmeur, sérieux ou espiègle, DiCaprio à Los Angeles à la séance photos pour le film *J. Edgar* en novembre 2011.

Arrivée à la cérémonie des Golden Globes le 15 janvier 2012 : DiCaprio, élégant, fait à présent partie des acteurs les plus *bankable* d'Hollywood.

Global Witness confirma que des diamants continuaient de sortir d'Afrique. Selon le militant Alex Yearsley, « il existait des preuves solides attestant que les rebelles du Nord de la Côte d'Ivoire faisaient sortir en contrebande des « diamants de sang » par le Ghana. Ces pierres atteignaient les marchés mondiaux et les gens les achetaient ».

Le film parut alors avoir un impact immédiat, avant même sa sortie. Le groupe De Beers passa à l'offensive : il loua les services d'une agence de relations publiques hollywoodienne et se joignit au Conseil mondial du diamant pour entamer une campagne coûteuse afin de limiter les dégâts. Le commerce des diamants représentait la somme de trente milliards de livres par an et le secteur se mit donc en action pour éviter que les diamants ne connaissent le même sort que la fourrure.

Les deux organisations du secteur diamantaire affirmèrent que, grâce au processus de Kimberley – procédure destinée à certifier l'origine des diamants bruts –, le commerce des « diamants de sang » ne représentait plus qu'un pour cent du marché global. Le Conseil mondial du diamant tenta même de persuader Zwick d'orienter le propos du film en ce sens.

De son côté, DiCaprio estima que De Beers n'avait pas compris le propos du film : « Le film ne dit pas qu'il ne faut pas acheter de diamants. Il indique que, chaque fois que vous faites un chèque pour payer un produit, vous cautionnez la manière dont la société fait du commerce. S'agissant des diamants, moi, je vais commencer par exiger la preuve que ce n'est pas un « diamant de sang ». Des diamants ont financé des chefs de guerre en Sierra Leone, et quatre millions de personnes sont mortes. C'est notre devoir de conscience en tant que consommateurs. Cette ressource naturelle devrait bénéficier au pays, mais, au lieu de ça, elle a provoqué le chaos et des déplacements de populations.

« Pour moi, c'est un film sur la responsabilité collective, parce que notre attitude en tant que consommateurs dans des pays plus fortunés affecte des gens qui vivent dans des endroits comme la Sierra Leone ou d'autres pays à l'autre bout du monde. Ceci vaut pour les questions environnementales aussi. Chaque fois que vous consommez, vous légitimez la façon dont une société fait des affaires et, au fond, vous soutenez sa politique. »

Leo était bien décidé à s'engager personnellement parce qu'il estimait que les consommateurs, une fois chez eux, se lassaient des appels aux dons, notamment en faveur de l'Afrique : « Nous avons conçu une sorte de détachement vis-à-vis des campagnes de collecte, à cause d'un certain décalage. J'ai été amené à visiter des lieux gérés par SOS[1], où des enfants qui avaient perdu leurs parents du sida ou de la pauvreté avaient une seconde chance. C'est merveilleux de voir comment ces contributions se transforment en expériences concrètes. Ça change notre regard sur les choses. Ça donne envie de rentrer chez soi et de ne plus écouter les petits problèmes des autres, parce que les gens, là-bas, gardent une attitude tellement positive envers la vie. »

« La bonne nouvelle à propos de ce film », ajouta Leonardo, c'est que l'industrie diamantaire déclare maintenant qu'elle va s'impliquer et qu'elle va réexaminer ce qui se passe en Afrique. Le film a eu une véritable portée sociale. »

1. Groupe d'entrepreneuriat social qui construit « une société pour tous » en développant des solutions durables.

Quand le long-métrage sortit sur les écrans, il recueillit un accueil mitigé des critiques mais des félicitations unanimes de la part du public.

Leo fut complimenté pour son accent d'Afrikaner, particulièrement difficile à prendre sans passer pour un Australien, mais Mark Kermode, de BBC Radio 5, eut un avis plus réservé : il loua *Blood Diamond* pour avoir exposé au public « la problématique des "diamants de sang" », mais ajouta : « Est-ce que cela fait pour autant de cet "*issue-tainment*[1]" un grand film ? C'est une autre question. »

Le film permit en tout cas aux critiques de revoir leur vocabulaire en évitant les jeux de mots douteux suggérant que le film « manquait d'éclat » et que l'effet d'ensemble relevait « davantage du Gerald Ratner que du Harry Winston[2] ». On ne put s'empêcher cependant de juger que DiCaprio « avait brillé ».

James Christopher écrivit dans les colonnes du *Times* : « *Blood Diamond* est si sombre et déprimant que vous ne regarderez plus jamais une pierre précieuse sans vous demander combien de vies elle a coûté. » Il loua aussi l'interprétation réaliste de DiCaprio en mercenaire sans pitié, « même s'il n'a pas la pierre qu'il prétend avoir à la place du cœur ».

De leur côté, les diamantaires n'attendirent pas de connaître la réaction du public pour profiter du *buzz* médiatique. La présence de DiCaprio signifiait que le

1. Le terme associe le mot *issue* qui signifie « question, problème » et le suffixe *-tainment,* en référence au terme *entertainment,* qui veut dire « divertissement ».

2. Gerald Ratner, propriétaire et actionnaire principal d'une chaîne de bijouteries, fit une bourde en qualifiant ses bijoux de camelote. En revanche, Harry Winston, surnommé « le roi des diamants », est un joaillier américain qui fournit la plupart des membres de la haute société internationale. Aux États-Unis, sa marque est synonyme de luxe et d'argent.

film allait rapporter gros au box-office et on parlait déjà d'une nomination aux Oscars ainsi qu'aux Golden Globes. Son partenaire Djimon Hounsou, qui jouait Solomon Vandy, concourait aussi dans la catégorie du meilleur second rôle. En amont de la cérémonie, l'industrie du diamant passa à la deuxième phase de son offensive commerciale. Elle recruta des célébrités, parmi lesquelles Beyoncé Knowles et Jennifer Lopez, pour porter des diamants éblouissants à la cérémonie des Oscars, en échange de dons d'une valeur de dix mille dollars qu'elle s'engageait à reverser à une organisation caritative africaine choisie par lesdites stars.

Une semaine après la cérémonie des Golden Globes eut lieu la première du film à Londres. Leonardo était à la fête car il avait entre-temps appris qu'il faisait partie des cinq nominations aux Oscars obtenues par le film – son rôle dans *Blood Diamond* ayant obtenu la faveur de l'Académie au détriment de sa performance dans *Les Infiltrés*. Des foules énormes saluèrent son arrivée, lui démontrant que son étoile brillait encore, même s'il prenait de l'âge. Avant la projection, il passa quarante-cinq minutes à bavarder avec ses fans.

Il était venu seul, sans Bar Refaeli, sa compagne de l'époque, ce qui ne manqua pas d'alimenter les chroniques *people* qui suggéraient que leur relation d'un an allait, comme le film, à vau-l'eau. Jusque-là, le couple avait plutôt réussi à rester discret et refusait de s'exprimer publiquement. Leurs escapades à Paris, Prague et New York constituaient les seules preuves de l'existence de leur romance. Quand le *Daily Mirror* tenta d'interviewer la jeune femme, peu avant la sortie de *Blood Diamond*, un responsable des relations publiques avertit le journaliste : « Pas de questions sur Leo ! »

Il apparut néanmoins que les relations entre Leo et Bar n'étaient plus au beau fixe : le couple « LeoBardo » se fissurait. Un proche de l'acteur confia au *Mirror* : « C'était vraiment sérieux avec Bar au début, mais maintenant il arrive au bout de l'histoire. Il la trouve vraiment collante, et les séparations liées au boulot sont source de disputes. »

Lors de la cérémonie des Oscars 2007, Leonardo emprunta le tapis rouge sans petite amie, mais en arborant à sa veste un pin's en forme de larme, d'une couleur rouge rubis, et bien entendu sans diamant. Ce symbole était diffusé par Amnesty International et Global Witness pour sensibiliser les esprits. De nombreux autres acteurs exhibaient un pin's identique. De leur côté, les sociétés diamantaires contre-attaquèrent par l'intermédiaire de Patricia Arquette et de Sarah Jessica Parker, entre autres, qui portaient des bagues de diamants en échange d'un don à des organisations caritatives sud-africaines.

Quoique nominé pour cinq récompenses, *Blood Diamond* n'en récolta aucune. Mais le battage médiatique qui avait précédé la cérémonie avait presque fait oublier que Leo avait une autre raison de se réjouir. *Les Infiltrés* fut le grand gagnant de la soirée avec quatre Oscars, dont celui du meilleur film et celui du meilleur réalisateur tant attendu par Scorsese après cinq nominations. Sincèrement ému, il fit l'éloge des acteurs et distingua Leo : « Leo DiCaprio, six années et demie de travail ensemble. J'en espère encore douze, encore quinze. »

Ces Oscars furent l'occasion pour Leonardo de servir une cause chère à son cœur : l'environnement. Il profita de l'événement pour monter sur scène aux côtés de l'ancien vice-président Al Gore venu annoncer que, « pour la première fois dans l'histoire des Oscars, le show organisé par l'Académie était officiellement vert ! » On ne sait à quel point c'était effectivement vrai, mais le petit sketch offrit à Leo la chance de rendre hommage à l'un des militants les plus célèbres du mouvement écolo : « Je suis très fier de me tenir aux côtés d'un leader si charismatique dans la lutte contre le réchauffement planétaire, annonça-t-il. Vous êtes un véritable champion de la cause, monsieur Gore. » Gore, quant à lui, retourna le compliment et remercia l'acteur d'être un « grand allié sur ce sujet ».

Le discours devint politiquement embarrassant : Leo essayait de convaincre Gore d'utiliser la tribune pour annoncer au peuple américain sa candidature à l'élection présidentielle… Finalement, la musique vint interrompre le spectacle.

Une vérité qui dérange, le film d'Al Gore sur les dangers du réchauffement climatique sorti en 2006, avait contribué à modifier le regard de l'opinion sur cette question. Mais les experts scientifiques et les lobbies politiques avaient immédiatement contre-attaqué invoquant des informations erronées.

Difficile de s'imaginer alors que Leo, ce play-boy fêtard, fût à même de sensibiliser l'opinion à des sujets si sérieux, et pourtant… l'acteur était profondément engagé et bien décidé à profiter de sa notoriété pour agir.

19

Leo, l'écolo

C'était certainement un cadre inhabituel pour un premier rendez-vous en public : une rencontre avec un ancien Premier ministre israélien, au cours de laquelle le couple Leo - Bar Refaeli s'engagea à faire son possible pour aider le processus de paix avec la Palestine.

C'est dans cette situation que se retrouvèrent les deux amoureux en mars 2007, à l'occasion de leur première visite dans la patrie d'origine de la jeune femme. Ils faisaient par là même taire les rumeurs d'une prochaine rupture qui avaient circulé au moment des Oscars. Ce voyage avait initialement pour but de permettre à Leo de faire connaissance avec ses beaux-parents et de visiter quelques sites sacrés. Comme si l'idée de rencontrer sa belle-famille n'avait pas constitué une épreuve suffisante, DiCaprio décida de profiter de cette visite pour faire une brève intervention sur le réchauffement climatique et sur la paix dans le monde. Sitôt avait-il posé le pied à Tel Aviv qu'une rencontre fut arrangée entre Shimon Peres, Leo et sa petite amie de l'époque. « L'entrevue fut agréable et intéressante, déclara un témoin de la scène. Simon exposa à Leo son projet de Vallée de la Paix [un projet de développement économique associant Israéliens, Jordaniens et Palestiniens], et Leo parla de son documentaire sur l'environnement. »

En tenue décontractée (sweat-shirt et casquette de base-ball à l'envers), Leo avait tout du touriste pris au dépourvu par une obligation sérieuse, mais les deux parties semblèrent tirer profit de cette brève réunion au sommet. Peres déclara : « Ils ont appelé mon bureau et ont demandé à me rencontrer, j'ai accepté tout de suite. Leonardo s'est excusé de ne pas être habillé pour la circonstance puis, afin d'avoir l'air plus convenable, il a remis sa casquette à l'endroit. »

Le couple avait espéré se rendre incognito en Israël en empruntant un vol de nuit depuis Francfort mais, manque de chance, l'avion transportait également un groupe de journalistes *people* israéliens de retour d'un colloque en Irlande. Ils ne passèrent donc pas inaperçus.

D'après les conseillers, Peres demanda à DiCaprio de l'aider à promouvoir le processus de paix au Moyen-Orient et de poursuivre sa campagne pour la protection de l'environnement dans le monde. Si l'acteur semblait maîtriser la question environnementale, restait à savoir s'il parviendrait à trouver une solution pour le conflit au Moyen-Orient, solution qui avait jusque-là échappé aux intellectuels les plus éminents.

À ce moment-là, Bar Refaeli devait déjà avoir une vague idée de ce qu'impliquait la vie avec Leo, mais ce séjour en Israël allait lui fournir une formation accélérée. Au lendemain de leur arrivée, elle l'emmena voir le mur des Lamentations, l'un des sites les plus sacrés du judaïsme. Entourés des membres de sa famille, ils visitèrent un tunnel situé près du monument (remontant à environ 19 av. J.-C.). Une bagarre éclata au sein de la meute de photographes qui cherchaient à obtenir un cliché des tourtereaux. Dans la mêlée, les gardes du corps s'en prirent aux photographes et en blessèrent trois. La police enquêta pour savoir si les coupables devaient être condamnés.

Shawn Sachs, l'attaché de presse de Leonardo, déclara : « Leo est scandalisé que cette situation ait entraîné des blessés, mais les *paparazzi* sont les seuls responsables de ce qui s'est passé. »

Une des seules fois où le couple put savourer un peu de tranquillité, loin des médias, fut quand ils entreprirent un voyage paisible en Galilée, dans le nord d'Israël. DiCaprio s'était installé dans la maison familiale de Bar, dans la banlieue de Tel Aviv. Là, il put goûter aux plaisirs du *farniente* et se lier d'amitié avec le jeune frère de Bar, âgé de dix ans.

Quand vint l'heure du départ pour Leo, les médias s'empressèrent de saisir les adieux déchirants du couple : « Ils se sont enlacés et embrassés jusqu'à la dernière minute au moment de monter dans l'avion, déclara un témoin. Ça semblait difficile pour eux de se séparer. »

L'apparition suivante du couple devait se faire dans un cadre culturel. De retour à New York, en avril, Leo assista au Festival du film de TriBeCa créé par Robert De Niro pour lancer un film qu'il produisait. *Gardener of Eden* (2007) était une comédie sombre qui mettait en scène son vieil ami Lukas Haas, dans le rôle d'un garçon ordinaire devenu, par hasard, un sauveur.

On avait proposé à Leonardo de profiter du festival pour présenter son documentaire sur l'environnement,

La 11e Heure, le dernier virage, qu'il avait écrit, produit et dont il assurait la voix off. Mais Leo préféra le sortir à Cannes, le mois suivant.

Pendant des années, DiCaprio avait voulu produire un film qui mettrait en lumière la fragilité de la planète : « Le réchauffement planétaire n'est pas seulement le premier défi environnemental auquel nous devons faire face aujourd'hui, c'est un problème qui implique toute l'humanité. Nous devons tous intervenir pour sensibiliser les consciences au réchauffement climatique en vue d'un développement durable de notre planète pour les générations futures », déclara-t-il.

Le film se concentrait sur la crise environnementale vue à travers le prisme des militants influents, parmi lesquels Stephen Hawking, David Suzuki et Mikhaïl Gorbatchev. DiCaprio le produisit avec un budget minuscule et fit appel à la générosité de chacun pour que le projet se réalise. Cette question était restée chère à son cœur depuis ses années d'école, quand il rêvait encore de devenir biologiste. C'est pourquoi il s'en prit vigoureusement à ceux qui le taxaient de prendre le train en marche : « Si les gens ne veulent pas écouter ce que j'ai à dire sur les enjeux environnementaux, c'est leur droit, répondit-il. Cela ne va pas m'empêcher d'utiliser la scène publique pour mettre en lumière des problèmes auxquels on n'accorde pas assez d'attention. Les générations futures – mes enfants, mes petits-enfants – vont être les premières victimes de ce qui se passe dans le monde d'aujourd'hui.

« En travaillant avec des organisations environnementales, j'ai vu comment les problèmes environnementaux, à commencer par le réchauffement climatique, étaient traités dans les médias, avec d'un côté ceux qui nient leur existence et de l'autre ceux qui exhortent à des changements radicaux. La plupart du temps, le sujet sème la discorde. »

DiCaprio poursuivit en déclarant que le film couvrait « le champ de tous les sujets environnementaux : le réchauffement climatique, la déforestation, la biodiversité, la pollution des réseaux hydrographiques et des océans ». Comme pour tout ce qu'il avait entrepris, il s'était investi à fond dans le projet. « Ce fut une odyssée de deux ans, dit-il. Et voici enfin le résultat. »

Conscient des critiques dont il pourrait faire l'objet s'il n'appliquait pas les principes qu'il prônait, Leo s'employa à adopter un comportement écolo. En complément de sa voiture non polluante, il équipa sa villa, située sur les collines d'Hollywood, de panneaux solaires et continua de préférer les vols des grandes compagnies aériennes aux jets privés pour ses voyages à l'étranger. Il s'efforçait de délivrer le message suivant : chacun de nous peut contribuer, à son niveau, au changement. « J'essaie de suivre un mode de vie écolo, dit-il. J'ai fait ce que j'ai pu pour rendre ma maison plus verte – en optant pour des appareils à faible consommation d'énergie, pour des panneaux solaires, en conduisant une voiture hybride – mais je ne vais pas travailler à pied. »

Alors que l'année 2007 s'annonçait chargée – en cette veille d'élection présidentielle prévue en 2008 aux États-Unis –, Leo révéla qu'il n'avait pas encore trouvé de candidat digne de soutien, à l'image de John Kerry en 2004. Il démentit également vouloir entrer en politique à l'instar d'Arnold Schwarzenegger. « Je n'ai pas la moindre aspiration politique, insista-t-il. Concernant un potentiel candidat écologiste, ajouta-t-il, je n'ai encore vu aucun politique proposer une politique environnementale digne de ce nom. Je veux entendre des engagements inconditionnels. Je suis allé dans quatorze États différents pour soutenir Kerry lors de la dernière campagne parce que je trouvais que sa politique environnementale était formidable, mais je n'ai encore rien entendu de semblable dans la bouche d'un candidat cette fois-ci. »

Si Leo espérait ainsi faire les gros titres, peu de temps avant la première de *La 11e Heure* à Cannes, il se méprenait. En mai, son attaché de presse, Ken Sunshine, dut démentir les allégations parues dans un livre intitulé *Tabloïd Prodigy*, selon lesquelles la relation qui unissait l'acteur à Tobey Maguire dépassait la simple amitié. L'homosexualité prétendue de DiCaprio alimentait les rumeurs depuis des années et ce dernier ne cessait de répéter que c'étaient les pires accusations qu'on avait proférées à son sujet.

Ces mêmes insinuations refirent surface en 2007. L'auteur free-lance Marlise Elizabeth Kast fit des révélations sur le comportement grotesque de la presse *people*. Elle affirma que des rédacteurs en chef du *Globe* lui avaient demandé d'enquêter pour savoir si les meilleurs copains de l'acteur ne dissimulaient pas un plus « lourd » secret. Elle déclara qu'elle était entrée en contact avec la mère de la star de *Spider-Man*, Wendy, qui avait donné, sans le vouloir, du grain à moudre aux rédacteurs en « divulguant des détails sur la manière dont les deux amis "partageaient le même lit et portaient des rubans dans les cheveux" ».

Wendy Maguire avait confié à Kast : « Ils sont simplement libres d'esprit tous les deux. La plupart des amis qu'ils fréquentent sont gays. Ils n'ont pas de problème avec ça. Je pense que Leo et Tobey concilient en eux l'homme et la femme. Ils ont des traits féminins qu'ils acceptent volontiers. Ils n'ont pas peur qu'on leur colle une étiquette, même si ça signifie qu'on va les traiter d'homo. »

L'auteur elle-même ne prétendait pas que les deux stars étaient homosexuelles, mais elle déclara : « Wendy avait offert exactement ce que les rédacteurs attendaient : des insinuations. »

Ainsi, même si personne n'était en mesure de prouver quoi que ce soit, l'insinuation selon laquelle il aurait pu se passer quelque chose entre les deux hommes enflamma la vie publique. Cette anecdote était une étrange illustration de la manière dont les médias modernes opéraient. Afin de traiter la question avec le mépris qu'elle méritait, Ken Sunshine insista sur le fait que « la rumeur était fausse et infondée ». Quant au porte-parole de Maguire, Kelly Bush, il ajouta : « C'est si ridicule que je ne ressens pas le besoin d'y répondre. »

Sans compter le nombre de femmes avec lesquelles Leo était sorti pendant toutes ces années… La rumeur était d'autant plus difficile à croire que Maguire projetait, à l'époque, d'épouser sa fiancée Jennifer Meyer, avec qui il avait eu une petite fille nommée Ruby.

La situation ne fit qu'empirer quand de nouveaux ragots apparurent dans un autre livre. L'ancien conseiller financier de Leo, Dana Giacchetto, cherchait, à cette période, à faire publier ses mémoires sur le scandale financier dont il avait été l'instigateur. Afin d'attirer l'attention, il diffusa de vieilles photos de Leo : l'une d'elles montrait l'acteur et Maguire habillés comme les membres du groupe Kiss, qui sévissait dans les années 1970.

Des séquences vidéo de la scène, qui s'était déroulée des années auparavant, circulèrent ensuite sur le Net pour promouvoir la biographie de Giacchetto, *You Will Make Money in Your Sleep* (écrit par la journaliste Emily White). « Leo était son compagnon de toujours, déclara White, en parlant de l'acteur et de Giacchetto. Ils vivaient dans une sorte d'euphorie avant le succès de *Titanic*. Ils avaient organisé une fête pour Halloween, où tout le monde avait revêtu la tenue d'un membre des Kiss. Dana a tourné un petit film. L'acteur Lukas Haas jouait *Hey Jude* au piano, tandis que Dana et ses amis dansaient le visage masqué. En regardant le film, je ne peux pas dire lequel est Leo, lequel est Dana ou Tobey Maguire. Ils riaient tous aux larmes. »

Par bonheur, Leo restait concentré sur des enjeux plus sérieux. Il poursuivit sa campagne d'information sur les questions environnementales en participant à Live Earth, une manifestation planétaire destinée à lutter contre les changements climatiques. Il monta sur la scène du Giants Stadium dans le New Jersey et présenta des artistes comme Bon Jovi, Kanye West et The Police.

L'année en cours s'annonçait comme l'une des plus chargées de la carrière de Leo. Il avait signé pour deux films qui, bien que traitant de sujets opposés, se révélaient aussi alléchants l'un que l'autre et d'une égale exigence. *Les Noces rebelles* séduisirent l'acteur parce qu'elles annonçaient les retrouvailles tant attendues par les fans entre Kate Winslet et le beau Leo, dont le corps gelé avait sombré dans les abîmes à la fin de *Titanic*. Kate Winslet et Leonardo DiCaprio réunis de nouveau à l'écran : que pouvait-on espérer de mieux ? Les fans de la première heure n'auraient jamais pu imaginer que, au terme de douze ans d'attente, les deux acteurs se retrouveraient, non plus en amants désespérés et maudits, mais en couple marié qui va peu à peu se déchirer.

On comprend aisément pourquoi le roman de Richard Yates, *Revolutionary Road* (1961, traduit par *La Fenêtre panoramique* pour le roman puis, plus tard, par *Les Noces rebelles* au cinéma), n'avait jamais été adapté à l'écran. Ce classique traitait d'un sujet sombre et implacable, sans parler du contexte – le milieu des années 1950 – qui était peu propice au divertissement jusqu'à ce que *Mad Men* fasse son apparition. Tout ceci ne promettait pas une franche rigolade.

Comme dans *Titanic*, les deux personnages principaux sont désespérément malheureux – mais en couple cette fois – et le film s'achève de manière tout aussi désespérée. Lorsque Kate et Leo s'engagèrent à faire renaître leur tandem à l'écran sous les traits des Wheeler, ils étaient loin d'avoir à l'esprit les spectateurs qui étaient retournés cinq à dix fois voir *Titanic*. En partie autobiographique, *La Fenêtre panoramique* raconte la désintégration déchirante d'un jeune ménage américain, les Wheeler, installé dans une banlieue du Connecticut. April Wheeler, comme Sheila, la première femme de Yates, nourrit des ambitions théâtrales et aspire à déménager à Paris pour fuir la routine. Frank, son mari, se rend chaque jour dans son bureau new-yorkais, sans perspective de carrière. Sa liaison sans passion avec une collègue marque le début de la fin.

On avait tenté à plusieurs reprises d'adapter le film à l'écran mais, pour diverses raisons, sans succès. C'est finalement BBC Film qui en acheta les droits avant d'engager Justin Haythe pour écrire un scénario parce que, de son propre aveu, il était « extrêmement abordable ».

Le biographe de Yates, Blake Bailey, se montra surpris qu'un film ait été réalisé à partir de l'intrigue de *La Fenêtre panoramique*. Il déclara : « C'était une ambition de longue date à Hollywood de faire un film sur le malaise dans les banlieues durant l'après-guerre mais, comme toute œuvre littéraire riche et subtile, *La Fenêtre panoramique* était extrêmement difficile à transposer à l'écran. »

Ce projet devait essentiellement son aboutissement à l'enthousiasme de Kate Winslet, qui avait été séduite dès la lecture du scénario. Leo et elle – restés proches depuis le calvaire enduré sur *Titanic* – n'avaient jamais abandonné le rêve de retravailler ensemble, mais ils avaient attendu le bon projet.

D'après Kate Winslet, *Les Noces rebelles* étaient celui-là : « J'ai adoré la crudité des émotions, l'honnêteté sans fard avec laquelle il montre ce qui peut parfois se passer au sein d'un couple marié. Et puis tous les personnages secondaires sont si bons. »

Elle donna un exemplaire du scénario à Leo, autour d'un café, puis elle se mit à travailler au corps Sam Mendes, son mari – et accessoirement le gagnant de l'Oscar du meilleur réalisateur pour *American Beauty*. « Je lui ai simplement dit : "Chéri, tu dois le faire" », déclara-t-elle.

Mendes accepta, et dès que Leo se lança dans l'aventure, le film entra en production. En s'emparant du projet, aucun membre de l'équipe n'avait perçu combien le roman était apprécié de la communauté littéraire. Même Matthew Weiner, créateur de *Mad Men* – la série sur des publicitaires à la moralité douteuse dans l'Amérique du début des années 1960 –, était un fan. « Le livre est tellement culte, fit remarquer Sam Mendes. C'était terrifiant. Le commentaire qui revenait le plus souvent dans la bouche de mes amis qui avaient lu le roman était : “Ne le foire pas !” Dans l'ensemble, c'est tout ce qu'ils m'ont dit : “Ne le foire pas !” Et le plus beau compliment qu'on me fait à présent c'est : “Merci, tu ne l'as pas foiré !” C'est tout ce à quoi j'ai droit. Dieu merci, je ne l'ai pas foiré ! »

Sam Mendes qui, après son succès avec *American Beauty* (1999), avait tourné *Les Sentiers de la perdition* et le film de guerre *Jarhead : la fin de l'innocence*, fut immédiatement attiré par l'intimité des deux personnages centraux. « J'ai tout bonnement adoré Frank et April, expliqua-t-il. Même si l'histoire se passe dans les années cinquante, pour moi, c'était d'abord un film sur un couple, sur une relation. Et je n'avais jamais fait de film aussi intime auparavant. Je voulais essayer. »

DiCaprio était en phase avec l'histoire racontée par le film car cette dernière posait deux grandes questions : « Qu'est-ce que le rêve américain ? Et à quel point notre époque actuelle ressemble-t-elle à cette époque-là ? » Il ajouta : « Il s'agit de deux individus qui deviennent fous dans cet environnement social ; ils perdent leur identité et ont l'impression de vivre dans un monde de clichés. Ce qui m'a attiré dans cette histoire, c'est qu'elle était le fidèle reflet du discours moralisant des États-Unis dans les années 1950. Ces principes moraux constituent aujourd'hui encore le fondement de nos valeurs familiales. Et puis, je suis aussi un énorme fan de Kate et de Sam. »

DiCaprio confia aussi que Kate Winslet et lui s'étaient promis, des années auparavant, si l'occasion se présentait de retravailler ensemble, de choisir un projet radicalement différent de *Titanic*. « Nous savions au fond que si nous devions retravailler ensemble, nous ne voulions pas explorer un territoire identique, expliqua-t-il. Nous savions que ce serait une erreur d'essayer de reproduire le même scénario. »

Avant même le début du tournage, Mendes fut confronté à un défi de taille quand il s'efforça de recréer l'atmosphère oppressante qu'il désirait. Les maisons d'époque se révélaient trop petites, alors, à la place, il décida de tourner tous les plans d'intérieur dans une maison contemporaine à Darien, dans le Connecticut, transformée pour correspondre à un foyer des années 1950. Il obtint l'effet escompté. « On a passé de nombreux mois dans cette maison et il n'y avait aucun moyen de s'en échapper, se souvint DiCaprio. Je pense que ça a nourri nos interprétations. »

Leonardo savoura aussi de se retrouver face à son ancienne partenaire. « Je savais que Kate et moi pourrions obtenir des choses l'un de l'autre, pour ce qui est de l'interprétation. Nous savons comment l'autre fonctionne et sur quels boutons appuyer. C'était passionnant. »

L'expérience partagée par les deux acteurs sur le tournage de *Titanic* semblait refaire surface : « La voir sur le plateau aujourd'hui par rapport à alors, c'est très différent, expliqua Leo. Dans le passé, nous levions tous les deux les yeux vers le réalisateur ou le producteur pour trouver nos repères en nous demandant : "Qu'est-ce qu'ils vont bien pouvoir nous faire faire ?" Nous étions tout jeunes dans le métier. À présent, les circonstances sont différentes : nous avons tous deux produit des films, nous y avons participé et nous avons placé la barre plus haut. »

Quand on demanda à Leo à quel point Kate avait changé au cours de ces années, il déclara : « Je vois davantage ce qui est resté intact chez Kate. C'est toujours l'un des individus les plus vrais que j'aie jamais rencontrés, et je n'emploie pas ce terme à la légère. Elle possède une âme tout à fait sincère. C'est un amour, et c'est également l'une des actrices les plus engagées ; elle a ça depuis toute jeune. Depuis que je la connais, elle fait ses devoirs, elle est impliquée dans ce qu'elle fait, et elle veut faire le meilleur film possible. Ça, elle l'a conservé. »

Sous de nombreux aspects, la vie et la carrière de Kate avaient suivi une trajectoire semblable à celle de Leo depuis *Titanic*. Bien que sa performance dans l'épopée de Cameron lui ait valu une deuxième nomination aux Oscars à l'âge de vingt-deux ans – ce qui faisait d'elle la plus jeune actrice à avoir accompli un tel exploit –, sa carrière et sa vie privée avaient connu une série de bégaiements.

Son mariage avec Tom Threapleton – qu'elle avait rencontré sur le plateau de tournage de *Marrakech Express* (1998), son premier film après *Titanic* – lui avait offert une magnifique petite fille, Mia, mais leur couple avait alors commencé à vaciller. Elle avait finalement divorcé en 2001. Sa liaison suivante avec le réalisateur Sam Mendes lui avait valu des critiques car on l'avait accusée de se servir de lui pour faire avancer sa carrière. Ils s'étaient mariés en 2003 et leur fils Joe était né de cette union cette même année.

Tout comme Leo, Kate avait fait l'objet de critiques, cruelles et souvent imméritées. Considérée comme une défenseuse des femmes aux courbes voluptueuses, elle fut bientôt examinée de près après avoir été mêlée à un scandale lié à des retouches de photos pour un magazine. En février 2003, le magazine *CQ* avait publié des clichés de l'actrice préalablement retouchés par ordinateur pour la faire paraître plus mince. Kate avait insisté sur le fait que ces images avaient été modifiées sans son consentement et, plus tard, le magazine avait présenté ses excuses, mais c'était une polémique dont elle se serait bien passée.

À l'écran, nombre des rôles qu'elle avait incarnés furent jugés décalés ou inappropriés. Même si elle décrocha sa troisième nomination aux Oscars pour *Iris* (2001), beaucoup de ses films furent descendus en flèche par la critique. Tout comme Leo quand il s'était associé avec Martin Scorsese, la carrière de Kate avait connu une renaissance soudaine. *Eternal Sunshine of the Spotless Mind* (2004) et *Little Children* (2006) lui avaient valu de nouvelles nominations aux Oscars, et elle avait même remporté un Bafta pour son interprétation dans *Neverland* (2004).

Bien qu'elle réclamât un cachet de six millions de livres par film à l'époque des *Noces rebelles*, Kate faisait toujours de sa famille une priorité. Avant le début du tournage, elle confia également ses inquiétudes quant au fait de tourner un premier film aussi intense sous la direction de son mari. « Au moment de me lancer dans le film, à plusieurs reprises je me suis dit : "Oh mon Dieu, et si on se dispute, qu'est-ce qu'on va faire ?" Et Sam me répondait : "Oh, ne sois pas bête, bien sûr qu'on ne se disputera pas." Et je pensais : « Évidemment, je suis sûre que non. Pourvu que non." »

Même si, comme sa femme, Sam Mendes pensait que tout le processus allait être éprouvant, il ne partageait pas ses doutes : « C'est un défi identique chaque fois que l'on réalise un grand film chargé d'émotion », déclara-t-il, avant d'ajouter à propos des scènes de sexe et de sentiments : « Ces scènes sont difficiles à tourner avec n'importe quel acteur. En réalité, je les ai trouvées plus faciles à filmer avec Kate parce que je la connais très bien. Je n'ai pas eu l'impression que c'était particulièrement difficile ou embarrassant ; c'est une sorte de catharsis. Disons que vous passez douze heures par jour à mettre en scène un formidable combat : la dernière chose que vous voulez faire en rentrant chez vous c'est de vous battre. Vous êtes soulagé et satisfait de ce que vous avez fait, et finalement fou de joie de l'avoir fait ensemble. Donc ça vous met plutôt d'une excellente humeur. »

Le scénario prévoyait une scène de sexe spectaculaire, qui aurait pu se révéler délicate à tourner. Loin de se sentir gêné, Mendes s'était accroupi près de la caméra et donnait ses instructions à Leo. Il donnait des conseils comme : « Enfonce tes doigts dans son dos, fort. Attrape ses fesses, Leo ! »

Même si Kate Winslet s'avoua quelque peu déconcertée de voir son mari diriger son partenaire à l'écran, Leo, de son côté, insista : « Je n'y ai pas pensé. J'étais tout à fait habitué à embrasser Kate après avoir tourné *Titanic*. Nous avions fait beaucoup de séquences comme celle-là avant, donc cette fois c'était assez facile. »

Dans l'ensemble, Leonardo trouva néanmoins le tournage épuisant, à tel point qu'il repoussa de deux mois le projet suivant. Il voulait récupérer sur le plan psychologique et se préparer pour son nouveau défi. « Après les *Noces rebelles*, qui empruntait au genre théâtral les dialogues infinis sur les sentiments, il me fallut un petit temps d'adaptation », expliqua-t-il.

Kate Winslet jugea également l'expérience harassante et révéla que Leo et elle étaient la plupart du temps sur la même longueur d'onde. Ce n'était pas un film à très gros budget, donc on ne pouvait pas se permettre de tourner dans un studio. L'ensemble de l'équipe et nous passions des heures à mijoter, confinés dans cette maison minuscule, à l'atmosphère oppressante et étouffante. Chaque jour, nous étions au bord de l'explosion. Notre proximité physique nous permettait d'échanger constamment nos impressions sur les scènes, de revoir nos répliques, de partager nos idées. Il connaît mon fonctionnement, je connais le sien, et nous savons parfaitement comment enclencher la machine. »

En pleine phase de décompression après un tournage aussi intense, Leo avait peut-être espéré se détendre un moment. Mais, comme il fallait s'y attendre, la polémique médiatique allait très vite le rattraper.

20

Sous les feux de la critique

En août 2007, Ehud Barak, ministre israélien de la Défense déclara depuis Tel Aviv : « Armée du peuple à l'origine, les Forces de défense d'Israël sont devenues progressivement l'armée de la moitié du peuple. Quand il part au combat, un soldat ne doit pas avoir le sentiment d'être une bonne poire aux yeux d'une partie de la société. » Il poursuivit en dénonçant la tendance préoccupante de certaines personnalités de son pays à se dérober à leur service militaire. À cette occasion, la top-modèle Bar Refaeli, mannequin israélien et petite amie de Leonardo fut mentionnée et il apparut que, comme de nombreux Israéliens devenus célèbres, elle figurait parmi les 43 % de femmes et les 25 % d'hommes qui n'avaient pas effectué leur service militaire (de trois ans pour les hommes et deux pour les femmes). D'après la loi israélienne, le service militaire était obligatoire, mais un nombre croissant de jeunes gens choisissaient de se faire réformer en invoquant des principes religieux ou en feignant la maladie mentale.

Barak annonça qu'il avait la ferme intention de mettre fin à cette évolution : « Je vais agir pour réduire le nombre d'insoumis. En tant que société, nous ne devons pas les considérer comme des héros. »

Bar Refaeli se retrouva bientôt au centre du débat quand on prétendit qu'à l'âge de dix-huit ans elle avait échappé au service militaire en se mariant en toute hâte avec un homme de l'âge de ses parents, avant de divorcer peu de temps après. Par la suite, elle attisa même les tensions en déclarant : « Je voulais servir dans les Forces de défense d'Israël, mais je ne regrette pas, parce que le fait de ne pas m'engager a porté ses fruits : la réussite. C'est ainsi, les célébrités ont d'autres besoins. J'espère que mon cas a influencé l'armée. » Et de poursuivre : « Israël ou l'Ouganda, quelle différence cela fait-il ? Pour moi, aucune. Pourquoi est-ce bien de mourir pour son pays ? Est-ce que ce n'est pas mieux de vivre à New York ? Pourquoi faut-il que des gamins de dix-huit ans se sacrifient ? C'est absurde de penser que des gens doivent mourir pour que je puisse vivre en Israël. »

Et, comme si cela ne suffisait pas, elle s'en prit aux *paparazzi* en affirmant que le traitement que Leo et elle avaient subi lors de leur visite à Jérusalem l'avait convaincue de ne plus jamais emmener aucun ami célèbre dans son pays. « En Israël, les photographes m'attrapent par l'épaule et me demandent de poser. Ça suffit maintenant, ne me touchez pas. Je ne suis pas votre amie. »

Tandis que la polémique enflait, l'Israeli Forum for the Promotion of Equal Share in the Burden (une organisation incitant les gens à apporter leur contribution pour le bien d'Israël) menaça de boycotter la chaîne de mode israélienne Fox si elle engageait Refaeli. Finalement, un compromis fut trouvé : le mannequin accepta de rendre visite à des soldats blessés appartenant aux Forces de défense israéliennes lors de ses visites en Israël et d'encourager l'engagement dans l'armée.

En plein cœur du scandale, Leo et Bar n'apparurent pas ensemble en public et beaucoup en conclurent que leur relation ne passerait pas l'année. La rumeur s'amplifia lorsqu'on aperçut Bar à Tel Aviv en compagnie de Kelly Slater, celui-là même qui avait consolé Gisele après sa rupture d'avec Leo.

Au même moment, à New York, Leo semblait reprendre ses vieilles habitudes en compagnie d'un camarade, l'acteur Josh Harnett. On l'accusa de séduire les jolies filles à l'*after* du nouveau film sur le skateboard, *Nothing But The Truth* (2008). Finalement, fin 2008, on expliqua que Leo avait temporairement pris ses distances avec sa compagne uniquement pour des raisons professionnelles. En décembre, le magazine *US* prétendit que cette période de séparation n'était due qu'au seul tournage de *Mensonges d'État* (2008), au Maroc.

Le film qui avait tenu Leo éloigné de sa petite amie était un thriller sur le thème du terrorisme international. DiCaprio avait été très impatient de le tourner, parce qu'il lui offrait l'opportunité de travailler avec le réalisateur britannique Ridley Scott, à l'origine de monuments cinématographiques comme *Blade Runner* et *Alien* : « Ridley était sur la liste des personnes avec lesquelles je voulais travailler depuis longtemps, et cette liste ne comporte que deux ou trois noms. À part Kubrick, c'est probablement l'un des seuls réalisateurs à avoir créé un chef-d'œuvre dans chaque genre. »

Mais Leo ignorait alors à quel point l'expérience se révélerait éprouvante. Dans une scène du film, son personnage, un homme recruté par la CIA, Roger Ferris, est torturé pour lui soutirer des informations : « J'ai été attaché à une table en bois pendant des heures et des heures, et mes mains étaient liées par des câbles. C'était suffisant pour me faire paniquer. Mais ça restait un film, ce n'était pas la vraie vie. *Mensonges d'État* a probablement été mon film le plus dur depuis *Titanic*. Pour moi, l'ensemble a été difficile à gérer. Par chance, je ne suis pas le genre d'acteur à rentrer chez lui et à ressasser son personnage. Je peux sortir du rôle que je joue sur le plateau et redevenir moi-même en très peu de temps. J'ai eu besoin de cette distance sur *Mensonges d'État,* sinon le rôle aurait pu être nocif pour moi. À l'heure actuelle, la seule pression consiste à attendre et à me demander ce qui va se passer à l'écran. »

Le film se passait en grande partie au Moyen-Orient (en Jordanie notamment), mais comme les autorités de Dubaï avaient refusé d'accorder leur autorisation en raison du sujet du film, jugé sensible, les extérieurs furent surtout tournés au Maroc.

Une partie du tournage se déroula également à Washington. C'est là qu'il débuta en septembre 2007. Leonardo et son partenaire, Russell Crowe, restèrent des mois loin de chez eux : « Ça m'a fait un choc de me retrouver tout d'un coup au Maroc, aux côtés de Russell, et de me faire tirer dessus depuis des hélicoptères », confia DiCaprio. « Quand on fait ce genre de film, on met une grande partie de sa vie entre parenthèses. Quand on part sur un tournage pour cinq ou six mois, on met tout – y compris sa vie privée – en attente. »

Dans le scénario, le personnage incarné par Leo, un agent secret en Irak, essaie de traquer le chef d'une cellule terroriste responsable d'attentats en Occident. Il parle l'arabe et porte en haute estime la culture des pays où il doit travailler. Mais son supérieur, interprété par Russell Crowe (qui avait pris vingt kilos pour le rôle), se moque éperdument de la région et n'hésite pas à sacrifier des vies dans sa lutte contre le terrorisme.

Leonardo fit quelques révélations sur le tournage : « C'était éprouvant. Ridley et Russell aiment entretenir une sorte de tension frénétique. Quand on commence à les suivre, on adopte leur rythme et ça devient grisant.

« Pour moi, le film pose une bonne question : que faire quand on essaie de s'accrocher à un ordre moral supérieur dans un monde immoral ? Ferris s'efforce de faire le bien par l'intermédiaire de son pays, alors que son pays lui fout une baffe dans la figure. Je suis un pacifiste convaincu. »

« C'est important pour moi de faire des films qui créent le débat », poursuivit-il. « Mais ils sont difficiles à trouver et il y a peu de réalisateurs avec lequel j'aimerais travailler. J'adore faire des films comme *Mensonges d'État* ou *Blood Diamond*, parce qu'ils traitent de problèmes auxquels le monde est confronté, c'est beaucoup plus passionnant. »

C'était aussi la première fois que Leo retravaillait avec Russell Crowe depuis leur collaboration dans *Mort ou vif* (1995). Entre-temps, ce dernier était devenu un acteur majeur à Hollywood. Il avait connu trois nominations aux Oscars et avait remporté un Oscar pour *Gladiator* (2000), réalisé par Ridley Scott. De son côté, Russel Crowe s'était demandé si la folie autour de *Titanic* avait changé DiCaprio. Il affirmait en plaisantant : « Deux choses essentielles ont changé chez Leo, lança-t-il avec malice. Maintenant il a l'autorisation légale de boire et il n'est plus vierge. »

Leonardo prit la chose avec humour : « Il a déjà ressorti cette blague deux ou trois fois. En fait, il ne sait pas de quoi il parle mais, pour des raisons professionnelles, je vais le laisser faire son petit numéro. C'est tout ce qu'il y a à faire. »

Après une année intense, Leo rentra à Los Angeles, en décembre, pour savourer les plaisirs d'une ville normale. Toutes les rumeurs sur sa rupture avec Bar furent balayées quand on aperçut les deux tourtereaux, main dans la main, au *Polo Lounge* à Beverly Hills. Une source déclara : « Ils n'ont jamais vraiment rompu. Ça a toujours été une histoire de distance. Leo faisait un film au Maroc et Bar avait sa carrière de mannequin. C'est un véritable combat de faire en sorte qu'une relation comme la leur marche. Mais oui, ils sont ensemble. »

Toutefois, les choses n'étaient pas si simples. On suggéra que, durant leur « séparation », Leo avait renoué le contact avec son ancien flirt, Gisele, qui avait, depuis, entamé une nouvelle relation avec le *quarterback* des Patriots de la Nouvelle-Angleterre[1], Tom Brady. Cette idylle aurait contrarié Leo : « Leo se rend compte à présent de l'erreur qu'il a commise en n'épousant pas Gisele. Il sait qu'elle est avec Tom, donc s'il ne peut pas l'avoir comme petite amie, il la veut au moins comme amie », confia un proche de l'acteur dans *In Touch Weekly*.

Tom Brady ne vit pas d'un bon œil ce retour de Leo dans la vie de Gisele, même si cette dernière assura que cette relation était amicale et platonique. Leo avait apparemment confié à Tobey Maguire regretter de l'avoir perdue en 2005 parce qu'il avait eu peur du mariage.

1. Une équipe professionnelle de football américain.

Quant à Bar Rafaeli, elle n'appréciait guère cette amitié retrouvée entre Leo et son ex.

Leo et Bar apparurent néanmoins décontractés lors d'un voyage au Mexique fin décembre. Elle fit la joie des *paparazzi* en se laissant photographier en bikini, confirmant que le magazine masculin *Arena* avait eu raison de la couronner « Corps de l'année » en 2007.

Mais au début de l'année 2008, la jeune femme s'interrogea sur le devenir de leur relation : allait-elle suivre le même chemin que celui de sa rivale brésilienne ? Si Leo avait offert une bague aux femmes qui avaient compté, l'annulaire de Bar demeurait, lui, désespérément nu.

Leo avait eu ce beau geste, y compris envers sa partenaire, Kate Winslet, à la fin du tournage des *Noces rebelles*. Depuis, l'actrice arborait fièrement ladite bague – gravée d'une inscription personnelle à l'intérieur – à côté de ses anneaux de mariage et de fiançailles.

Il apparaissait que Leo avait du mal à oublier Gisele. Certains de ses amis confièrent qu'il composait souvent son numéro… surtout après quelques verres : « C'est comme s'il avait besoin d'entendre sa voix. Il n'a jamais cru qu'elle partirait. »

Par chance, Leonardo put esquiver la question en se jetant à corps perdu dans son projet suivant : le quatrième avec Martin Scorsese. C'est en mars 2008 que commença le tournage de *Shutter Island* pour la Paramount Pictures, une adaptation du thriller psychologique à succès du même nom, écrit par Dennis Lehane.

DiCaprio y incarnait le marshal Teddy Daniels, chargé d'enquêter sur un sinistre établissement pour criminels aliénés, l'hôpital Ashecliffe. Dans cette structure psychiatrique, située sur une île, le marshal en venait à douter de sa propre santé mentale. L'intrigue se déroulait en 1954 – durant la même période que *Les Noces rebelles* – et constituait un captivant périple au cœur de la psyché humaine.

Accompagné d'un nouveau coéquipier, Chuck Aule (joué par Mark Ruffalo), Daniels devait enquêter sur la mystérieuse disparition de la patiente Rachel Solando (l'actrice britannique Emily Mortimer), qui s'était comme volatilisée de sa cellule, pourtant fermée à clé.

En effectuant ces recherches, Daniels espérait aussi retrouver la trace d'un autre résident de Ashecliffe, un pyromane responsable de la mort de sa femme (Michelle Williams), survenue deux ans plus tôt. À mesure que le film avance, Daniels apparaît comme un personnage torturé, hanté par la perte de sa femme et victime de migraines invalidantes. Il est aussi perturbé par des souvenirs de la Seconde Guerre mondiale. Quant au psychiatre en chef de l'hôpital, le Dr John Cawley (sir Ben Kingsley), il n'a de cesse de freiner son enquête en lui mettant des bâtons dans les roues. Daniels comprend très vite que d'étranges choses se trament au sein de l'asile.

Les ouvrages de Lehane, un écrivain bostonien, avaient déjà donné lieu à des adaptations célèbres pour le grand écran. *Mystic River* (2003) avait rapporté un Oscar à Sean Penn et Tim Robbins pour leurs interprétations, tandis que *Gone Baby Gone* (2007) avait valu une nomination de l'Académie à Amy Ryan.

Scorsese avait immédiatement été attiré par l'atmosphère qui se dégageait du roman, évocatrice pour lui des thrillers psychologiques devenus de grands classiques comme *Sueurs froides* (*Vertigo*), *L'Expérience interdite* ou *Seven* : « J'ai toujours aimé ce genre de film. J'aime quand les personnages progressent dans l'intrigue en même temps que les spectateurs. C'est le mystère de tout ça. J'aime voir comment les personnages se comportent. C'est une vision à la fois très riche et très simple de la condition humaine. Quelque chose dans cette histoire nous touche intérieurement. Par chance, j'ai réussi à restituer ça. »

Dans ce film, DiCaprio eut le sentiment que sa torture mentale était aussi grande que celle de son personnage : « J'ai été intrigué par ce scénario, déclara-t-il. C'est un retour aux grands polars du passé, comme *Sueurs froides* (*Vertigo*). Cette œuvre appartient au genre du thriller, avec des rebondissements, des retournements de situation et beaucoup de fils narratifs différents. Une fois qu'on a commencé à démêler qui était vraiment cet homme et ce qu'il a traversé, on se retrouve coincé dans un endroit où aucune échappatoire n'est possible. Ce lieu est bien plus sombre et chargé d'une émotion bien plus intense que ce à quoi on s'attendait. »

Le film fut tourné en divers endroits du Massachusetts. Pour rendre les décors aussi authentiques que possible, Scorsese tourna les scènes de l'asile dans le vieux Medfield State Hospital. D'anciens bâtiments industriels situés dans la ville de Taunton servaient de cadre au camp de concentration de Dachau, récurrent dans les flash-backs de Daniels. Pour restituer une scène d'ouragan, le réalisateur déversa eau et vent sur ses acteurs. « Certaines semaines là-bas ont été pour moi parmi les expériences de tournage les plus difficiles que j'ai jamais vécues », confia Leo. « Ça pouvait s'apparenter à un traumatisme. C'était assez intense. J'évite de dire ce genre de chose, parce que cela semble toujours superficiel quand on parle de cinéma. Pourtant, plonger dans l'âme de cet homme m'a conduit dans des abîmes que je ne pensais pas pouvoir atteindre. Nous avons tourné dans un ancien hôpital psychiatrique, sur une île, et chaque jour, nous étions cernés par la maladie mentale. »

Tandis que Leo tournait *Shutter Island*, Bar Refaeli formulait son envie d'enfants – « au moins trois » – et envisageait pour eux une éducation semblable à la sienne : « J'ai eu une très belle enfance et j'espère que mes enfants pourront vivre la même chose. »

Dans le même temps, elle profita de sa couverture médiatique pour donner un nouvel élan à sa carrière. Elle devait figurer dans son tout premier long-métrage, *Session* (2010), un film de langue anglaise dirigé par le réalisateur israélien Haim Bouzaglo. À la même période, elle fut également choisie pour illustrer la couverture du premier numéro du magazine juif *Heeb*, consacré aux maillots de bain.

Quant à Leo, il allait vivre, au cours de l'été 2008, l'un de ses plus gros chagrins, et suspendre tous ses projets.

21

Le sérum de vérité

Helene Indenbirken, la grand-mère de Leo, disait toujours ce qu'elle pensait : c'était précisément ce que Leonardo appréciait chez elle. Il se plaisait ainsi à raconter la fois où il l'avait emmenée au musée Picasso, à Paris, pour une visite privée de la dernière exposition consacrée au grand maître. Tous deux étaient escortés par l'arrière-petit-fils de l'artiste en personne.

Sachant que sa « Oma » se montrerait peu convaincue par le style unique de Picasso, Leonardo craignit qu'elle n'offensât leur auguste guide. « Je voyais bien qu'elle n'était pas fan du tout de ces peintures et je lui ai dit quelque chose comme : "Par pitié, Oma, sois polie ! Tu sais, c'est son arrière-petit-fils" », confia-t-il à Oprah Winfrey. « Durant toute la visite, elle resta assise à observer les tableaux. Elle demandait : "C'est quoi ça ? C'est quoi ça ?" Je lui ai répondu : "Eh bien, c'est une femme." Elle rétorqua : "Tu pourrais tout aussi bien me dire que ça ressemble à un chien, à une fleur ou à un chat. Pour moi, ça ne ressemble à rien. Si tu peins une femme, peins une femme." Lorsque notre hôte arriva, elle lui répéta la même chose : je ne savais plus où me mettre. »

Leo n'aurait pas dû s'en inquiéter. Quelques mois plus tard, il reçut en effet une longue lettre de l'arrière-petit fils. Ce dernier lui disait combien il avait apprécié sa grand-mère, que c'était une bouffée d'air frais de rencontrer des femmes comme elles. On lui avait léché les bottes toute sa vie parce qu'il était l'arrière-petit-fils de l'illustre peintre. Faire la connaissance d'une telle personnalité avait quelque chose de rafraîchissant. DiCaprio en fut très touché.

En août 2008, de tendres souvenirs comme celui-ci assaillirent l'acteur lorsque la mauvaise nouvelle arriva d'Allemagne : Helene était décédée à l'âge de quatre-vingt-treize ans. Elle avait mené une vie remarquable et avait conservé jusqu'à la fin ce caractère indomptable. Sa disparition fut saluée publiquement par une brève déclaration du maire de sa ville, Oer-Erkenschwick, qui annonça qu'elle était morte à l'hôpital, dans les environs de Recklinghausen. Quand Leonardo évoqua cette perte douloureuse, quelques mois plus tard, il ne faisait aucun doute qu'il était terriblement affecté.

Il décrivit Helene comme son sérum de vérité. À l'âge de quatre-vingt-neuf ans, elle l'avait accompagné à la première d'*Aviator* en Allemagne et l'avait aidé à garder les pieds sur terre. « Je suis très triste qu'Oma soit partie, confia-t-il au magazine *Parade*. J'ai toujours adoré être avec elle. Elle était pure, honnête, naturelle. Si différente de tout ce à quoi je suis habitué. C'était mon sérum de vérité. »

« Quelquefois je demandais à Oma : “Est-ce que ce n'est pas génial tout ce qui m'arrive ?” Elle me répondait : “Ne te soucie pas de ça. Fais une pause. Comme un maçon, travaille avec tes mains. Prends du recul et réfléchis à ce qui se passe dans ta vie. Savoure chaque instant.” »

La disparition de sa grand-mère amena DiCaprio à s'interroger sur le sens de son existence : « Je ressens le besoin de faire autre chose de ma vie qu'une simple carrière professionnelle. Je me suis dit que j'avais si peu profité de la vie au regard du temps passé sur les tournages. Je songe de plus en plus à fonder une famille, surtout maintenant que ma grand-mère n'est plus là. Ça m'a fait réfléchir au caractère éphémère des choses et à l'importance d'appartenir à une famille, de donner un sens à sa vie autre que le travail. »

Ce travail d'introspection n'eut pourtant que peu d'effets sur la vie de Leonardo et sur sa relation avec Bar Refaeli. Les rumeurs étaient contradictoires. La Press Association rapportait que l'acteur n'avait aucune intention de fonder un foyer dans l'immédiat. Puis, peu après, la même agence déclara qu'il aimerait un jour se marier. « J'ai besoin que ma vie ne se résume pas à ma seule carrière. La nuit dernière, je me suis dit que je n'avais quasiment jamais vécu une vie normale, loin des plateaux de tournage à l'autre bout du monde. Oui, j'ai envie de me marier et d'avoir des enfants. En disant ça, je me rends bien compte que je contredis tout ce que j'ai pu affirmer auparavant. Je crois en l'institution du mariage. »

Et d'ajouter : « J'espère ne jamais verser dans le cynisme. Dans la vie, on a besoin d'énergie, d'enthousiasme et d'optimisme. Il y a beaucoup de choses que j'ai envie de faire, et plus on devient cynique, plus on reste immobile à ne rien faire. Je voudrais n'être jamais blasé par des sujets que je considère comme importants, par exemple la famille, l'environnement. Je veux être reconnu comme quelqu'un qui a des valeurs. »

Bar se découvrit une alliée inattendue en la personne de Chrissy Iley, l'intervieweuse des célébrités britanniques.

Dans un article fascinant sur la vie de Leo pour l'*Observer*, Iley revenait sur la relation de l'acteur avec son ex : « La dernière fois que je me suis trouvée dans la même pièce que Leonardo DiCaprio, c'était en 2001. Nous étions dans sa cuisine et j'interviewais sa petite amie de l'époque, la splendide Brésilienne Gisele Bündchen. Son yorkshire terrier ne cessait de japper et elle ne cessait de parler, à vous en donner le tournis. Elle était chaleureuse, virevoltante et sûre de son dû. Leo, de son côté, se montra renfermé, silencieux et comme un peu perdu. Il préparait des plats à emporter chez un ami. Il n'arrêtait pas de répéter : "Chérie, on est en retard." Mais sa chérie continuait de parler en réclamant des *empanadas*. Gisele et son yorkshire raffolaient de ces petits chaussons savoureux à la viande. Leo persistait à couper ses légumes. En fin de compte, poursuivait la journaliste, Gisele m'a reconduite chez moi. On a chanté ensemble sur *California* de Joni Mitchell. Elle m'a dit que Leo n'aimait pas le karaoké, mais qu'à part ça, la vie avec lui était géniale. Je n'ai pas été surprise quand ils ont rompu. Ils semblaient ne rien avoir en commun. »

Iley se demanda si la nouvelle relation de Leo avec le mannequin israélien était moins compliquée. L'acteur semblait sur ce point faire confiance à l'astrologie – il est Scorpion ascendant Balance – et il affirma mieux parvenir à équilibrer les aspects passionnés de sa personnalité avec Bar Refaeli. « En fait, j'essaie de canaliser les côtés passionnés, sombres, irrationnels du Scorpion le mieux que je peux, et selon moi, je fais un assez bon boulot. »

Russell Crowe put aussi constater cette sérénité nouvelle durant le tournage de *Mensonges d'État*. Si son partenaire était resté le même « gars sympathique » qu'il avait rencontré sur *Mort ou vif*, il était à présent « plus âgé et plus sage ». DiCaprio exprima sa vision des choses : « Qui sait si j'ai la tête sur les épaules ? Je pense qu'on traverse tous une phase, durant l'adolescence, où l'on est détestable. Il existe certains clichés sur les artistes et, parfois, on incarne à merveille cette image de l'acteur égocentrique, qui se comporte comme un con avec tout le monde. »

À ce stade de sa carrière, DiCaprio apparaissait donc plus stable, mieux dans sa peau, et prêt à emprunter un nouveau chemin. Il reconnut avoir mis son amour de la fête en sourdine et affirma vouloir ralentir le rythme. « J'ai célébré mon anniversaire autour d'un dîner tranquille avec ma famille et des amis », révéla-t-il. « Il y a dix ans, j'aurais fait une fête géante. »

Aux virées nocturnes à Los Angeles, il préférait désormais les reportages sur la nature sauvage dans des pays lointains : « Je m'échappe souvent pour aller observer la faune et la flore en Afrique et en Amérique du Sud. Contempler les lions, les éléphants et les zèbres en liberté, c'est une vraie passion. Quand je regarde les baleines, je me rends compte à quel point le monde qui nous entoure est merveilleux. J'ai eu des chiens, des grenouilles et même un lézard. Les animaux m'ont toujours passionné. Je me souviens qu'à une époque je voulais être agent de voyages pour découvrir le monde. »

Il évoquait également ses autres centres d'intérêt : « Je collectionne les œuvres d'art et j'ai une belle collection d'affiches de films. Tout ce dont je rêvais quand j'étais gamin. Je suis un fan de hip-hop, j'aime bien le groupe A Tribe Called Quest en particulier, et mon ami Q-Tip. J'ai essayé de le convaincre de sortir un nouvel album solo et il va finalement le faire. Ça s'appelle *The Renaissance.* »

En matière de septième art, Leonardo demeurait un fervent admirateur des œuvres de Nicholson, De Niro et Scorsese, mais il appréciait aussi les vieux films, avec une préférence pour *Le Troisième Homme, Lawrence d'Arabie, Boulevard du crépuscule* et *À l'est d'Éden.* « *Le Voleur de bicyclette*, dirigé en 1948 par le réalisateur italien Vittorio De Sica, fait partie de mes favoris », ajouta-t-il.

Quant à sa vie privée, il se confiait le moins possible et refusait de se prononcer sur ses projets avec Bar : « Est-ce que je veux me ranger et me marier ? Bien sûr, déclara-t-il avec un brin de scepticisme. Mais je n'ai pas de boule de cristal, donc je ne peux pas vous dire quand ça va arriver. »

Mensonges d'État sortit finalement en octobre 2008. Le film rapporta plus de cent quinze millions de dollars mais reçut un accueil mitigé de la part des critiques.

Pour Leonardo, il annonçait surtout le principal événement cinématographique de cette année-là, les retrouvailles tant attendues avec Kate Winslet dans *Les Noces rebelles*.

Le romancier Richard Yates, mort en 1992, ne put voir l'adaptation de son roman au cinéma mais ses filles furent enchantées du résultat et assurèrent la promotion du long-métrage réalisé par Sam Mendes : « Elles ont été de merveilleux soutiens pour le film, confia-t-il, parce qu'elles l'ont adoré et qu'elles en étaient fières. Elles ont senti que leur père recevait les louanges qu'il aurait méritées de son vivant. Ça revenait à recevoir l'approbation de l'homme lui-même et ça comptait beaucoup pour nous. »

Le film sortit juste à temps pour la saison des récompenses. Il fut programmé dans trois salles en décembre 2008, avant sa sortie générale le mois suivant. Très vite, il recueillit des critiques élogieuses : on louait les interprétations pleines de justesse de Kate Winslet et Leonardo DiCaprio, mais aussi la capacité de Sam Mendes à restituer l'atmosphère oppressante du roman. Malgré sa sortie tardive, il figura dans de nombreux classements des meilleurs films de l'année 2008.

Angie Errigo, du magazine *Empire*, mit en garde les fans de Kate et de Leo de l'époque *Titanic* : « Ceux qui souhaitent voir réaffirmé le pouvoir transformateur de l'amour pourraient avoir envie de se tailler les veines après avoir vu ce drame sombre, dans lequel l'amour se change en haine et la défiance en tragédie. » Kenneth Turan du *Los Angeles Times*, qui avait descendu en flèche le réalisateur James Cameron à l'époque de *Titanic*, se montra cette fois plus clément. Il souligna que « le talent de stars comme Kate Winslet et Leonardo DiCaprio et du réalisateur Sam Mendes parvenait à nous impliquer et à nous émouvoir, même si on avait craint le pire ».

Roger Ebert dans le *Chicago Sun-Times* s'émerveilla : « Frank et April, interprétés par DiCaprio et Winslet, apportent une conclusion triste à l'histoire d'amour de *Titanic*, et à toutes les autres romances du même genre. Ils sont si bons qu'ils cessent d'être des acteurs et deviennent des êtres à part entière, dont on partage l'existence. Ce film est tellement réussi qu'il en est dévastateur. Beaucoup pensent que leurs parents ne les comprennent pas. Mais s'ils ne se comprenaient pas eux-mêmes ? »

La Hollywood Foreign Press Association (Association hollywoodienne de la presse étrangère) partageait l'opinion générale et sélectionna *Les Noces rebelles* pour quatre Golden Globes. Kate et Leo étaient cités dans les catégories de la meilleure actrice et du meilleur acteur, tandis que Sam Mendes et son film étaient également nominés.

Pour Kate Winslet, cette nomination était la première d'une longue série, puisqu'elle était également nominée aux Golden Globes pour son second rôle dans *The Reader* (2008), dans lequel elle incarnait une ancienne geôlière d'Auschwitz. Il s'agissait d'une adaptation de l'œuvre de Bernhard Schlink sur l'après-guerre en Allemagne. Elle avait été choisie en premier lieu pour jouer ce personnage, mais elle avait dû se désister en raison d'une incompatibilité de calendrier avec le tournage des *Noces rebelles*. Le rôle était alors échu à Nicole Kidman. Mais, quand cette dernière était tombée enceinte, le rôle lui était revenu.

Kate Winslet avait déjà été nominée cinq fois aux Oscars et aux Golden Globes par le passé, sans jamais avoir remporté de statuette. Avant la cérémonie, elle avait avoué combien elle serait heureuse de gagner : « Est-ce que je le veux ? Et comment ! Vous savez, les gens supposent que je m'en moque ou que je ne le veux pas, que je n'en ai pas besoin ou que sais-je encore... Mais c'est dur d'y aller cinq fois. Je suis un être humain ! »

Savait-elle alors ce qui se produit quand on patiente longtemps pour une récompense ? Il en arrive deux à la fois. Lors de l'événement, Kate triompha dans les catégories de la meilleure actrice et du meilleur second rôle féminin : un exploit jamais accompli auparavant.

Élue meilleur second rôle féminin pour son interprétation dans *The Reader*, l'actrice monta sur scène et prononça un discours haletant, ponctué de remarques comme « Je suis désolée », « Merde ! ». Elle en oublia même le nom d'une de ses concurrentes : « Je suis si désolée, Anne Hathaway, Meryl Streep, Kristin Scott Thomas et qui est l'autre déjà ? Angelina Jolie. Pardonnez-moi, est-ce que je ne rêve pas ? » ajouta-t-elle en refusant de « conclure », comme le prompteur l'y exhortait. Au lieu de cela, elle poursuivit durant trois minutes supplémentaires durant lesquelles elle rendit un vibrant hommage à son partenaire à l'écran : « Leo, je suis si heureuse de pouvoir être ici et te dire à quel point je t'aime et combien je t'ai aimé depuis treize ans. Ton interprétation dans ce film est spectaculaire, ni plus ni moins. Je t'aime de tout mon cœur », déclara-t-elle, tandis que l'acteur lui envoyait des baisers depuis l'assistance.

Son discours rappela la séquence émue de Gwyneth Paltrow aux Oscars de 1999. L'actrice avait remporté le titre de meilleure actrice pour *Shakespeare in love* et s'était révélée très émue ce jour-là parce qu'elle savait que c'était la dernière sortie de son grand-père présent dans le public. Il s'était éteint peu de temps après la cérémonie.

Le discours mélodramatique de Kate en fit presque oublier que Leonardo avait à nouveau raté sa chance. C'est Mickey Rourke qui reçut la récompense du meilleur acteur pour *The Wrestler*. Leo se réjouissait néanmoins du succès de Kate : « C'est une performance incroyable. Pas un mais deux dans la même soirée. Je ne connais pas les records, mais il me semble que ça ne s'est jamais produit. Certainement pas pour la meilleure actrice et le meilleur second rôle féminin. »

Lors de la cérémonie des Oscars, *Les Noces rebelles* furent cruellement ignorées et nominées seulement dans des catégories mineures. Seul Michael Shannon fut récompensé comme second rôle masculin pour son interprétation de John, le fils des voisins. D'après les règles de l'Académie, un acteur ou une actrice ne pouvait être nominé qu'une fois dans une catégorie. Les Golden Globes et les Oscars n'avaient pas le même règlement. Le rôle de Kate Winslet dans *The Reader* fut considéré comme un premier rôle par l'Académie, de sorte que son interprétation dans *Les Noces rebelles* ne pouvait figurer sur la liste des nominations.

Malgré une concurrence sérieuse – notamment la présence de Meryl Streep et Angelina Jolie, déjà primées antérieurement –, Kate triompha. Bien que sa réussite ne fût pas liée aux *Noces rebelles*, elle ne manqua pas de rappeler, une fois encore, combien Leo comptait pour elle : « Il passerait presque plus pour mon mari que mon vrai mari, déclara-t-elle, tellement je parle de lui ! »

Pour Leo, l'attente de l'Oscar devrait se poursuivre encore mais il était déterminé à faire bonne figure, en dépit de l'indifférence affichée de l'Académie : « J'ai une théorie, déclara-t-il. Nous avons tous nos avis personnels sur les gagnants, mais parfois, on se retourne sur le film qui est sorti vainqueur cette année-là et on se dit : "Comment était-ce possible ?"

« Mais je ne traque pas les récompenses. J'essaie de faire le meilleur travail possible et de choisir des films qui marqueront les années futures. Si vous essayez d'obtenir à tout prix un Oscar ou de courir après une récompense, les gens le verront. Ce n'est pas mon objectif. Si ça arrive, tant mieux, mais je suis heureux de continuer à travailler comme je le fais. »

Leo poursuivit donc son chemin, mais, pour son ambitieuse petite amie, il était grand temps d'obtenir une réponse de celui qui était si réticent à s'engager.

22

Oui ou non ?

De grandes perspectives de carrière se dessinaient pour la jeune Bar Refaeli, qui possédait toutes les qualités requises pour devenir l'un des top-modèles les plus célèbres au monde. Elle fut d'abord choisie par Marks & Spencer comme mannequin lingerie. Puis, à vingt-trois ans, elle décrocha la couverture du très prisé *Sports Illustrated*, consacrée aux maillots de bain. Elle était la première Israélienne à y parvenir.

Sur cette couverture un brin provocante, elle apparaissait vêtue d'un minuscule bikini Missoni et tirait les ficelles de son maillot vers le bas en fixant l'objectif d'un air taquin. Ce fut une étape décisive pour sa carrière. Bar en était d'autant plus consciente qu'elle avait manqué de justesse la même opportunité l'année précédente : « Dès que j'ai su que j'avais décroché la couverture, j'ai prévenu trente personnes au téléphone. Tous mes amis en Israël, tous mes amis à Los Angeles, ma grand-mère et mon grand-père. Je ne sais pas ce qu'en pensera Leo, mais moi j'adore cette photo. Je suis sûre que les autres l'aimeront aussi. »

Terry McDonell, rédacteur en chef du groupe SI, expliqua pourquoi Bar avait été retenue pour cette une, en dehors du fait qu'elle était la petite amie de Leonardo DiCaprio, ce qui assurait une large couverture médiatique : « C'est un cliché très moderne dans sa forme : ses cheveux et son maillot révèlent une beauté naturelle. On peut voir ses taches de rousseur. Son corps est magnifique et elle a l'air intelligente. »

Bar était satisfaite de la photographie sélectionnée parmi le large choix de clichés réalisés, dont certains plus dénudés : « C'est celle qui me met le plus à mon avantage. On y voit la mer, l'eau turquoise et un corps. C'est tout. »

Alors qu'elle se trouvait ainsi sous les feux des projecteurs, Bar décida de s'afficher comme la figure de proue de la manifestation « Save the beach[1] », une campagne en faveur de l'environnement, ce qui plut certainement à son compagnon. Accompagnée de son père Rafael, elle ne dit pas un mot de Leo lorsqu'elle aborda rapidement la question de sa vie privée dans une interview accordée au *Irish Sunday Independent*. Ce n'était pas parce qu'elle exhibait son corps dans sa vie professionnelle qu'elle avait un tempérament extraverti, précisa-t-elle au journal, elle était même très réservée et n'aimait pas attirer l'attention : « Vous le voyez bien aujourd'hui, je préfère qu'on m'ignore. Même les compliments me mettent mal à l'aise. Je ne supporte que le regard de l'objectif. Devant lui, je porte des vêtements qui ne sont pas les miens, je deviens un personnage différent, beaucoup plus ouvert et assuré que je ne le suis en réalité. »

1. Littéralement « Sauvons la plage ».

Et, plus loin : « Lorsque je suis chez moi, jamais je ne porte de décolleté plongeant ou ce type de vêtement provoquant. Ça me gênerait. Je m'habille et me comporte très simplement. Mais quand je fais des photos, j'aime attirer les projecteurs. »

À propos de la défense de l'environnement, elle affirma son engagement, comme Leo : « Je pense qu'il est utile de défendre des causes à l'échelle mondiale. Ce sujet me tient particulièrement à cœur parce que j'ai grandi tout près d'une plage magnifique. Si nous n'agissons pas, la pollution des océans et de l'eau va conduire à la destruction des plages. On ne pourra plus se baigner sans danger. À terme, il n'y aura plus de sable, parce que nous détruisons les récifs de corail. Le problème se posera pour nos enfants, et pour nous, puisque nous ne pourrons peut-être plus les laisser nager dans l'océan. »

Bar évoqua également les conséquences pénibles de la célébrité et des *paparazzi* sur son couple : « Je ne pense pas que l'on puisse s'y habituer. Ce n'est pas normal de se sentir en permanence traqué, épié, photographié à son insu. Comment se sentir libre dans ses mouvements avec cette présence constante ? Je m'efforce pourtant de mener une vie simple. J'évite de fréquenter les lieux publics et les endroits tendance où se croisent *people* et *paparazzi*. Ainsi, il ne me viendrait pas à l'idée de faire mes achats dans le centre commercial le plus connu d'Israël ni de manger à *The Ivy*[1] à Los Angeles. »

Bien qu'elle assumât entièrement ses choix de carrière, les projets évoqués dans cette interview semblaient directement inspirés d'un scénario choisi par Leonardo. Elle évoqua la prochaine conception d'une ligne de maillots

1. Un restaurant très prisé des célébrités.

de bain pour la marque Hurley, en précisant : « Je désire progresser et tenter de nouvelles expériences. J'adore participer à des projets qui me permettent de concilier mon métier et la défense de mes convictions. Il ne s'agit pas seulement d'argent et de carrière, mais aussi d'un engagement pour faire évoluer la société dans la bonne direction. »

Pendant ce temps, Leonardo participait au huitième gala de charité annuel « Cinéma pour la paix » à Berlin, où il fut salué par l'ancien chef d'État russe, Mikhaïl Gorbatchev. Le prix Nobel de la paix lui remit un International Green Award. Les deux hommes avaient collaboré sur le film *La 11e Heure, le dernier virage*, et cette reconnaissance toucha beaucoup l'acteur. Ce fut pour lui l'occasion de revenir sur ses racines germaniques : « Ma mère et mes grands-parents viennent d'Allemagne. Je n'oublierai jamais le moment d'euphorie que nous avons vécu devant notre poste de télévision en novembre 1989. Nous avons fêté l'événement avec le reste du monde en assistant en direct à la chute du Mur. Des années plus tôt [à l'âge de douze ans], j'avais rendu visite à mes grands-parents dans un Berlin divisé. J'avais bien senti alors à quel point un simple mur menaçait les libertés. Ma "Oma" a pris une photo de moi devant le Mur, au moment où nous revenions de l'Est, et j'ai immédiatement fait semblant de le pousser pour le faire tomber. »

Ce moment remplit Leo de fierté, car ce Green Award venait couronner des années d'un engagement sans faille pour les causes environnementales. En 1998, il avait créé sa fondation, The Leonardo DiCaprio Foundation, pour soutenir des projets en faveur de l'environnement. Celle-ci avait collaboré avec des organisations comme le

Natural Resources Defense Council[1] et Global Green USA[2] pour sensibiliser les Américains aux enjeux environnementaux.

Leo avait également fait l'acquisition d'une île au Belize, où il projetait de faire bâtir un « éco-hôtel ». En 2004, il avait découvert l'île de Blackadore Caye, à l'ouest d'Ambergris Caye, au cours de vacances passées dans une luxueuse station balnéaire non loin de là, Cayo Espanto. Un an plus tard, il avait acheté l'île privée à son propriétaire, Jeff Gram, pour la somme de 1,75 million de dollars. Puis il avait travaillé avec Four Seasons, le groupe hôtelier de luxe, à la conception d'un complexe hôtelier cinq étoiles respectueux des principes de développement durable et de préservation de l'environnement. Le projet n'était pas encore achevé mais Leonardo déclara : « Je crois aux actions personnelles. C'est génial de recycler, de faire tous ces gestes, mais il faut que les dirigeants s'engagent également. Il revient à présent au pouvoir en place de prendre des mesures concrètes, c'est ce qu'attendent les citoyens. »

L'acteur orienta ensuite son discours sur le président Obama. « En Amérique, poursuivit-il, nous avons enfin un gouvernement qui veut se battre à nos côtés. Je crois sincèrement que le président Obama va s'impliquer dans le combat contre les problèmes environnementaux les plus complexes auquel le monde doit faire face. Avec un peu de chance, la prise de conscience des perspectives offertes par une révolution verte transformera

1. Le Conseil de défense des ressources naturelles, basé à New York, est une organisation non gouvernementale américaine active dans le domaine de la protection de l'environnement.
2. Une filiale de Green Cross International, ou Croix-Verte internationale, une organisation non gouvernementale internationale à but environnemental.

l'Amérique pour en faire le chef de file de la cause environnementale. »

Son combat pour sauver la planète était clairement sa priorité, ce qui ne manqua pas de susciter quelques tensions au sein de son propre foyer. Lors de son retour aux États-Unis, Bar lui rappela ses obligations. Comptait-il faire évoluer leur relation ? Elle lui précisa que s'il nourrissait des projets de mariage avec elle, il devrait d'abord se convertir au judaïsme. D'après Aaron Braunstein, un organisateur de matchs de boxe cité dans le *New York Daily News*, le père de Bar lui aurait dit : « Si Leo ne se convertit pas au judaïsme, il n'y aura pas de mariage. »

Mais Leonardo, qui se préparait à tourner son prochain film, *Inception* de Christopher Nolan, semblait avoir d'autres préoccupations.

Dans le même temps, la polémique autour du refus de Bar Refaeli d'accomplir son service militaire en Israël se ranima. Un officier israélien, le major général Elazar Stern, appela les Juifs à boycotter tous les produits dont le mannequin assurait la promotion, afin de dénoncer son stratagème pour échapper au service national. « Lorsque j'ai appelé les dirigeants des sociétés qui avaient permis cette échappatoire, ils m'ont dit avec fatalisme : "C'est ce qu'aiment les jeunes", regretta le major Stern en juin 2009. Je leur ai alors expliqué que notre job consistait à montrer aux jeunes d'aujourd'hui ce qu'ils devaient aimer, non ce qu'ils aimaient déjà. »

Cette tentative de sabotage de la carrière de la jeune femme n'eut vraisemblablement aucune influence sur les sentiments de Leo. En revanche, la polémique qui s'ensuivit ainsi que la force de conviction de la famille

Refaeli quant au genre d'homme que Bar devait épouser pesèrent certainement dans la décision de Leo.

À peine un mois après l'accès de colère du major Elazar, on apprit la rupture de Leonardo et Bar. La fin de cette romance, qui avait duré trois ans et demi, fut minimisée dans la presse, comme l'avaient été ses débuts : « Pour le moment, ils font une pause, ils se sont séparés, rapporta une source au magazine *People*. Ça pourrait être un simple *break*, mais pour le moment ils empruntent des chemins séparés. »

La rupture survint après un week-end de juin. Le top-modèle remonta toute seule le tapis rouge des Young Hollywood Awards et se refusa à évoquer DiCaprio. Au même moment, Leonardo rejoignait *L'Avenue*, une boîte chaude de Manhattan, où il fut aperçu en train de boire un verre en bonne compagnie.

Le *Sun* affirma que cette rupture venait conclure des mois de disputes, l'acteur rejetant tout engagement sérieux. Il avait immédiatement repris ses vieilles habitudes de pilier de boîte de nuit. On le vit bavarder avec une ribambelle de femmes magnifiques, dont Lindsay Lohan, la star habituée des accidents de voiture. Le *Sun* y allait de ses commentaires : « Leo faisait la fête en ville la semaine dernière. Il avait une fille sur les genoux et ils buvaient tous les deux dans le même verre. Il se comportait comme un célibataire. Bar attendait un réel signe d'engagement de sa part, mais il n'était pas prêt à changer ses habitudes. » Les témoignages de ce type se multiplièrent : « Leo se faisait draguer par quelques filles et il n'essayait pas de les décourager. À un moment, il en avait une dans chaque bras et, plus tard, il a posé sa main sur le genou d'une fille » ; « Il s'est faufilé dans une boîte de nuit de la 10e Avenue avec quelques-uns de ses amis en tâchant de se faire discret, le visage à moitié dissimulé derrière une casquette de base-ball. Une blonde sexy a vite attiré son attention et elle s'est collée à lui pendant une grande partie de la soirée. Il est parti seul de la boîte, mais la blonde n'a pas tardé à se diriger vers la sortie ».

Peu de temps après, alors que l'acteur tournait *Inception* à Londres, on lui prêta une liaison avec le mannequin britannique Emma Miller, ex-petite amie de l'acteur de *Desperate Housewives*, Jesse Metcalfe.

Il fut ensuite uni à sa partenaire de *Gangs of New York*, Cameron Diaz, redevenue célibataire à la suite de sa rupture avec Paul Sculfor, son petit ami britannique. On put lire dans le *Sun* : « Voilà Leo à nouveau en de bonnes mains après sa rupture avec sa petite amie de longue date, Bar Refaeli. Cameron lui a témoigné beaucoup d'intérêt pendant qu'il tournait à Londres et ils se sont retrouvés pour des rendez-vous secrets. Deux ou trois fois la semaine dernière, elle l'attendait à l'appartement qu'il a loué dans le quartier de Knightsbridge, à l'ouest de Londres, et ils ont plaisanté avec des amis en prétendant se retrouver pour des parties d'échec. »

Bar Refaeli avait au moins une source de consolation : la marque de vêtements Rampage l'avait choisie en remplacement d'une certaine Gisele. Preuve évidente que sa carrière florissante n'allait pas se trouver affectée par sa rupture avec Leo, du moins à court terme.

Gisele Bündchen, quant à elle, avait le moral au beau fixe. Elle attendait son premier bébé avec le *quarterback* des Patriots de la Nouvelle-Angleterre, Tom Brady, qu'elle avait épousé peu de temps auparavant lors d'une petite cérémonie privée à Santa Monica, en Californie.

Le rapprochement entre Bar et Gisele ne s'arrêtait pas là, puisque Bar avait entamé une liaison avec Ricardo Mansur, l'un des anciens amants de la Brésilienne. Il était de notoriété publique que Gisele Bündchen s'était consolée dans les bras de son compatriote Ricardo, propriétaire de boîtes de nuit et grand joueur de polo, au moment de sa déception amoureuse avec Leo, et qu'elle l'avait laissé tomber sans ménagement quand DiCaprio lui avait manifesté un regain d'intérêt.

Peut-être Bar Refaeli espérait-elle que les choses se passeraient de la même manière. Un site Web brésilien dédié aux personnalités du show-biz la repéra en juillet avec Ricardo dans un hôtel de Saint-Tropez : « Samedi, à l'hôtel Byblos, ils étaient serrés l'un contre l'autre au bar de la piscine puis, plus tard cette nuit-là, dans une boîte. » Aussi incroyable que cela puisse paraître, l'histoire sembla se répéter : quelques semaines plus tard, l'effet Ricardo fit son effet, et Bar retrouva Leo.

Ce dernier n'avait pourtant pas chômé durant cette période : il avait tissé des liens étroits avec Ashley Roberts, l'une des Pussycat Dolls, et avec Anne Vyalitsyna, mannequin maillots de *Sports Illustrated* et camarade de Bar.

Bien que leurs retrouvailles n'aient pas eu lieu à temps pour célébrer l'anniversaire de Leo en novembre, le couple retrouvé s'octroya une escapade secrète aux Bahamas, à Bakers's Bay. En janvier 2010, c'est ensemble qu'ils rejoignirent George Clooney et d'autres célébrités à la fête organisée par la Paramount au château Marmont, peu avant la cérémonie des Golden Globes. Mais c'est seul que Leonardo assista à la cérémonie, où il eut l'honneur de remettre un prix spécial à Martin Scorsese, en récompense de l'ensemble de sa carrière.

Les tourtereaux étaient donc à nouveau réunis et leur relation semblait enfin progresser. Leo confia que l'idée d'avoir des enfants ne lui semblait plus « inenvisageable ».

Il évoqua également la solitude ressentie lors des longues périodes de tournage à l'autre bout du monde. Face au miroir de sa chambre d'hôtel, il avait compris « à quel point il était loin de mener une vie normale et ce fut comme un coup de poing dans le bide ».

Il se consolait en menant son combat pour améliorer le sort de la planète. En plus de son action pour l'environnement et de son aide en faveur d'un orphelinat en Afrique, il fit un don généreux, d'un montant d'un million de dollars, par le biais de sa fondation, pour contribuer à financer la reconstruction d'Haïti à la suite du tragique tremblement de terre survenu en janvier 2010.

Son « extraordinaire générosité » fut saluée par Bill Clinton et George Bush : « Ce don envoie un message clair au peuple d'Haïti, déclara ce dernier, celui que l'Amérique est prête à s'engager avec force dans l'effort pour reconstruire leur pays. Je remercie Leo qui montre un exemple merveilleux à tous les Américains en aidant un pays voisin dans le besoin. »

Sur ces entrefaites, les médias crurent tenir le scoop de l'année lorsqu'ils aperçurent Bar Refaeli, de retour d'une escapade amoureuse avec Leo au Mexique, à bord d'un yacht, arborant une nouvelle bague étincelante à la main gauche. Les tabloïds s'affolèrent à la perspective de voir enfin casé le parti le plus convoité d'Hollywood.

Hélas, c'était une fausse alerte. Refaeli révéla à *E ! Online* que cette bague en or avait été confectionnée par un ami. Elle démentit également les rumeurs rapportant que DiCaprio l'aurait demandée en mariage au cours d'un dîner romantique pour la Saint-Valentin : « Non, il n'y a pas eu de demande. Laissez-moi vous expliquer : ces bagues – qui sont magnifiques et conçues par l'un de mes amis – ne vont à aucun autre doigt que celui-là. J'ai vingt-quatre ans et j'ai encore le temps. Je ne suis pas pressée. Aujourd'hui, je suis heureuse. »

Il arrive que la sortie imminente d'un grand film s'avère à la fois une bénédiction et une malédiction. Si Leonardo put ainsi se concentrer sur ce qu'il faisait le mieux, à savoir la promotion de son métier, il se retrouva en même temps sous le feu des médias qui le bombardaient de questions sur sa vie privée. Par chance, la polémique qui accompagna la sortie de *Shutter Island,* en février 2010, fit oublier pour un temps la vie privée de Leo.

Pour DiCaprio et son réalisateur, Scorsese, le retard interminable qu'avait pris la sortie du film était frustrant, notamment parce qu'il privait leur dernière œuvre d'une couverture médiatique méritée. Une bande-annonce, sortie en 2009, avait fait naître l'intérêt du public et les projections tests avaient rencontré un accueil excellent. Les pronostics ne tardèrent pas à voir, en *Shutter Island,* un potentiel candidat aux Oscars. Mais la Paramount surprit tout le monde en repoussant à février la sortie du film, initialement prévue pour octobre, c'est-à-dire trop tard pour concourir aux Oscars de l'année 2009. La Paramount expliquait ce report par un manque de budget pour promouvoir correctement ce film à quatre-vingts millions de dollars, et par l'emploi du temps de Leonardo, soi-disant trop pris pour accompagner la sortie du film.

Le PDG de la Paramount, Brad Grey, se vit dans l'obligation de justifier sa décision : « Comme dans tout métier, nous devons rendre des arbitrages parfois difficiles, en gardant à l'esprit l'intérêt collectif du Studio. Leonardo DiCaprio figure parmi les acteurs les plus talentueux de notre époque et Martin Scorsese est l'un des cinéastes les plus importants au monde, ainsi qu'un ami. Après une année 2009 placée sous le signe de la réussite, nous misons sur l'impact immense qu'aura le film *Shutter Island* lors de son lancement en 2010 pour assurer au Studio un excellent début d'année. Il nous semble par ailleurs que ce changement de date constitue la meilleure décision pour le film lui-même. »

Paramount opta finalement pour une sortie le 19 février 2010 parce que « c'était le jour où *Le Silence des agneaux* était sorti » en 1991, et qu'il avait gagné l'Oscar. Comme l'Académie avait élargi à dix le nombre de nominations pour le meilleur film, le studio pensait que *Shutter Island* avait ses chances de figurer sur la liste. Dès le premier week-end de sa sortie en salles, le film s'installa à la première place des entrées avec une recette de quarante et un millions de dollars – les meilleurs débuts à ce jour pour le couple DiCaprio et Scorsese. Il rapporta même deux cent quatre-vingt-quinze millions de dollars, à l'échelle du monde entier. Pourtant, il ne figura à aucun palmarès de récompenses.

Shutter Island n'en fut pas moins le film le plus rémunérateur de Scorsese. Il contribua également à renforcer le lien exceptionnel qui unissait Leo et le réalisateur. Tous deux réfléchissaient d'ailleurs déjà à leur cinquième collaboration, un *biopic* sur Frank Sinatra avec DiCaprio dans le rôle principal. En dépit de la force de ce tandem, Leo restait modeste et continuait à réfuter les comparaisons avec le binôme Scorsese - De Niro : « Pour moi, c'est le duo le plus génial de tous les temps, insista-t-il, je n'oserais même pas envisager une telle comparaison. »

En matière de vie privée, Leonardo fuyait systématiquement toute question relative à Bar Refaeli. La presse se livrait à un véritable yo-yo : chaque fois que Leo lâchait un commentaire sur d'éventuels projets, on l'imaginait déjà la bague au doigt, et lorsque, la semaine suivante, on l'apercevait dans une boîte de nuit, entouré de jolies filles, on ne donnait plus cher de sa relation avec Bar.

Ce climat délétère n'était pas sans rappeler les derniers mois de sa relation avec Gisele, ce qui n'était peut-être pas une coïncidence. Des proches de la star laissèrent entendre que, bien qu'il aimât beaucoup la jeune femme, Leonardo recherchait toujours l'étincelle, cette flamme particulière qui lui apporterait l'absolue certitude qu'il avait rencontré la bonne personne.

Le couple devait par ailleurs affronter des pressions politiques inhabituelles. Ainsi, en mars 2010, un groupe de nationalistes israéliens fit pression sur Bar pour qu'elle renonce à son compagnon américain et se trouve un mari juif. De son côté, Baruch Marzel, un politicien israélien, envoya une lettre au top-modèle, de la part de l'organisation Levaha, lui rappelant : « Ce n'est pas par hasard si vous êtes née Juive. Votre grand-mère, et sa grand-mère avant elle, n'auraient pas voulu que leur descendante s'éloigne du peuple juif. L'assimilation a toujours été un des ennemis du peuple juif. » Marzel ajouta qu'« il n'avait rien contre M. DiCaprio qui, sans aucun doute, était un acteur de talent », mais il ajouta : « Revenez à la raison. Regardez le passé et le futur, pas seulement le présent. Ne vous mariez pas avec Leonardo DiCaprio, ne faites pas de mal aux générations futures. »

De telles tentatives d'intrusion dans leur vie privée avaient tout pour déstabiliser le couple, mais Leo et Bar refusèrent de céder à la provocation. Ils optèrent pour le silence et la dignité et s'efforcèrent de vivre comme tout le monde, faisant fi du monde extérieur, ce qui n'était pas simple dans leur situation.

23

Un homme de rêve

Quand on décide de se faire une toile aux États-Unis à la dernière minute, on s'expose à quelques désillusions. Il n'est pas rare en effet que l'on choisisse et paye sa place en arrivant au cinéma, pour découvrir, au moment de s'installer dans la salle, que ce siège est déjà occupé par un spectateur qui avait fait sa réservation sur Internet.

C'est ainsi que, un week-end de mai 2010, à Los Angeles, lors d'une séance d'*Iron Man 2* au Century City, un homme, coiffé d'une casquette de base-ball, et sa petite amie blonde durent changer de place à trois reprises. « Ils ne s'étaient manifestement pas rendu compte qu'on pouvait réserver ses places à l'avance, commenta un curieux. Par chance, l'homme a pris cela avec humour et, trois fois de suite, il a accepté de se déplacer avec beaucoup de bonne volonté. »

Fort heureusement, tout cela se produisit avant le début du film, pendant les publicités et, aussi incroyable que cela puisse paraître, personne ne sembla percevoir quelque chose d'inhabituel. Même lorsqu'une bande-annonce présenta un nouveau thriller de science-fiction intitulé *Inception*, aucun spectateur présent dans la salle ne réalisa que l'homme qui changeait ainsi de place à répétition n'était autre que Leo DiCaprio, la star du nouveau *blockbuster* énigmatique de Christopher Nolan qui apparaissait à l'écran. Il était arrivé discrètement pour voir un film avec Bar Refaeli, espérant bien passer inaperçu, mais il comprit qu'il avait commis une erreur en ne réservant pas leurs sièges.

Seul un observateur de la scène, plus physionomiste que les autres eut le réflexe d'avertir le *New York Post* et de rapporter comment Leo et Bar avaient été amenés à changer de place : « Lorsque la bande-annonce de son nouveau film, *Inception*, a commencé, et qu'on l'a prié de se déplacer, Léo souriait de l'ironie de la situation, mais il est resté très courtois. Ils se sont finalement installés au premier rang. »

Leo avait l'habitude de gérer l'empressement des fans, beaucoup moins celle de se pousser parce qu'il était gênant ! Ironie de l'histoire, tout juste deux mois après cette scène, des milliers de spectateurs allaient se précipiter dans les salles obscures pour découvrir Leo dans son nouveau film : ce serait là l'une de ses apparitions les plus populaires à l'écran depuis *Titanic.* Personne, alors, ne lui demanderait de changer de place !

Magistral et démesuré, *Inception* était un film d'action et de science-fiction racontant un hold-up d'un genre particulier. Le réalisateur de *The Dark Knight, Le Chevalier noir,* Christopher Nolan, avait mis dix ans à concrétiser ce nouveau projet. Après s'être fait un nom avec des films très malins comme *Memento*, qui prenait au piège le spectateur, il avait imaginé, dès 2001, un scénario mettant en scène des voleurs de rêves, mais estima à l'époque qu'il manquait encore d'expérience pour aller plus loin. Après avoir réalisé avec succès *Batman Begins* (2005) et *The Dark Knight, Le Chevalier noir* (2008), tous deux très bien accueillis par la critique, il décida de reprendre ce projet ambitieux et parvint à convaincre la Warner Bros de se lancer avec lui dans l'aventure. C'est également à cette période que Nolan avait tenté de travailler avec Leonardo en lui proposant plusieurs projets, en vain. Quand il revint à la charge avec *Inception*, il eut plus de chance : « J'essayais de travailler avec Leo depuis des années. Je l'ai rencontré à de nombreuses reprises mais rien ne se concrétisait, j'ai finalement réussi à le convaincre avec ce projet-là. »

Pour Leo, la proposition réunissait les trois atouts-clés indispensables pour s'engager : un scénario génial, un grand réalisateur et des acteurs formidables. « J'ai toujours attendu d'un film qu'il ait quelque chose en plus des autres, qu'il soit vraiment unique. C'est probablement l'idéal de n'importe quel acteur. »

Le scénario de Nolan partait du présupposé que plusieurs personnes pouvaient partager le même rêve. À partir de là, il avait extrapolé sur le personnage de « l'extracteur de rêves », un individu capable à la fois de pénétrer et d'influencer les rêves des autres. Forts de ce savoir, les extracteurs proposaient leurs services à des « clients » auxquels ils enseignaient l'art de sauvegarder des secrets, bien à l'abri dans leur subconscient, ou, à l'inverse, de les dérober à des esprits dénués de protection.

Leo fut assez intrigué par cette histoire et, comme à son habitude, il décida de se documenter sur le sujet. Il lut *L'Interprétation des rêves* de Sigmund Freud et étudia des comptes-rendus de psychanalyse, mais il découvrit bientôt que le meilleur moyen de comprendre le propos exact du film consistait à échanger avec Nolan en personne.

Certes, l'intrigue reposait en grande partie sur le personnage de Dom Cobb, interprété par Leo, le chef des voleurs de rêves qui acceptait de remplir une ultime mission. Mais Nolan tenait à entourer son personnage central d'un casting prestigieux : « Je voulais construire une équation parfaite dans ce film, dont Cobb était la clé émotionnelle. C'est pourquoi nous avons réuni autour de lui une distribution de très haut niveau. J'avais pour ambition d'illustrer dans ce film l'ensemble des expériences qu'il est possible de faire dans une vie humaine, et d'exploiter à cette fin toutes les possibilités scénaristiques et techniques du cinéma à grand spectacle. Je voulais combler le spectateur que je suis. »

Dès le premier jour, Nolan avait placé l'intrigue sous le sceau du plus grand secret. Les acteurs pressentis pour les différents rôles prenaient connaissance du scénario dans son bureau ou le lisaient à leur domicile, après livraison spéciale et sous bonne garde.

Ce furent finalement à des acteurs récemment oscarisés, Marion Cotillard et Michael Caine, qui faisait là sa quatrième apparition dans un film de Nolan, que revinrent les principaux seconds rôles, ainsi qu'à Cillian Murphy, Ellen Page et Pete Postlethwaite.

Cobb et son associé Arthur, incarné par Joseph Gordon-Levitt, étaient au cœur de l'intrigue. Tous deux pénétraient dans des strates successives de rêves, de plus en plus profondément enfouis dans le subconscient de leurs cibles, pour pratiquer une sorte « d'espionnage industriel » et leur soutirer des informations de grande valeur. Les rêveurs pouvaient être réveillés par un choc soudain, surnommé « coup de fouet », ou par leur propre mort dans le rêve. Chaque « exploiteur de rêve » conservait avec lui un totem, petit objet personnel lui permettant de savoir s'il se trouvait ou non dans le rêve de quelqu'un d'autre. Le totem de Cobb était une toupie qui, dans ses rêves, ne cessait jamais de tourner. Il était également assailli par les souvenirs de sa femme décédée, Mall, interprétée par Marion Cotillard, qui tentait de faire échouer ses opérations d'espionnage onirique.

Cobb était recherché par les autorités dans le cadre de l'enquête sur la mort de sa femme et ne pouvait retourner aux États-Unis. Un riche homme d'affaires, Saito, lui proposa alors d'user de ses réseaux d'influence pour le faire innocenter. En contrepartie, Cobb devrait pratiquer une « *inception* » : il lui fallait implanter une idée dans le cerveau d'un concurrent, interprété par Postlethwaite, afin de l'amener à saborder son propre *business*. S'il réussissait, Cobb pourrait rentrer aux États-Unis et y retrouver ses enfants.

Bien que son associé, Arthur, jugeât la mission impossible, Cobb élabora un plan d'action ambitieux. Il réunit une équipe pour réaliser son « cambriolage » onirique : un faussaire capable d'endosser plusieurs identités différentes dans les rêves, un chimiste et une jeune architecte, « constructrice de décors de rêves », interprétée par Ellen Page. Au moment où l'équipe pénétrait dans l'esprit de sa cible, elle dut combattre les mécanismes de défense que la victime avait mis en place afin de prévenir ce type d'attaque. La lutte se déroulait au sein même des rêves. Le danger était bien présent, car quiconque trouverait la mort dans un état onirique se retrouverait bloqué dans les limbes, où il perdrait toute prise avec la réalité et serait piégé à jamais.

Au cours d'une succession de scènes oniriques de plus en plus complexes, Cobb s'efforçait d'atteindre son but, tout en s'affranchissant de la culpabilité que lui inspirait la mort de sa femme. À la fin du film, tout portait à croire qu'il était de retour dans le monde réel, en compagnie de ses enfants retrouvés. Mais ces derniers détournaient son attention alors qu'il utilisait sa toupie totem pour vérifier qu'il ne rêvait pas, si bien qu'il ne vit pas le résultat, contrairement au spectateur…

Le tournage débuta à Tokyo en juin 2009 et se poursuivit pendant plus de cinq mois dans six pays différents. Du Japon, l'action se déplaça en Angleterre, à Londres, puis dans un hangar dans le Bedfordshire, aménagé pour l'occasion, où un plateau inclinable à trente degrés fut construit. Les décorateurs de Nolan conçurent également un couloir d'hôtel, long de trente mètres, capable de pivoter sur trois cent soixante degrés. Joseph Gordon-Levitt, dans le rôle d'Arthur, passa des semaines à se battre dans le couloir qui tournait comme « une roue de hamster géante ».

L'équipe de tournage s'installa ensuite en France, où furent réalisées quelques-unes des scènes cultes du film. Comme la Mairie de Paris s'était opposée à l'emploi d'explosifs pour faire sauter un bistrot, Nolan opta pour de l'azote sous pression. La scène la plus célèbre du film, dans laquelle une rue de Paris s'effondre sur elle-même, fit partie des quelques plans réalisés sur fond vert avec des effets spéciaux assistés par ordinateur. Le défi consistait à montrer avec précision ce qui arriverait si la réalité basculait sur elle-même, et pour cela l'informatique n'était qu'un outil technique qui ne pouvait rien sans la mise en scène.

Leo se retrouva de nouveau au Maroc, où il avait tourné *Mensonges d'État.* Tanger devait passer pour

Mombasa, où se déroulait une poursuite spectaculaire dans un dédale de ruelles. Puis le tournage s'installa à Los Angeles, où furent filmées les scènes d'intérieur. Le plateau de la Warner Bros, avec la ville en toile de fond, fut le théâtre d'une autre poursuite impressionnante impliquant voitures et train de marchandises. Los Angeles servit aussi de décor à la scène-clé où l'on voit un camion tomber du Scuyler Heim Bridge au ralenti. Pour les besoins de cette scène, les acteurs restèrent sous l'eau pendant quatre à cinq minutes en utilisant des bouteilles de plongée. Enfin, l'équipe entière se rendit dans l'Alberta, au Canada, où une station de ski abandonnée au sommet d'une montagne fut transformée en forteresse. Là, ils durent patienter jusqu'à la prochaine tempête de neige pour fournir à Nolan les plans qu'il espérait.

La démesure de la production, qui consomma en quasi-totalité son budget de cent soixante millions de dollars, fut ainsi justifiée par Nolan : « *Inception* est un projet qui a nécessité un traitement à grande échelle de chaque scène. Si l'on veut montrer de façon réaliste la complexité de l'esprit humain, quels mondes infinis il peut créer, on ne peut pas se permettre de “la jouer petits bras”. Nous avons donc été filmer dans six pays différents, nous sommes passés d'un extrême à l'autre, des pluies diluviennes au soleil brûlant, jusqu'aux chutes de neige incroyables. Je voulais nous mettre à l'épreuve en emmenant les acteurs au sommet des montagnes, en les entraînant sous l'eau et tout autour du monde, toujours dans des décors naturels. Quand les personnes se trouvent au véritable endroit, on gagne énormément en crédibilité. »

Nolan salua également « l'incroyable intensité d'émotions » que Leonardo avait apportée à son personnage.

De son côté, si l'acteur avait apprécié sa chance de pouvoir travailler avec « un réalisateur unique en son genre, doué de si multiples talents », ce tournage se révéla une fois de plus une expérience physiquement éprouvante : « Chaque semaine, le plateau changeait de visage, on allait de surprise en surprise. »

Pour un film qui reposait autant sur les effets spéciaux, Leo tenait à préciser qu'il y avait eu très peu de tournage sur « fond vert » : « Si on devait faire une scène qui impliquait d'être incliné ou de flotter à l'envers dans les airs, on le faisait réellement. J'ai su très vite que Chris allait nous demander un grand investissement physique, on s'y est habitués. On était prêts à tout. Une équipe géniale s'occupait des cascades et préparait à l'avance toutes ces séquences d'action démentielles, si bien qu'on se sentait parfaitement à l'aise et en totale sécurité la plupart du temps. Jamais de "il s'en est fallu de peu". À la lecture du scénario, on se demandait comment on allait réaliser des combats en apesanteur ou disparaître dans une avalanche. Cela paraissait tellement irréaliste, et pourtant tout se passe dans l'illusion d'une facilité déconcertante. On glisse dans le puzzle d'*Inception*, on se déplace dans des voyages émotionnels, sur l'échiquier géant qu'est l'univers onirique. »

Pour Ellen Page, révélée par le film *Juno*, travailler avec DiCaprio fut « une expérience incroyable » : « Il est pour moi une source d'inspiration depuis l'enfance. Ses choix ont toujours été les bons. On a essayé, à un moment de sa carrière, de l'enfermer dans le personnage du jeune premier à gueule d'ange mais, en véritable artiste, il a continué d'avancer. C'est un vrai acteur, qui est là pour jouer, et non pour faire son numéro. Travailler avec quelqu'un comme lui, toujours gentil, généreux – et très drôle –, c'est une expérience géniale. »

Ellen Page avait une affiche de Leo dans son casier quand elle était à l'école ; elle évaluait donc bien le degré de notoriété qu'il avait atteint, mais avoua, dans une interview au *Sunday Telegraph*, avoir été choquée par l'ampleur du phénomène : « Leo est une put... de star de cinéma. C'était dingue d'être au Maroc, dans une région quasiment déserte, et de voir des gens crier : "Leo ! Leo !" Je devais avoir dix ou onze ans quand j'ai vu *Titanic*. Et oui, j'étais fan. J'ai adoré. »

Elle révéla également avoir eu avec DiCaprio « des conversations passionnantes sur l'écologie » lors du tournage d'*Inception*. L'engagement de l'acteur au Natural Resources Defense Council, parmi d'autres organismes de protection de l'environnement aux États-Unis, l'incita à devenir une « modeste militante » de l'énergie renouvelable, une fois de retour chez elle en Nouvelle-Écosse.

En juillet 2010 eut lieu la première d'*Inception* à Londres, où le film recueillit des critiques dithyrambiques. La dernière scène du film souleva de nombreuses conjectures. Le personnage de Leo était-il piégé dans son rêve, puisque la toupie continuait de tourner ? Nolan reconnut que l'ambiguïté était délibérée : « On m'a posé cette question bien plus souvent qu'aucune autre question sur n'importe quel autre de mes films, indiqua le réalisateur. Le plus drôle c'est que les gens s'attendent vraiment à ce que je leur réponde. Le véritable propos de la scène – et c'est ce que je dis aux gens – c'est que Cobb ne regarde pas la toupie, il regarde ses enfants. Il l'a laissée derrière lui. L'important c'est la dimension affective de son attitude. »

Certains critiques soulignèrent la prédilection de Leo pour des personnages abîmés par la vie ou pleins de défauts. Ce dernier défendit ses choix cinématographiques avec fougue, notamment les personnages d'*Inception* et de *Shutter Island,* lors d'une conférence de presse au Beverly Hilton : « Il n'y a rien de plus ennuyeux que d'aller sur un plateau et de prononcer une réplique en sachant que votre personnage pense exactement ce qu'il dit. Dans un scénario, c'est intéressant que le narrateur ne soit pas digne de confiance et c'est le cas pour ces deux films. Ces deux personnages ne sont fiables ni pour eux-mêmes, ni pour ceux qui les entourent. »

Inception atteignit des sommets de fréquentation dès le week-end de sa sortie en Amérique du Nord et rapporta la somme colossale de soixante-trois millions de dollars. C'était le deuxième plus gros score pour un film original de science-fiction après *Avatar* de James Cameron (2009), qui avait rapporté soixante-dix-sept millions de dollars lors du week-end de sa sortie, un an auparavant. Il conserva la première place pendant trois semaines.

Le talent d'acteur de Leo fut unanimement salué, mais les commentaires élogieux cédèrent bientôt la place dans la presse à une nouvelle affaire qui illustrait bien le revers de la notoriété. DiCaprio dut en effet se présenter devant les tribunaux pour obtenir une ordonnance restrictive à l'encontre d'une femme qui prétendait être son épouse et avoir porté son enfant, prénommé Jesus.

D'après un dossier déposé auprès de la Haute Cour de Los Angeles au mois d'août, Leonardo se disait effrayé par cette femme « en plein délire » et se sentait personnellement menacé. De nombreuses lettres manuscrites de la jeune femme, désignée sous le patronyme de

Livia Bistriceanu, étaient jointes au dossier, toutes adressées à Leo. « Est-ce que tu veux être avec moi pour de vrai et être le père de Jesus ? Je t'ai expliqué que je ne pouvais pas vivre avec quelqu'un virtuellement. Jesus a besoin d'un père présent, pas de cette façon », disait l'une des lettres que s'était procuré le site Web *people* TMZ.com.

La cour ordonna à Livia Bistriceanu de ne pas s'approcher à moins de cent mètres de DiCaprio. L'injonction fut accordée la même semaine que celle où une autre femme comparaissait à Los Angeles pour avoir frappé la star avec un verre à vin en 2005, ce qui avait occasionné à l'acteur des points de suture sur le visage et dans le cou. L'accusée, Aretha Wilson, âgée de quarante ans, fut extradée du Canada et condamnée à deux ans de prison.

Ces incidents mis à part, 2010 fut une année positive pour Leo. *Inception* continua de dépasser toutes les attentes et rapporta la somme totale de huit cent vingt-trois millions de dollars dans le monde entier. Le film s'installa à la vingt-neuvième place du palmarès des plus gros succès au box-office. Il figurait également sur la liste des meilleurs films de l'année et pouvait espérer de nombreuses récompenses. Il décrocha quatre Oscars pour ses performances techniques, mais dut s'incliner sur le plan artistique devant *The Social Network* et *Le Discours d'un roi.*

Bar Refaeli n'était pas aux côtés de Leo lors de ces cérémonies, ce qui ne manqua pas de relancer les rumeurs sur leur relation. Elle s'en expliqua : « Je suis là pour lui et j'assiste à tous les événements. C'est juste que je ne suis pas toujours main dans la main avec lui. Je n'en vois pas l'utilité. Je n'ai pas besoin de poser avec lui devant les objectifs. »

Désormais, le mannequin israélien était plus assuré et réfléchi dans ses déclarations. Elle déclara au magazine israélien *L'Isha* que, pendant leur rupture, qui avait duré six mois, elle s'était endurcie : « Je suis très heureuse des six mois écoulés. J'en avais besoin. J'ai mûri. Je ne savais pas à quoi ressemblait la solitude. Aujourd'hui, je sais qu'une relation ne marche que si l'on est capable d'être seul et qu'on ne redoute pas cette solitude. Aujourd'hui, je n'ai plus peur d'être seule. »

Dans une autre interview, elle avoua avec franchise qu'elle avait bien essayé de rencontrer d'autres hommes pendant le temps de leur séparation avec Leo, mais qu'elle n'avait pu en « supporter » aucun. « C'était amusant, révéla-t-elle. J'ai tenté de sortir avec celui-ci, puis j'ai essayé de fréquenter celui-là. J'ai rencontré des hommes charmants. Je leur disais : "C'est comme ça, je n'ai pas grand-chose à donner pour le moment."

« Mais en même temps je me sentais un peu mal parce que je me disais : "Quand est-ce que tout ça va se terminer ?" J'espère qu'un jour je serai à nouveau capable de m'ouvrir à quelqu'un. »

Une telle sagesse méritait sans aucun doute un geste de la part de celui dont elle avait partagé la vie durant cinq ans, même avec des interruptions. On rapporta que Leo était sur le point de la demander en mariage ; il aurait même demandé à Irmelin de l'aider à choisir une bague.

Contre toute attente, Leonardo s'engagea effectivement sur le long terme. Pas avec le top-modèle, mais avec une tortue âgée de dix ans… Tandis qu'il continuait de se demander s'il voulait passer le restant de ses jours avec la magnifique Bar, il acheta en effet un reptile pour lui tenir compagnie. En novembre 2010, il se rendit à la North American Reptile Breeders Conference and Trade Show[1] à Anaheim en Californie, et fit l'acquisition d'une tortue sulcata qui lui coûta, d'après TMZ, la modique somme de quatre cents dollars. C'était un engagement de taille de la part de l'acteur, puisque cette créature peut vivre jusqu'à quatre-vingts ans et peser plus de quatre-vingt-dix kilos.

Aux yeux du public, Leo avait enfin trouvé sa petite-amie, la « bonne ».

Il continuait par ailleurs à se montrer très généreux pour les causes qu'il défendait. En novembre, il se rendit en Russie pour participer à un sommet destiné à sauver les tigres. Il fit don d'un million de dollars et affronta, sur la route de Saint-Pétersbourg, des conditions de vol épouvantables. Un avion dut effectuer un atterrissage forcé après avoir perdu un réacteur ; le suivant procéda à un arrêt imprévu après avoir rencontré de forts vents contraires. Son dévouement à la cause incita le Premier ministre russe, Vladimir Poutine, à le qualifier de « *muzhik* », « vrai homme ».

Si l'engagement de l'acteur pour la cause des tigres avait intéressé les médias, ces derniers se préoccupaient bien davantage de la saga avec Bar. Quand Leo et Irmelin arrivèrent en Israël au mois de novembre pour rencontrer les parents de la jeune femme, Bar dut encore patienter car ce n'étaient que de simples vacances. Le mois suivant, on suggéra que Leo envisageait son éventuelle conversion au judaïsme afin de satisfaire les souhaits de son beau-père et d'ouvrir la voie au mariage, mais la demande se fit attendre…

Les tourtereaux passèrent le Jour de l'an dans une villa que Leo avait récemment acquise à Cabo, au Mexique,

1. Conférence qui réunit les éleveurs de reptiles d'Amérique du Nord.

et ils assistèrent à une fête en compagnie de nombreuses stars, parmi lesquelles Naomi Campbell et son compagnon, le milliardaire russe et magnat de l'immobilier Vladimir Doronin, Kid Rock, Nicky Hilton et son fiancé David Katzenberg, Paris Hilton et son petit ami Cy Waits, le célèbre galeriste Tony Shafrazi, Jessica Alba, Dori Cooperman ou encore Jennifer Worthington.

La goutte qui fit déborder le vase fut peut-être la fête donnée en l'honneur de la future maternité de Pénélope Cruz, qui attendait un bébé avec la star de *No Country for Old Men*, Javier Bardem. Ses amies avaient organisé une soirée pour la future maman dans une demeure d'Hollywood, et Leo décida d'y faire une apparition « pour lui faire une surprise ». Les femmes considèrent souvent que l'empressement d'un homme auprès de futurs parents est un bon moyen de savoir s'il envisage lui-même d'avoir des enfants un jour. Or à cette occasion, Leonardo se montra très peu intéressé et ne décrocha pas un mot.

La nouvelle éclata finalement en mai 2011 : DiCaprio et Refaeli avaient rompu. Cette fois encore, ils ne firent pas de déclaration officielle, mais la séparation semblait définitive. Comme Gisele avant elle, Bar avait dû se rendre compte qu'elle risquait fort de devenir vieille avant que Leo ne se décidât à la demander en mariage.

Le *New York Post* rapporta le témoignage d'un proche du couple : « Ils se sont quittés en bons termes, ils sont toujours amis et se parlent encore. Ils se sont éloignés l'un de l'autre et ont pris des chemins distincts, voilà tout. Aucun d'eux n'est encore prêt à se caser et ils ont tous deux des carrières bien remplies qui les ont entraînés dans des directions différentes. »

Leo avait exprimé son avis sur le caractère incertain du mariage, après avoir assisté au divorce de certains de ses amis, et celui-ci fit couler beaucoup d'encre : « Je ne sais pas si je vais me marier un jour. J'ai vu trop de mariages soi-disant heureux tomber à l'eau. J'ai été aussi bouleversé que les autres. Personne ne peut porter un jugement sur le mariage d'autrui. J'ignore tout de la vie privée des acteurs avec lesquels je travaille, je sais seulement si ce sont de bons acteurs ou de bons réalisateurs. »

Pour tout un tas de raisons, la situation était simple : l'un des hommes les plus désirés au monde était à nouveau un cœur à prendre… mais pas pour longtemps.

24

Lively, c'est la vie

Blake Lively l'ignorait alors, mais même si sa rencontre avec Baz Luhrmann ne lui permettait pas d'intégrer le casting de *Gatsby le Magnifique*, elle allait malgré tout changer sa vie. Elle venait en effet d'auditionner pour un autre rôle : celui de la petite amie de Leonardo DiCaprio. La star de *Gossip Girl* allait ainsi découvrir ce que cela faisait que d'être au cœur des potins dans la vraie vie !

C'est lors d'un dîner dans le restaurant de Manhattan *The Lion*, en novembre 2010, que la carrière de la talentueuse blonde prit un nouveau virage. L'actrice de vingt-quatre ans – Serena van der Woodsen dans la série télé pour adolescents – venait de rompre avec son partenaire de *Gossip Girl*, Penn Badgley, qui jouait le personnage de Dan Humphrey.

Le dîner qui les réunissait n'avait rien d'un rendez-vous romantique : six autres personnes les accompagnaient, dont le réalisateur Luhrmann, qui avait déjà choisi DiCaprio pour incarner Gatsby. Sa version 3D du classique de Francis Scott Fitzgerald, cette satire sociale de l'élite américaine durant les Années folles, était très attendue.

« L'équipe de Luhrmann au complet était là », déclara une source au *US Weekly*. Lively était en course pour le rôle de l'héroïne tragique Daisy Buchanan, en concurrence notamment avec Scarlett Johansson et Keira Knightley. Mais le rôle revint finalement à l'actrice britannique Carey Mulligan, ce qui tendait à indiquer que Luhrmann avait peut-être été sensible à l'interprétation de la délicate Mia Farrow, qui jouait aux côtés de Robert Redford dans la version de Jack Clayton (1974).

Blake Lively avait donc échoué. À peine deux mois plus tard, Leo lui témoigna sa sympathie à l'occasion d'une fête organisée pour le quarantième anniversaire de l'acteur Jeremy Renner – au générique de *Démineurs*. Ils passèrent un long moment à flirter sur le balcon, profitant de l'absence de Bar Refaeli, qui était supposée travailler. Rien ne vint confirmer le début d'une idylle entre les deux acteurs lors de cette soirée. Mais leurs amis ne se montrèrent guère surpris quand Blake et Leo apparurent ensemble au Festival de Cannes au mois de mai suivant, une semaine à peine après la rupture annoncée avec le top-modèle israélien.

Il était étonnant de voir avec quelle décontraction Leonardo s'affichait en public aux côtés de sa nouvelle compagne. On les aperçut un vendredi soir près de l'hôtel du cap Eden Roc puis, lors d'une croisière en toute intimité, sur le luxueux yacht de Steven Spielberg au large de la Côte d'Azur.

Leo, d'ordinaire plutôt discret au début d'une relation, surprit bon nombre de ses amis par son attitude. Une source confia au *Sun* : « Leo et Blake s'entendent à merveille. Ils n'en sont qu'au stade du flirt mais Leo a l'air beaucoup plus mordu qu'elle. Un soir où il avait pas mal bu, il l'a demandée en mariage mais elle a tourné la chose à la plaisanterie en lui disant que c'était la pire demande qu'on lui ait jamais faite. Juste avant de partir en croisière, Leo a même avoué à un proche qu'il était amoureux. »

Après le Festival de Cannes, le couple se rendit à Portofino, sur la côte italienne, la destination romantique la plus prisée de la jet-set, avant de goûter aux plaisirs de Monte-Carlo.

Tandis que le couple apprenait à faire connaissance dans quelques-uns des endroits les plus recherchés d'Europe, Blake Lively, comme plusieurs autres avant elle, découvrit les effets inhérents à son nouveau statut de petite amie de DiCaprio.

Des photos d'elle entièrement nue apparurent dans les médias. Cinq clichés montraient une blonde, à la poitrine opulente, qui se photographiait elle-même avec un iPhone devant le miroir d'une salle de bains. La série s'étala à la une de tous les sites Web consacrés aux *people*, ce qui poussa Perez Hilton, le blogueur des célébrités, à déclarer : « Blake Lively ne va pas aimer ça. »

Sur quatre des cinq photographies, le visage de la femme était en partie dissimulé par son téléphone. Sur la cinquième, il était trop flou pour qu'on puisse en déduire avec certitude qu'il s'agissait bien de Blake Lively. L'iPhone ancienne génération et le nez à la forme un peu différente suggéraient que les clichés remontaient à quelques années, et semaient le doute sur l'identité de la jeune femme. Une porte-parole de l'actrice intervint rapidement pour contester la présence de sa cliente sur ce reportage. Elle dénonça des images « cent pour cent truquées » et affirma que « Blake ne s'était jamais photographiée nue ».

Blake Lively, bien que perturbée par ce battage médiatique, rejoignit Leo à une fête pour le Grand Prix de

Monaco. Comme le raconta un témoin à *US Weekly* : « Leo avait l'air très amoureux. Quant à elle, son visage s'illuminait chaque fois que Leo parlait. Il a présenté Blake comme sa petite amie. Aucun doute, ils sont fous l'un de l'autre ! » Et les preuves semblaient en effet abonder dans ce sens.

Le périple des deux tourtereaux se poursuivit à Venise, où ils firent un tour sur les célèbres canaux dans un bateau-taxi. DiCaprio offrit également à l'actrice une virée en hélicoptère jusqu'à Saint-Paul-de-Vence pour séjourner dans une suite à cinq mille dollars la nuit. Il lui proposa ensuite une sortie en mer à bord d'un yacht de cinquante-deux millions de dollars. Cette générosité et cette débauche de luxe laissèrent ses amis pantois. « Je ne l'ai jamais vu comme ça avec une fille, avoua l'un d'eux. Il y a vraiment pire que d'être courtisé par lui ! » En juin 2011, DiCaprio rejoignit sa belle pour les MTV Movie Awards, avant une virée nocturne féérique à Disneyland.

Pour Blake qui, comme Leo, avait grandi à Los Angeles entourée de professionnels du spectacle, leur histoire était un rêve devenu réalité. Elle était amoureuse de son nouveau compagnon depuis *Titanic*. Depuis son plus jeune âge, elle contemplait les posters de son idole sur le mur de sa chambre et avait déclaré dans une interview qui remontait à 2008 : « À neuf ans, j'ai eu le pressentiment que je me marierais avec Leonardo DiCaprio.

De leurs côtés, les tabloïds et les sites *people* épluchaient les anciennes interviews de Blake à la recherche de signes attestant que Leo était sans conteste « le bon ». « J'aime qu'on me fasse rire. J'apprécie l'humour chez quelqu'un », pouvait-on lire sur le site female.first.co.uk avec un commentaire indiquant que DiCaprio et elle allaient parfaitement bien ensemble. « Je suis très casanière. J'adore l'art, la peinture, la décoration d'intérieur, la cuisine », apprirent les lecteurs. « Il y a tellement de choses que je veux faire dans ma vie. J'aimerais ouvrir des restaurants et avoir une activité de décoratrice d'intérieur. »

Blake devait parallèlement assurer la promotion de son propre film, le *blockbuster Green Lantern* (2011), adapté d'un *comics*. Sur le plateau du show « Today », diffusé sur NBC, elle confia avoir été préparée à une telle médiatisation : « On sait en entrant dans ce métier ce qu'il implique, expliqua-t-elle. On le fait pour l'art, pour ce merveilleux travail. Pour le reste, on garde la tête baissée et on prend sur soi. »

Dans une autre interview, elle ajouta : « Je ne fais pas de commentaires sur ma vie privée. Je tiens beaucoup à mon anonymat. Vouloir être actrice et vouloir être célèbre sont deux choses différentes. »

Cette notoriété avait certains avantages pour Blake. Quelques semaines après le début de son idylle avec DiCaprio, elle fut élue ambassadrice pour la marque de la styliste britannique Stella McCartney. Cette dernière avait vu en Blake Lively une amoureuse de la nature, un excellent faire-valoir de sa société aux États-Unis : « Comme Leonardo, Blake est une amie des bêtes et elle croit en une mode qui n'exerce aucune cruauté envers les animaux, alors, quand elle a rencontré Stella au Met Ball le mois dernier, elle a découvert qu'elles partageaient de nombreux idéaux », rapporta une source au *Daily Mail*.

Aucun nuage ne semblait vouloir assombrir la passion entre les deux acteurs, et ce, en dépit des mauvaises langues qui affirmaient que l'actrice avait fait mauvaise impression à la mère de Leo. La jeune femme avait élu domicile dans la maison de Leo à Malibu. Quand elle avait dû retourner à New York (où elle passait neuf mois de l'année pour tourner *Gossip Girl*), Leo l'avait accompagnée. Là-bas, il la retrouvait chaque soir pour dîner après ses journées de tournage.

L'intérêt pour le couple ne cessait de croître. Une rumeur saugrenue prétendit que si Blake avait réussi à prendre Leonardo dans ses filets, c'était grâce aux conseils prodigués dans un guide, *Les Règles : secrets pour capturer l'homme idéal*, écrit par les coachs Ellen Fein et Sherrie Schneider. D'après le magazine *Now*, Lively avait suivi ces règles à la lettre : elle avait attisé sa passion en ne l'appelant pas, l'avait rendu jaloux et avait feint d'être déjà « prise ». « Blake savait que Leo pouvait avoir n'importe quelle fille et elle s'est dit qu'il lui fallait absolument sortir du lot », rapporta un proche. « Blake lui imposa de rompre avec Bar avant qu'elle n'accepte un seul rendez-vous avec lui, donc il l'a fait. Elle l'a fait marcher et il est tombé fou amoureux. »

Leonardo avait-il donc enfin trouvé *la* fille ? Seul le temps le dirait. En tout cas, Leo était beaucoup plus épanoui que ces dernières années. Mais il se préparait à affronter la critique à propos d'un nouveau rôle au cinéma, qui suscitait déjà la polémique avant que quiconque n'ait vu le film…

25

L'homme le plus puissant d'Amérique

Une relation fusionnelle avec sa mère, l'envie chevillée au corps d'échapper à ses origines modestes, le pouvoir de décider dès son plus jeune âge et un désir ardent de protéger son intimité, autant de thèmes à explorer pour quiconque aurait projeté de faire un film sur la vie de Leonardo DiCaprio.

Pourtant, ce n'est pas à des fins autobiographiques que Leo se pencha sur ces questions mais bien pour interpréter un nouveau rôle, celui d'un homme à l'image publique plus ambiguë encore que la sienne.

Après *Inception*, l'acteur avait attendu un an et demi avant qu'un projet intéressant ne se présentât. Bien qu'il se soit vu proposer quantité de scénarios, aucune intrigue ni aucun réalisateur n'avait retenu son attention. C'est alors que Rick Yorn, son agent, lui soumit un scénario qui portait sur le premier directeur du FBI : J. Edgar Hoover. Clint Eastwood désirait en effet réaliser un *biopic*, potentiellement sujet à controverse, sur l'homme dont le pouvoir avait surpassé celui des huit présidents des États-Unis sous lesquels il avait servi.

J. Edgar Hoover avait pris ses fonctions en 1924 et resta en poste jusqu'à sa mort, en 1972. S'il avait initié une véritable révolution dans la lutte contre le crime, grâce à la médecine légale et à la centralisation des bases de données d'empreintes digitales, il fut également accusé d'abus de pouvoir. On lui reprochait d'avoir utilisé le FBI à des fins personnelles, pour harceler ses opposants.

Après sa mort, nombreuses furent les spéculations sur sa vie privée. On ne cessa de gloser sur des mœurs douteuses, en rupture avec son éducation traditionnelle, et sur la profonde influence d'une mère castratrice. Même si Leonardo pouvait se reconnaître de légères ressemblances avec Hoover, il souligna des différences notables : « La différence fondamentale, c'est que la mère de Hoover lui disait quoi faire, et que ma mère m'a écouté. Ma mère m'a offert un incroyable soutien. » En outre, Hoover devait sa perte à sa soif de pouvoir et à sa quête perpétuelle de réussite. Leo, à l'inverse, avait compris que le succès est éphémère : « Moi, je ne me soucie pas de tout ça outre mesure. Je suis conscient du fait que toute carrière est brève. »

Leo avait été immédiatement séduit par le scénario du film : « Il n'y a pas beaucoup de scénarios géniaux par les temps qui courent, confia-t-il, justifiant ainsi une interruption presque aussi longue que celle qui avait suivi *Titanic*. Après *Inception*, j'ai attendu un an et demi avant de trouver ce film et j'ai bondi dessus. »

Le mérite de ce scénario – qui avait tellement emballé DiCaprio – revenait à Dustin Lance Black, déjà récompensé de l'Oscar pour son film sur Harvey Milk, le militant gay. C'est en 2008 qu'il eut l'idée pour la première fois d'écrire un *biopic* sans complaisance sur la vie du patron du FBI. Il s'était plongé dans les recherches et avait rencontré beaucoup de témoins de l'époque. Il fut surpris de découvrir combien Hoover divisait l'opinion. « On a beaucoup écrit sur lui quand il était de bon ton de calomnier J. Edgar. Et les livres se sont bien souvent contredits. Certains ont avancé qu'il portait des robes lors de soirées ; d'autres ont affirmé que c'était impossible et qu'il se consacrait tellement à son travail qu'il était en quelque sorte marié au FBI. »

Au cours du XXe siècle, beaucoup avaient spéculé sur les préférences sexuelles de Hoover et s'étaient demandé s'il se travestissait ou pas. Au terme de ses recherches, Black en conclut que le directeur du FBI était un homosexuel refoulé : « En lisant les notes dans le journal de sa mère, il ressortait très clairement qu'un gamin homo n'aurait pu être accepté dans cette maisonnée. »

Même si Clint Eastwood – qui avait déjà décroché deux Oscars en tant que réalisateur pour *Impitoyable* (1992) et *Million Dollar Baby* (2004) – avait une idée bien arrêtée du film – intitulé *Hoover* au départ –, DiCaprio fut associé tout au long du processus d'élaboration. Lorsque Eastwood fut tout à fait satisfait du scénario, Leo se lança immédiatement dans des recherches. Il se rendit à Washington pour voir où Hoover avait vécu et travaillé : « Je suis allé visiter les endroits marquants de sa vie : la maison de son enfance, sa chambre, son lieu de travail. Je me suis imprégné de sa routine quotidienne, j'ai vu son bureau, j'ai rencontré l'historien du FBI. Leur estime pour cet homme est incroyable et c'est légitime. Il a fait beaucoup de choses merveilleuses pour notre pays ; et d'autres assez abominables aussi. »

« Depuis toujours, c'était quelqu'un que j'avais du mal à cerner », précisa-t-il avant d'ajouter : « Un des êtres les plus ambitieux dont j'aie jamais entendu parler. Plus je faisais de recherches sur lui, plus il m'intriguait. »

« Il est incroyablement curieux », déclara le scénariste Black à propos de l'acteur. Il avait une équipe chargée de rechercher des vidéos de Hoover et elle a trouvé des séquences que je n'avais jamais vues. Il me prenait à part et me disait : "Écoute ce discours ! Est-ce qu'on ne peut pas l'intégrer ?" » Ainsi, Leo avait découvert que Hoover adorait employer des métaphores animales dans ses déclarations. Lors d'un discours sur des criminels, à une commission du Congrès, Leonardo fit prononcer à son personnage les mots suivants : « Nous ne devons jamais oublier que leurs tortillements, leurs contorsions et leur reptation ne sont rien moins que des attaques contre tous les honnêtes citoyens. » Et Black de confirmer : « Après les recherches de Leo, nous avons inséré beaucoup de rampant, de visqueux, de termes évoquant les serpents dans ses discours. »

Même avec des stars comme Eastwood et DiCaprio, financer un tel film n'était pas chose aisée. Warner Bros était prête à tenter l'aventure, sous réserve de ne pas dépasser les trente-cinq millions de dollars. Pour permettre au film de voir le jour, Leonardo accepta de revoir son salaire à la baisse : il troqua ses vingt millions de dollars habituels contre seulement deux millions.

Ce sacrifice lui valut le plus grand respect de Clint Eastwood : « Il aurait pu gagner beaucoup d'argent en ne tournant que des films à grand spectacle avec toutes sortes d'effets spéciaux », fit-il remarquer. « Mais il veut faire évoluer sa carrière, comme j'ai toujours cherché à le faire avec la mienne en tant que réalisateur. »

Le tournage, qui dura trente-neuf jours, débuta le 7 février 2011 dans le centre-ville de Los Angeles. Entre-temps, Judi Dench (la mère dominatrice de Hoover) et Naomi Watts (la secrétaire Helen Gandy) avaient été engagées aux côtés de la star de *Social Network*, Arnie Hammer, qui interprétait le fidèle protégé et partenaire amoureux supposé de Hoover, Clyde Tolson.

Un calendrier serré, une petite équipe et un budget limité rendaient l'entreprise encore plus difficile. Par exemple, quand une maison explosait dans une scène, le plateau entier devait être transformé en ruines en une heure à peine, le temps de la pause-déjeuner.

Pour reconstituer le décor du département de la Justice où Hoover avait son bureau, un plateau fut construit dans les studios de la Warner. Il fallait tout anticiper avec précision car la marge d'erreur était étroite. « Avec Clint, expliqua Leo, on prépare, on prépare, on fait une quantité incroyable de recherches. C'est comme si on se tenait prêt à entrer en scène au théâtre, parce qu'on avance à un rythme effréné et que ça nous oblige à ne jamais relâcher l'effort. Alors on ressent une montée d'adrénaline instantanée. »

Le rôle exigeait que DiCaprio vieillisse à l'écran, passant de vingt-quatre à soixante-dix-sept ans. Pour incarner Hoover à la fin de sa vie, les séances de maquillage pouvaient durer jusqu'à sept heures par jour. Il confia : « La transformation physique avec le maquillage devient très vite oppressante. Je voulais l'enlever dès que possible. »

Fangs FX, la société chargée de fabriquer les dents pour les films d'Harry Potter, réalisa des implants pour ses mâchoires du haut et du bas, en utilisant des pièces en céramique pour donner du volume à sa bouche. Il s'agissait de restituer la célèbre mâchoire de bouledogue de Hoover. DiCaprio demanda à porter les implants de la mâchoire inférieure même quand il jouait Hoover jeune homme, parce qu'ils l'aidaient à imiter sa voix.

La maquilleuse Sian Grigg, qui avait suivi Leo depuis son rôle principal dans *Titanic*, affirma que le personnage de J. Edgar était la transformation la plus difficile pour l'acteur à ce jour. Elle révéla à l'*Hollywood Reporter* les coulisses du grimage : pour reproduire la chute des cheveux de Hoover, DiCaprio avait porté un moule en silicone, simulant la calvitie et parsemé de touffes de cheveux. Un postiche avait ensuite été collé au sommet de la coiffe.

DiCaprio portait également deux paires de verres de contact colorés superposées. La première était de couleur marron, l'autre de couleur jaune, pour vieillir le blanc des yeux. Le nez de Hoover présentait une protubérance, due à l'infection d'un furoncle dans sa jeunesse. Sian Grigg inséra donc une prothèse circulaire dans l'une des narines de DiCaprio pour décentrer un peu son nez.

Le visage de l'acteur fut entièrement recouvert d'un appareillage prosthétique ultra-souple. Il était si mou qu'il était difficile à appliquer : « Ça ressemble à des morceaux de gélatine, expliqua la maquilleuse, mais ils permettent au visage de bouger comme avec une vraie peau. »

Pour paraître plus en chair, Leo, à la silhouette mince, dut recouvrir son corps de latex moulé. Au fur et à mesure que son personnage prenait de l'âge, son épaisseur de « graisse » s'élargissait elle aussi. Malgré son surpoids, Hoover était très au fait de la mode et, tout au long du tournage, DiCaprio revêtit environ quatre-vingts costumes, dont plusieurs furent confectionnés à partir de tissus *vintage* par souci d'authenticité.

Cette transformation était un véritable défi car DiCaprio ne ressemblait en rien à Hoover. Au-delà de son travail ingénieux, la maquilleuse salua l'interprétation de Leo qui donnait vie au maquillage : « Les couches de prothèse donnent la sensation de jouer avec un sac en papier sur le visage et Leo a dû apprendre à exagérer ses expressions afin qu'elles transparaissent à travers les masques. J'ai vraiment cru qu'il était vieux, et ça lui collait au visage. »

Leo aurait pourtant pu s'épargner des heures dans le fauteuil du maquilleur car le producteur Robert Lorenz lui avait proposé de recourir aux effets spéciaux pour le processus de vieillissement : « Nous avons discuté de l'idée d'employer des effets visuels pour faciliter la tâche des acteurs, indiqua Lorenz. Mais Leo a insisté : il voulait être certain que ça rendrait bien. »

Il était même prêt à prendre du poids pour le rôle mais le temps lui avait manqué. Pour éviter que l'acteur n'étouffe sous ses prothèses, le plateau était refroidi comme une arène de hockey sur glace. Son partenaire Miles Fisher (qui incarnait l'agent Garrison dans le film) confirma : « Leo portait un tel maquillage. Je crois qu'il passait six heures là-bas à chaque fois si bien que le plateau devait rester vraiment froid. »

Le rôle impliquait aussi que Leonardo livre des monologues interminables, en adoptant le débit à couper le souffle de Hoover. Enfin, l'acteur devait embrasser un autre homme et… porter une robe.

Avant le tournage des scènes cruciales entre Hoover et Tolson, Armie Hammer évoqua son état d'esprit : « Ce n'est pas une scène de baiser, mais des tas de scènes de baiser. En fait, je l'ai rencontré pour la première fois aux DGA Awards[1]. C'est un acteur de talent. Je ne suis pas nerveux ni embarassé. Le scénario est génial. Ces scènes existent pour de bonnes raisons. »

Ceux qui découvraient Leo à l'œuvre pour la première fois – lui, la star légendaire de *Titanic, Aviator* et *Blood Diamond* – furent admiratifs. Eric Matheny (qui jouait Doc Ferguson) s'étonna de la générosité qu'il témoignait aux artistes moins connus : « C'est un acteur génial, c'est un fait, déclara Matheny. Nous le savons tous grâce à ses films. On a quelques amis en commun. Je ne le connaissais pas avant le début du tournage, mais j'avais entendu dire que c'était un type extra et, bon sang, c'est vrai. »

« J'aime travailler d'une certaine façon, poursuivit-il. Quand la scène commence, je deviens quelqu'un d'autre. Je suis dans un temps différent et je vais vivre, voir ce qui se passe et gérer les moments qui se présentent à moi. Quand tu travailles avec Leonardo DiCaprio, il te propose des moments magnifiques : des regards, des gestes et une intensité qui te donnent matière à rebondir dans le jeu. C'est un acteur très généreux dans ce sens.

1. Les Directors Guild of America Awards sont des récompenses remises chaque année par le Syndicat des réalisateurs américains.

« Pour une des scènes, Clint, Leo et moi, nous échangions avec Dustin Lance Black. Et Leo a a suggéré : "Oh, il y a une réplique ici, peut-être que Doc Ferguson devrait me dire quelque chose." Clint a répondu : "Et qu'est-ce qu'il dirait précisément ?"

Ensuite, on a commencé à discuter et j'ai improvisé deux ou trois répliques. Clint en a imaginé deux ou trois. Puis on a trouvé la bonne, Clint était satisfait et il a fait : "Ok, allons-y." C'était une vraie collaboration. »

Le temps de déplacer le tournage de Washington à la Virginie, les scènes sujettes à polémique étaient dans la boîte. Hammer rapporta qu'échanger un baiser avec quelqu'un du même sexe « n'était finalement pas si bizarre ».

Un peu à la manière de DiCaprio quand il avait embrassé Thewlis dans *Rimbaud Verlaine*, Hammer confia à *ET Canada* : « C'est comme quand vous entrez sur un plateau et qu'on vous tend une mitrailleuse en vous disant : "Tire avec ça comme si tu savais ce que tu faisais." Tu ne peux pas attraper le truc et faire : "Euuuuh." Tu dois te dire : "O. K., je sais ce que je fais" et y aller. Ça n'était pas bizarre (même si je n'avais jamais embrassé de mec). Je ne le ferais pas dans ma vie privée, mais à la fin je me suis dit : "Ben merde, quel battage médiatique pour un truc si insignifiant." »

Le tournage se termina le 30 mars, et Clint Eastwood entreprit ensuite le montage. Ce fut particulièrement long car il devait ramener la première mouture de trois heures à deux heures quinze. Il ne tenta pas de minimiser les facettes les plus controversées de Hoover – au grand soulagement de son scénariste. « Je m'étais demandé comment Clint traiterait [l'homosexualité], expliqua Black. Mais quand j'ai vu la sensibilité avec laquelle il appréhendait certaines de ces scènes, j'ai senti que j'étais en de bonnes mains. »

Les scènes de travestissement se révéleraient les plus controversées. Les adeptes de Hoover jugeaient les rumeurs calomnieuses. Clint Eastwood, quant à lui, déclara dans la presse : « Tout au long de son parcours, des gens l'ont accusé de se travestir, mais personne ne sait vraiment jusqu'où c'était vrai. On ignorait à quel point la femme qui avait proféré de telles accusations voulait se venger, car son mari avait été envoyé en tôle par Hoover. »

Ces accusations avaient vu le jour pour la première fois dans une biographie rédigée par Anthony Summers en 1993, *Le Plus Grand Salaud d'Amérique : J. E. Hoover, patron du FBI.* Puis le président américain Bill Clinton s'était permis une petite plaisanterie au moment de choisir un nouveau directeur du FBI. Il avait alors déclaré qu'il serait « difficile de chausser les talons de J. Edgar Hoover ». Clint Eastwood lui-même estimait que toutes ces allégations renfermaient « une part de vérité », mais il voulait conserver une certaine ambiguïté. Même si DiCaprio et Hammer n'échangeaient qu'un seul baiser passionné au cours du film, la relation avec Tolson constituait un thème central de l'histoire. Dans la réalité, on savait juste que le couple dînait ensemble chaque soir, qu'il partait en vacances ensemble, qu'il partageait tout, sauf le même toit, mais les rumeurs allaient bon train. Dans le film, cependant, Hoover était filmé en train de revêtir une robe de sa mère après sa mort.

Clint Eastwood s'efforça d'attirer l'attention sur le parcours atypique de Hoover. Selon lui, le propos du film visait d'abord à montrer comment un tout jeune homme (Hoover avait à peine vingt-neuf ans quand il avait été nommé directeur du FBI en 1924) était devenu « le type le plus puissant du pays à une époque où l'Amérique était de loin la première puissance mondiale ».

Leo partageait cette vision des choses : « Je pense que c'est l'essence même de l'histoire : le pouvoir absolu corrompt tout. Voilà un homme qui a créé la force de police et le système d'investigation les plus avancés au monde. Mais, au fur et à mesure, son obsession du communisme a pris le dessus. Nul autre que lui n'a occupé une telle position pendant aussi longtemps : il a fait chanter des présidents, mis sur écoute des leaders politiques, a été capable de manipuler le monde. C'est terrifiant. »

Alors que le film était en cours de montage, des rumeurs annonçaient déjà à Hollywood un possible Oscar pour Leonardo DiCaprio. Certains médias étaient cette fois convaincus que l'interprétation de Leo, déjà nominé trois fois auparavant, remporterait l'adhésion de l'Académie en 2012.

Après un calme relatif dans sa carrière, Leonardo semblait à nouveau pris dans un tourbillon professionnel. Sa future collaboration avec Scorsese était pratiquement un fait établi, même si la nature exacte de leur association restait floue : on évoquait tantôt *The Wolf of Wall Street,* un film sur la vie de Jordan Belfort, un ancien trader emprisonné dans les années 1990 pour avoir escroqué des investisseurs, tantôt un *biopic* sur la vie de Frank Sinatra.

Le nom de Leonardo fut aussi associé à un remake d'*Une étoile est née* – le film avec Judy Garland en

1954 – également réalisé par Clint Eastwood, avec Beyoncé dans le rôle principal. On confirma aussi que DiCaprio incarnerait Calvin Candie, le méchant, dans le western controversé de Quentin Tarentino sur le commerce des esclaves, intitulé *Djando Unchained.* Quant à la société de production de l'acteur, Appian Way, elle annonça vouloir porter à l'écran le roman le plus vendu de Don Winslow, *Satori.* À en croire les rumeurs hollywoodiennes, DiCaprio envisageait également d'interpréter le rôle de Nicholai Hel, dans le projet de la Warner Bros qui contait le récit d'un Occidental entraîné aux techniques d'assassinat japonaises durant l'après-guerre.

Il semblait enfin que Leo soit intéressé par le rôle d'Alan Turing, ce mathématicien britannique qui avait décodé les messages cryptés par l'armée allemande grâce à la machine Enigma, dans un *biopic* intitulé *The Imitation Game.* Turing avait été poursuivi en justice par les autorités britanniques après la guerre pour avoir entretenu une relation sexuelle avec un autre homme. Il avait été condamné à la « castration chimique » en raison de sa sexualité. Ce génie de la science informatique s'était alors suicidé en avalant une pomme plongée dans du cyanure. C'est cette tragédie qui avait incité Steve Jobs à baptiser sa société Apple pour lui rendre hommage.

Au regard de cette ascension fulgurante, rien d'étonnant à ce que Leo ait été confirmé comme la star d'Hollywood la mieux payée en 2011, avec des gains étourdissants de soixante-quinze millions de dollars. C'était d'autant plus remarquable qu'il n'avait sorti que deux films dans l'année : *Inception* et *Shutter Island,* mais tous deux avaient connu un succès phénoménal.

Leonardo détrônait ainsi Johnny Depp, jusqu'alors au sommet du classement, et les deux idoles semblaient appelés à se retrouver dans la course aux honneurs. À de nombreux égards, DiCaprio était à présent l'acteur le plus puissant d'Hollywood.

On annonça que le film sur Hoover – désormais intitulé *J. Edgar* pour éviter toute confusion avec l'ancien président ou la marque d'aspirateur – ferait sa première au Festival annuel de l'American Film Institute à Los Angeles le 3 novembre 2011. Leo apparaissait alors comme un candidat sérieux pour une nomination aux Oscars. Étaient également en lice Johnny Depp pour *Rhum Express*, Brad Pitt pour *Le Stratège*, l'histoire d'un outsider du base-ball, Ryan Gosling, soit pour son rôle dans *Drive,* soit pour celui dans le film réalisé par George Clooney *Les Marches du pouvoir,* et enfin Gary Oldman dans la dernière adaptation de *La Taupe*.

À peine le film *J. Edgar* fut-il sorti que la polémique éclata. Quelques semaines après la première, le FBI monta au créneau pour dénoncer la vision que donnait le film de la sexualité de Hoover.

Mike Kortan, l'assistant actuel du directeur du FBI, déclara avoir rencontré Clint Eastwood et DiCaprio, et les avoir assurés qu'il n'existait « aucune preuve dans les archives historiques » attestant que Hoover était gay. Le Bureau se défendit d'avoir voulu ainsi influencer le ton du film, mais expliqua qu'il avait fourni cette information par pur souci de véracité des faits.

En fait, d'anciens agents menèrent une campagne énergique pour dénoncer le portrait de Hoover dressé par le film : « Il n'existe aucun fondement dans les faits à un tel portrait de M. Hoover », écrivit William Branon, président de la J. Edgar Hoover Foundation, à Eastwood. « Ce serait une grave injustice et une monumentale erreur que d'avancer de telles suppositions, fondées sur des assertions fallacieuses. »

La Société des anciens agents spéciaux du FBI envoya même un courrier annonçant qu'elle allait reconsidérer son approbation tacite du film.

Après la première, Leo revint sur la liaison supposée entre Hoover et Tolson : « Si vous parlez au FBI, ils vous diront : "Absolument faux. Ces hommes étaient au service de leur pays", raconta-t-il à *The LA Times*, et si vous parlez à un autre groupe de personnes, elles vous diront : "Bien sûr, sans aucun doute. Ces hommes partaient en vacances ensemble, ils vivaient ensemble. Hoover légua à M. Tolson tout ce qu'il possédait quand il décéda." Il paraît clair en tout cas que ces hommes ont partagé presque chaque minute de leur vie pendant des décennies. »

Les critiques étaient partagés : certains considéraient le film comme un exploit, d'autres soulignaient le manque de cohérence et de fil conducteur. Tous s'accordaient en revanche sur la performance de DiCaprio. « Un merveilleux rugissant dans la peau de J. Edgar Hoover », voilà comment *Rolling Stone* qualifiait l'interprétation de Leonardo, tandis que son fidèle soutien, Roger Ebert du *LA Times,* louait une « interprétation magistrale, subtile et convaincante qui laissait entendre davantage que tout ce que Hoover avait jamais révélé, y compris à lui-même ». Pour *OK ! Magazine*, DiCaprio démontrait, une fois encore, ses talents d'acteur, « véritable caméléon, capable d'endosser tous les personnages qu'il croisait sur sa route ».

Quant au *Hollywood Reporter,* il salua une « interprétation énergique, qui portait le film ».

Cette performance, unanimement saluée, allait-elle enfin permettre à Leo de remporter l'Oscar qu'il espérait depuis dix-neuf ans ?

26

Le chasseur de mannequins

Tandis que *J. Edgar* créait la polémique aux États-Unis, de l'autre côté de la planète, Leonardo et Blake Lively s'apprêtaient à mettre leur histoire d'amour à l'épreuve.

En août 2011, Leo s'envola pour l'Australie afin d'entamer le tournage de *Gatsby le Magnifique*. Luhrmann, le réalisateur, avait choisi de filmer l'épopée à cent cinquante millions de dollars dans son pays natal plutôt qu'aux États-Unis. Le gouvernement australien lui avait promis une baisse d'impôt de l'ordre de 40 %, s'il délocalisait son tournage là-bas, et lui avait offert un meilleur financement pour son film. En échange, on estima que le film rapporterait environ cent vingt millions de dollars à l'économie de la Nouvelle-Galles du Sud.

Gatsby le Magnifique constitue encore aujourd'hui l'un des plus grands classiques américains, et beaucoup estimaient alors qu'il était difficile de concurrencer l'adaptation de 1974 avec Robert Redford et Mia Farrow. Mais Luhrmann – dont le *Roméo + Juliette* avait défié tous les pronostics – pensait que la conjoncture économique rendait le moment propice pour adapter cette histoire. En effet, l'œuvre apparaissait comme une critique de la bourgeoisie, de son opulence et de sa superficialité. DiCaprio, qui avait été immédiatement choisi pour incarner l'énigmatique Jay Gatsby, partageait ce point de vue : « J'ai pensé que c'était pertinent. Gatsby est un idéaliste qui essaie d'incarner le rêve américain et qui s'enrichit très vite, tout cela par amour pour Daisy, bien sûr. C'est très intéressant de voir ce qui se passe à présent. Nous avons vécu les Années folles et tout commence à s'effondrer. »

Le film offrait à Leonardo une nouvelle opportunité de travailler avec Luhrmann depuis leur interprétation radicale de la tragique histoire d'amour shakespearienne. Ils avaient envisagé un temps de tourner une épopée sur Alexandre le Grand, mais le projet était tombé à l'eau quand un film concurrent, réalisé par Oliver Stone (avec Colin Farrell), avait pris les devants.

Toujours novateur, Luhrmann, souhaitait réaliser son long-métrage en 3D, un concept traditionnellement réservé aux *blockbusters* de science-fiction et aux films d'animation. Leonardo approuva ce choix : « *Gatsby le Magnifique* est un roman voyeuriste où l'on a l'impression d'être une petite souris, témoin de moments d'une intimité rare. Tous ces gens dans la même pièce… Baz vient du théâtre, il sait comment accroître l'intensité dramatique en valorisant tantôt ce qui est en avant de la scène, tantôt ce qui est en arrière-plan. Il est capable de mettre simultanément trois personnages en valeur. C'est comme regarder une pièce de théâtre. »

Le film permit également à Leo de travailler avec son ami le plus proche, Tobey Maguire, qui incarnait Nick Carraway, le narrateur. La superstar indienne Amitabh

Bachchan, Isla Fisher, Jason Clarke et Elizabeth Debicki vinrent compléter le casting.

L'actrice britannique Carey Mulligan, qui en surprit plus d'un dans le métier en obtenant le rôle de Daisy, remercia chaleureusement Leo de l'avoir aidée à décrocher ce rôle : « Leonardo fait partie des acteurs les plus incroyables de la planète », déclara-t-elle. Je suis sortie indemne de mon audition grâce à sa présence et je n'arrivais pas à croire que j'avais joué avec lui.

« Lors de l'audition, nous avons fait quinze prises d'une seule scène. Gatsby n'avait pas beaucoup de répliques, et la caméra ne s'attardait jamais sur lui, mais, pour les besoins de l'exercice, Leo jouait trois autres personnages. Il disait une ligne en tant que Gatsby, avant d'enchaîner sur les propos de Tom Buchanan.

« Lors de cette scène, la caméra se trouvait au-dessus de mon épaule. Leo m'allumait une cigarette et me regardait. Tout reposait sur moi, il n'avait pas de texte à dire et improvisait juste pour m'aider. Je me disais : "DiCaprio n'a pas besoin de m'aider pour cette audition." Il auditionnait des filles à longueur de journée. J'étais épatée par sa générosité, mais surtout par le fait de jouer à ses côtés. »

Si Luhrmann avait d'abord envisagé de tourner à New York – il avait même déménagé dans la Grosse Pomme et inscrit ses enfants dans une nouvelle école –, il opta finalement pour l'Australie. Pour recréer Long Island et le New York des années 1920, on transforma les plateaux des Fox Studios australiens. On transporta par bateau, depuis un musée de l'Illinois, un parc entier de voitures *vintage* – dont une paire de Duesenberg de 1929 et une Packard de 1929 – d'une valeur supposée de trois millions de dollars chacune. Elles devaient être conduite par Leonardo, alias Gatsby le millionnaire.

Luhrmann écrivit le scénario, adapté du roman de Fitzgerald, avec Craig Pearce, son partenaire de longue date, tandis que sa collaboratrice (et épouse), Catherine Martin, s'occupait de la décoration et des costumes. Le tournage devait se dérouler sur dix-sept semaines et impliquait une équipe de plus de quatre cents personnes.

DiCaprio prit ses quartiers dans une demeure à dix mille dollars la semaine, située à Vaucluse, dans la banlieue est de Sydney. À la première occasion, Blake vint le rejoindre pour fêter son anniversaire. Le couple parut faire bon usage de cette maison en bord de mer, équipée de cinq chambres et salles de bains. Une immense piscine et un embarcadère privé avec un superbe yacht complétaient le tableau.

Ils surprirent aussi l'équipe du Featherdale Wildlife Park[1] en demandant à faire une visite guidée : « Nous avons appris leur arrivée au dernier moment, raconta le responsable marketing du parc, Kellie Ames. Quand j'ai vu que c'était Leo, j'ai fait en sorte de les accompagner. Je suis un grand fan de ses films. Ils ont été si gentils et si simples tous les deux. Ils n'ont pas joué les divas. Leo a posé des questions sur les espèces menacées ; Blake était magnifique. »

Leo et Blake appréciaient de partager de bons moments, comme un couple normal. C'est pourquoi la nouvelle de leur rupture fit l'effet d'une bombe. Leur histoire d'amour s'acheva aussi subitement qu'elle avait commencé. Leurs agents respectifs confirmèrent qu'ils avaient rompu et déclarèrent que le couple « resterait ami », sans préciser les motifs de la séparation.

---

1. Un parc animalier comptant le plus grand nombre d'animaux australiens au monde. Il renferme aussi des espèces d'animaux rares ou menacées.

Leonardo se consola dans les bras d'une femme magnifique. À peine l'encre des tabloïds avait-elle eu le temps de sécher que la presse annonça une nouvelle liaison avec le mannequin australien Alyce Crawford.

L'ex-candidate à l'émission « Australia's Next Top Model », âgée de vingt et un ans, avait fait connaissance de Leo dans une boîte de nuit branchée, le *Beach Haus*, régulièrement fréquentée par l'acteur depuis son arrivée à Sydney. Alyce Crawford démentit la rumeur mais décrivit Leonardo comme un « type vraiment, vraiment adorable ». « Nous avons plusieurs amis en commun et il a l'air sympa, mais nous sommes seulement amis », confia-t-elle. Le jeune mannequin allait être le premier d'une longue série sur le tableau de chasse de Leo durant son séjour en Australie. Ce dernier n'allait pas faillir à sa réputation de *serial lover*.

À peine ses fans apprirent-ils sa nouvelle aventure que Leo avait déjà craqué pour un autre top-modèle, âgé de vingt ans cette fois, et nommé Kendal Schuler. Ce sosie de Bar Refaeli était une reine des podiums qui avait, semble-t-il, croisé l'acteur une première fois à Los Angeles avant de le retrouver au *Beach Haus*.

Blake, de son côté, paraissait s'être remise de sa rupture en fréquentant Ryan Reynolds, son partenaire de *Green Hornet*, un temps marié à Scarlett Johansson, avant de divorcer en décembre 2010.

Leo réagit en invitant l'un des mannequins de lingerie les plus en vogue en Italie – considéré comme l'une des plus belles femmes du monde – dans sa demeure australienne. Madalina Ghenea, d'origine roumaine, s'essaya même à une partie de *paddle*. Mais, à l'image des autres conquêtes de l'acteur, elle ne ferait que passer dans la vie de Leo.

De retour à New York, DiCaprio fut ravi d'apprendre que son dur labeur sur *J. Edgar* avait été récompensé par une nomination aux Golden Globes : la huitième de sa carrière. Ses rivaux n'étaient autres que Ryan Gosling (*Les Marches du pouvoir*), Brat Pitt (*Le Stratège*), George Clooney (*The Descendants*) et Michael Fassbender (pour son interprétation remarquée dans *Shame*). Jean Dujardin figurait également sur la liste des nominés (pour son interprétation dans le film muet *The Artist*).

De retour dans la Grande Pomme, Leonardo retrouva ses marques et, flanqué de son vieux copain Lukas Haas et de Joseph Gordon-Levitt, son partenaire dans *Inception*, il assista à une fête organisée par Victoria's Secret. Il ne manqua pas d'être attiré par la danseuse de ballet et mannequin Karlie Kloss, mais sans succès. Quelques jours plus tard, néanmoins, on apprit qu'une autre déesse de Victoria's Secret, Erin Heatherton, l'avait rejoint en Australie peu après Noël, alors qu'il poursuivait son tournage.

À tout juste vingt-deux ans, le gracieux mannequin, originaire de Skokie, dans l'Illinois, ne mesurait qu'un centimètre de moins que DiCaprio. Elle partageait le même goût que lui pour la fête et les dépenses, comme elle le démontra en dévalisant un magasin de lingerie de luxe où elle dépensa la somme rondelette de onze cents livres.

Dans la série culte *Sex and the City*, le personnage de Carie Bradshaw avait imposé l'expression « l'homme à top-modèle » pour décrire ces hommes qui ne sortaient qu'avec des mannequins. À en juger par l'attitude de Leonardo en Australie, beaucoup se demandèrent si elle avait eu l'acteur en tête en créant cette formule.

Même si Leo semblait prendre du bon temps après sa rupture avec Blake, la blonde Erin parvint, pour un temps, à s'imposer dans la vie de l'acteur. Il se sentit même prêt pour organiser une rencontre avec sa mère pendant la période de Noël. De retour à Los Angeles, il réserva un brunch pour trois à l'hôtel Four Seasons, le jour du réveillon. Il s'apprêtait à tourner la page après une année de changement et de succès.

À la fin du tournage, Erin le rejoignit en Amérique. Après quatre mois de dur labeur, Leo quittait l'Australie, laissant une impression durable dans le petit cercle des mannequins.

À l'approche de 2012, l'avenir de Leo semblait des plus prometteurs. Avec le retour de *Titanic* sur les écrans et une petite amie à son bras, force était de constater, en observant la vie de Leonardo DiCaprio, que plus les choses changent, plus elles restent les mêmes.

Épilogue

Un nom était étrangement absent de la liste des nominés aux Oscars, rendue publique un matin de janvier 2012.

Leonardo DiCaprio, qui venait tout juste de passer à côté du Golden Globe du meilleur acteur, décerné à George Clooney dix jours auparavant, ne figurait pas dans la liste. Les critiques étaient pourtant intimement persuadés que son interprétation convaincante de J. Edgar Hoover lui vaudrait une récompense ; ses admirateurs et de nombreux cinéphiles ne comprirent pas cette omission. Le *New York Times* qualifia cet oubli de « camouflet », tandis que sur Twitter, on condamnait vivement l'Académie pour avoir une fois de plus ignoré l'un des poids lourds du cinéma mondial.

Les cinq nominés étaient Clooney dans *The Descendants*, Jean Dujardin (qui avait déjà récolté un Golden Globe pour *The Artist*), Brad Pitt (*Le Stratège*), Gary Oldman pour *La Taupe* et, à la surprise générale, Demián Bichir, qui jouait le rôle d'un jardinier, immigrant clandestin, dans *A Better Life*.

Peu de temps avant l'annonce des nominations, Leonardo avait reconnu que remporter un Oscar le remplirait de fierté, mais, pressentant peut-être ce qui allait arriver, il avait précisé que ce n'était absolument pas là sa principale motivation. L'acteur le mieux payé d'Hollywood, nommé déjà trois fois aux Oscars, déclara à propos de cette fameuse statuette : « Bien sûr, personne ne peut dire qu'il n'en veut pas. Ce serait un mensonge. Je ne cours pas pour autant après un Oscar, croyez-moi. Ce n'est pas à cela que je pense quand je choisis mes rôles. »

Malgré cette déception, l'avenir en ce début d'année était plein de promesses pour la star qui, depuis ses premiers pas dans le show-biz à l'âge de deux ans, était devenu l'un des hommes les plus puissants du septième art.

Le jour de la Saint-Valentin, Léo était de retour sur les écrans pour sombrer dans l'eau glacée de l'Atlantique, menottes au poignet… Jack Dawson reprenait vie en 3D dans une nouvelle version de *Titanic*, que l'acteur qualifia de « fantastique ». Il fut frappé par le charisme de sa partenaire principale, Kate Winslet, tout comme il l'avait été douze ans auparavant : « En revoyant la scène où Kate apparaît sur le quai et sort de la voiture, il s'est exclamé : “Elle est si belle” », révéla le producteur Martin Landau, qui avait offert à Leo une avant-première privée avant la sortie du film, prévue pour avril.

Leo allait donc à nouveau apparaître aux côtés de Kate lors des premières. Le couple qu'ils formaient à l'écran était devenu aussi légendaire que ceux qui ont marqué l'âge d'or hollywoodien : Fred et Ginger, Katharine

Hepburn et Spencer Tracy, ou encore Lauren Bacall et Humphrey Bogart.

Avec un budget de dix-huit millions de dollars, la version 3D coûtait davantage que de nombreux films indépendants, mais elle avait de grandes chances de rapporter des millions. Les contrats des acteurs principaux prévoyaient de confortables cachets, et Léo allait séduire toute une génération de nouveaux fans.

L'argent n'était pas la principale préoccupation de l'acteur : « Tout au long de ma carrière, je n'ai jamais su faire la différence entre les films très rentables que j'ai tournés et les autres. Quand *Titanic* est sorti, j'entendais tout le monde me dire : “Tu te rends compte de ce succès incroyable ?” Je me contentais de répondre : “Oui, oui, c'est un carton.” L'argent n'a pas vraiment compté pour moi jusqu'à ce que je m'implique dans la production, arrivé à la trentaine. Aujourd'hui encore, sauf à vouloir prouver que l'on peut assurer le succès d'un film sur son seul nom, l'ambition de faire exploser le box-office paraît totalement vaine. »

Mais cela ne devrait pas empêcher Leonardo d'y parvenir à nouveau. La perspective d'une année incroyablement riche se profilait, avec *Gatsby le Magnifique* et *Djando Unchained,* qui devrait sortir à Noël 2012, les productions d'*Une étoile est née* et d'un *biopic* sur Sinatra.

Le temps était venu pour l'acteur au talent reconnu d'expliquer ce qui le conduisait à tourner chaque fois des films hors du commun : « Je suis porté par le constant désir de travailler auprès des plus grands, de bâtir une carrière dont je sais que je serai fier le jour du bilan venu. Ma vocation est née avec mon premier film, lorsque j'avais quinze ans. J'ai passé les dix-huit mois suivants à m'imprégner de tous les grands classiques du cinéma, en me demandant comment je pourrais atteindre un jour les mêmes sommets. C'est là que se trouve ma motivation, je veux être à la hauteur de mes héros. »

Leonardo nourrissait donc le rêve de rivaliser avec ceux qu'il admirait le plus dans le métier, parmi lesquels Martin Scorsese et Clint Eastwood. Allait-il suivre leurs traces et passer à la réalisation ? Ce n'était pas exclu : « Si je dois réaliser, j'essaierai d'avoir la même simplicité d'approche qu'Eastwood sur un tournage. Il n'y a rien de superflu sur le plateau, c'est une petite équipe, unie. »

Sur celle qui aurait le premier rôle dans sa vie, Leo semblait plus silencieux et énigmatique que jamais. Son apparition aux derniers Golden Globes semblait confirmer que seul quelqu'un d'exceptionnel pourrait remplacer sa mère à son bras.

Comme il se tournait vers un horizon chargé de belles promesses, Leonardo reconnut sa chance en formulant ce message qui dut réjouir le cœur de ses millions de fans : « Si je n'étais pas satisfait de mon sort, alors je n'aurais plus qu'à plier bagage pour disparaître au fin fond d'une forêt profonde, dans un pays lointain où je pourrais tenter d'ouvrir un petit commerce. Au lieu de cela, je vis un rêve éveillé. J'ai l'incroyable privilège de faire le métier que j'aime, de pouvoir choisir les projets sur lesquels je veux travailler. Je m'efforce d'être l'acteur que j'ai toujours rêvé d'être. À côté de cela, tous les désagréments qui vont avec la célébrité – perte d'indépendance, exposition de ma vie privée – me paraissent être un tout petit prix à payer, d'autant que je pense avoir réussi jusqu'à présent à vivre avec, et je compte bien continuer ainsi. Le jour de ma retraite est encore très loin, j'adore trop mon métier. »

Une chose est sûre : Leonardo DiCaprio va rester le roi du monde quelque temps encore.

Filmographie

En tant qu'acteur

• Au cinéma

***Django Unchained* (2012)**, dans le rôle de Calvin Candie
Réalisé par Quentin Tarentino
Sur un scénario de Quentin Tarentino
Produit par The Weinstein Company/Columbia Pictures
Avec Jamie Foxx, Christoph Waltz, Joseph Gordon-Levitt, Samuel L. Jackson

***Gatsby le Magnifique* (2012)**, dans le rôle de Jay Gatsby
Réalisé par Baz Luhrmann
Sur un scénario de Baz Luhrmann et Craig Pearce
Produit par Warner Bros
Avec Carey Mulligan, Tobey Maguire, Isla Fisher, Amitabh Bachnan

***J. Edgar* (2011)**, dans le rôle de J. Edgar Hoover
Réalisé par Clint Eastwood
Sur un scénario de Dustin Lance Black
Produit par Warner Bros
Avec Armie Hammer, Naomi Watts, Josh Lucas, Judi Dench

***Inception* (2010)**, dans le rôle de Cobb
Réalisé par Christopher Nolan
Sur un scénario de Christopher Nolan
Produit par Warner Bros
Avec Ken Watanabe, Joseph Gordon-Levitt, Marion Cotillard, Ellen Page

***Hubble* (2010)**, en tant que narrateur
Réalisé par Toni Myers
Écrit par Toni Myers
Produit par IMAX Filmed Entertainment

***Shutter Island* (2010)**, dans le rôle de Teddy Daniels
Réalisé par Martin Scorsese
Sur un scénario de Laeta Kalogridis et Steven Knight
Produit par Paramount Pictures
Avec Mark Ruffalo, Ben Kingsley, Michelle Williams, Patricia Clarkson

***Les Noces rebelles* (2008)**, dans le rôle de Frank Wheeler (nominé aux Golden Globes dans la catégorie du meilleur acteur)
Réalisé par Sam Mendes
Sur un scénario de Justin Haythe
Produit par Paramount Village
Avec Kate Winslet, Michael Shannon, Kathy Bates, Richard Easton

***Mensonges d'État* (2008)**, dans le rôle de Roger Ferris
Réalisé par Ridley Scott
Sur un scénario de William Monahan
Produit par Warner Bros
Avec Russell Crowe, Mark Strong, Golshifteh Farahani, Vince Colosimo

La 11e Heure, le dernier virage, en tant que narrateur et producteur
Réalisé par Nadia Conners et Leila Conners Petersen
Sur un scénario de Nadia Conners, Leonardo DiCaprio et Leila Conners Petersen
Produit par Warner Independent Pictures
Présentant Stephen Hawking, Mikhaïl Gorbatchev, Thom Hartmann

***Blood Diamond* (2006)**, dans le rôle de Danny Archer (nominé aux Oscars et aux Golden Globes dans la catégorie du meilleur acteur)
Réalisé par Edward Zwick
Sur un scénario de Marshall Herskovitz, Graham King, Paula Weinstein et Edward Zwick
Produit par Warner Bros
Avec Djimon Hounsou, Jennifer Connelly, Michael Sheen, Arnold Vosloo

***Les Infiltrés* (2006)**, dans le rôle de Billy Costigan Junior (nominé aux Bafta et aux Golden Globes dans la catégorie du meilleur acteur)
Réalisé par Martin Scorsese
Sur un scénario de William Monahan
Produit par Warner Bros
Avec Matt Damon, Jack Nicholson, Mark Wahlberg, Martin Sheen, Ray Winstone, Vera Farmiga

***Aviator* (2004)**, dans le rôle de Howard Hughes (ayant remporté le Golden Globe du meilleur acteur, nominé aux Oscars et aux Bafta dans la catégorie du meilleur acteur)
Réalisé par Martin Scorsese
Sur un scénario de John Logan
Produit par Miramax Films

Avec Cate Blanchett, Alan Alda, Alec Baldwin, Kate Beckinsale, John C. Reilly

***Arrête-moi si tu peux* (2002)**, dans le rôle de Frank Abagnale Junior (nominé aux Golden Globes dans la catégorie du meilleur acteur)
Réalisé par Steven Spielberg
Sur un scénario de Jeff Nathanson
Produit par DreamWorks
Avec Tom Hanks, Christopher Walken, Amy Adams, Martin Sheen

***Gangs of New York* (2002)**, dans le rôle de Amsterdam Vallon
Réalisé par Martin Scorsese
Sur un scénario de Jay Cocks, Steven Zaillian, Kenneth Lonergan
Produit par Miramax Films
Avec Daniel Day-Lewis, Cameron Diaz

***Don's Plum* (sorti en 2001 – tourné en 1995)**, dans le rôle de Derek
Réalisé par R. D. Robb
Sur un scénario de Bethany Ashton, Tawd Beckman, R. D. Robb, David Stutman, Dale Wheatley
Produit par Polo Pictures
Avec Kevin Connolly, Jenny Lewis, Tobey Maguire, Amber Benson

***La Plage* (2000)**, dans le rôle de Richard
Réalisé par Danny Boyle
Sur un scénario de John Hodge
Produit par 20th Century Fox
Avec Virginie Ledoyen, Guillaume Canet, Robert Carlyle, Tilda Swinton

***Celebrity* (1998)**, dans le rôle de Brandon Darrow
Réalisé par Woody Allen
Sur un scénario de Woody Allen
Produit par Miramax Films
Avec Hank Azaria, Kenneth Brannagh, Judy Davis, Melanie Griffith, Famke Janssen

***L'Homme au masque de fer* (1998)**, dans le double rôle du roi Louis XIV et de Philippe
Réalisé par Randall Wallace
Sur un scénario de Randall Wallace
Produit par United Artists / Metro-Goldwyn-Mayer
Avec Jeremy Irons, John Malkovich, Gabriel Byrne, Gérard Depardieu

***Titanic* (1997)**, dans le rôle de Jack Dawson (nominé aux Golden Globes dans la catégorie du meilleur acteur)
Réalisé par James Cameron
Sur un scénario de James Cameron
Produit par Paramount Pictures / 20th Century Fox
Avec Kate Winslet, Billy Zane, Gloria Stuart, Bill Paxton, Frances Fisher, Kathy Bates

***Simples Secrets* (1996)**, dans le rôle de Hank
Réalisé par Jerry Zaks
Sur un scénario de Scott McPherson et John Guare
Produit par Miramax Films
Avec Meryl Streep, Diane Keaton, Robert De Niro

***Roméo + Juliette* (1996)**, dans le rôle de Roméo Montaigue
Réalisé par Baz Luhrmann
Sur un scénario de Craig Pearce et Baz Luhrmann
Produit par 20th Century Fox

Avec Claire Danes, Brian Dennehy, John Leguizamo, Pete Postlethwaite, Paul Sorvino

***Rimbaud Verlaine* (1995)**, dans le rôle d'Arthur Rimbaud
Réalisé par Agnieszka Holland
Sur un scénario de Christopher Hampton
Produit par New Line Cinema
Avec David Thewlis, Romane Bohringer

***The Basketball Diaries* (1995)**, dans le rôle de Jim Carroll
Réalisé par Scott Kalvert
Sur un scénario de Bryan Goluboff
Produit par New Line Cinema
Avec Lorraine Bracco, James Madio, Mark Wahlberg, Bruno Kirby

***Mort ou vif* (1995)**, dans le rôle de Fee Herod « le Kid »
Réalisé par Sam Raimi
Sur un scénario de Simon Moore
Produit par TriStar Pictures
Avec Sharon Stone, Gene Hackman, Russell Crowe

***Les Cent et Une nuits de Simon Cinéma* (1995)**, dans le rôle d'un acteur à Hollywood (ne figurant pas au générique)
Réalisé par Agnès Varda
Sur un scénario d'Agnès Varda
Produit par Mercure
Avec Michel Piccoli, Marcello Mastroianni

***The Foot Shooting Party* (1994)**, dans le rôle de Bud
Réalisé par Annette Haywood-Carter
Sur un scénario de Kenneth F. Carter
Produit par Buena Vista Pictures
Avec Jake Busey, Michael Rapaport

***Gilbert Grape* (1993),** dans le rôle d'Arnie Grape (nominé aux Oscars et aux Golden Globes dans la catégorie du meilleur second rôle masculin)
Réalisé par Lasse Hallström
Sur un scénario de Peter Hedges
Produit par Paramount Pictures
Avec Johnny Depp, Juliette Lewis, Mary Steenburgen, John C. Reilly

***Blessures secrètes* (1993),** dans le rôle de Tobias « Toby » Wolff
Réalisé par Michael Caton-Jones
Sur un scénario de Robert Getchell
Produit par Warner Bros
Avec Robert De Niro, Ellen Barkin

***Fleur de poison* (1992),** dans le rôle d'un élève
Réalisé par Katt Shea
Sur un scénario de Andy Ruben et Katt Shea
Produit par New Line Cinema
Avec Drew Barrymore, Sara Gilbert, Tom Skerritt, Cheryl Ladd

***Critters 3* (1991),** dans le rôle de Josh
Réalisé par Kristine Peterson
Sur un scénario de David J. Schow, Rupert Harvey, Barry Opper
Produit par New Line Cinema
Avec Aimee Brooks, Don Keith Opper, John Calvin, Nina Axelrod

• À la télévision

Quoi de neuf, docteur ? (23 épisodes, 1991-1992), dans le rôle de Luke Brower

Parenthood (12 épisodes, 1990-1991), dans le rôle de Garry Buckman

Roseanne (1 épisode, 1991), dans le rôle d'un camarade de classe de Darlene (pas au générique)

Santa Barbara (5 épisodes, 1990), dans le rôle du jeune Mason Capwell

The New Lassie (1 épisode, 1990), dans le rôle d'un jeune garçon

The Outsiders (pilote, 1990), dans le rôle d'un éclaireur

En tant que producteur

Akira **(2013)**, en tant que producteur

Les Marches du pouvoir **(2011)**, en tant que producteur exécutif

Le Chaperon rouge **(2001)**, en tant que producteur

Esther **(2009)**, en tant que producteur

Greensburg **(2008)** (série télévisée), en tant que producteur exécutif et scénariste

La 11e Heure, le dernier virage **(2007)** (documentaire), en tant que producteur et scénariste

Gardener of Eden **(2007)**, en tant que producteur

Aviator **(2004)**, en tant que producteur délégué

The Assassination of Richard Nixon **(2004)**, en tant que producteur exécutif